1999년부터 돌아가실 때까지 살았던 무너미 돌집(위)
2000년 KBS '대화-세기를 넘어서'에 나온 모습(아래)

돌아가시기 전에 살고 싶어 했던 고든박골 흙집에서(위)
무너미 고든박골에 있는 이오덕 시비(아래)

무너미 마을 글쓰기회관 가는 길

이오덕 일기

1999~2003

5

나는 땅이 될 것이다

이 일기는 아이들을 가르치는 일과 글쓰기로

평생의 삶을 다듬어 온 한 사람의 기록입니다.

잠 아니 오는 밤

엎드리니
편하네.
옆으로 땅을 베고
내가 늘 잘 때처럼
그렇게 눕는 것보다
반듯이 천장 보고
하늘 안고 눕는 것보다
이렇게 땅을 안고
땅에 안기니 좋구나.

가슴이 후끈하고

홀쭉하던 배가 가득 차고

다리와 정강이 발끝까지

찌리찌리 기가 오고

아, 내가 죽을 때도

이렇게 땅을 안고

땅에 안겨 갈 것이다.

죽어서 땅이 될 것이다.

차례

읽어 두기

1. 이 책에 실은 일기는 이오덕 선생님이 1962년부터 2003년에 돌아가실 때까지 마흔 두 해 동안 쓴 일기 가운데서 뽑았습니다.

2. 이오덕 선생님이 쓴 글을 그대로 살리기 위해 문법에 맞지 않는 표현만 바로잡았습니다. 선생님이 지금 맞춤법과 달리 띄어 써야 옳다고 여긴 '우리 말' '우리 나라' 같은 말은 살렸습니다. 선생님이 우리 말 바로 쓰기 운동을 확실하게 하기 전인 1980년대 중반까지는 선생님이 절대로 써서는 안 되는 말로 분류한 '~등' '~적' 같은 말을 가끔 썼습니다. 이것은 그대로 두었습니다. '국민학교'도 그대로 두었습니다.

3. 일기에서 이름, 지명, 책 제목 따위를 알아볼 수 없는 것이 있었습니다. ㅇㅇㅇ로 표시하고 '알아볼 수 없음'이라고 했습니다.

4. 본문에 작은 글씨로 쓴 설명과 각주는 편집자가 붙였습니다.

5. 여는 시 '잠 아니 오는 밤'은 이오덕 시집 《고든박골 가는 길》(실천문학사)에서 뽑았습니다.

6. 이 책에 실은 사진 가운데 일부는 〈뿌리깊은 나무〉 윤주심 기자가 찍은 사진입니다. 연락이 닿지 않아 허락을 받을 수 없었습니다. 이해해 주시면 좋겠습니다.

1부

1999년

1999년 1월 1일 금요일 맑음°

밖에 안 나갔다. 신문을 보니 서울 아침 영하 5도였다. 연우딸
는 저녁에 밥도 안 먹고 이모 집에 갔다. 내일 대구 간다면서.

새해 첫날인데 별다른 일이나 생각도 하지 못하고 하루를 보
냈다. 1999년 1월 1일, 20세기 마지막 해 첫날을 맞았으니 뭔
가 깊은 깨달음이나 마음가짐이 있어야 하겠는데, 오늘도 나
는 그저 죽지 않고 살아 있구나 싶어 고마운 하루를 넘겼을 뿐
이다. 이래서 안 되는데 건강이 나빠서 몸에 힘이 빠져 있으니
까 이렇게 되는 모양이다.

11시가 지나서 신정숙이 회보〈우리 말 우리 얼〉 원고 다듬은 것
가지러 왔다. 대강 편집을 해서 주고, 연우가 한 밥을 셋이 같
이 먹었다. 반찬은 김치뿐. "설날은 이렇게 밥하고 김치하고만
가지고 깨끗하게 먹는 것이 좋아" 하고 내가 말했는데, 연우가

● 1986년 2월, 경북 성주군 대서국민학교 교장을 마지막으로 교직에서 정년 퇴
임하고 경기도 과천으로 삶터를 옮긴다. 이때부터 1999년 8월에 충북 충주시
신니면 광월리 710번지 무너미로 이사 가기까지 과천에서 산다.

어디서 참치 통조림 조그마한 걸 따 내놓아서, 나도 어제저녁에 먹다 둔 삼치 동강이를 내놓았다.

오후에는 신정숙이 올 때 사 온 신문들을 대강 보고 정리하고, 밤에도 신문을 보는데, 어느 신문에 류시화란 사람이 히말라야 산에 가서 쓴 글을 보고 생각이 나서 시라하 타시로의 사진집 《네팔 히말라야》를 꺼내어 보았다. 아아, 아아, 하고 그저 감탄하는 소리만 지르면서…….

오늘 새해 첫날은 이 사진집 보고 몸과 마음을 씻은 기분이 된 것만으로 귀한 시간이 되었구나 싶다. 이제부터 가끔 이 사진집을 펴 보면서 내 마음을 씻고 내 목숨을 확인해야겠구나 하고 생각했다.

1999년 1월 3일 일요일 맑음

'사람다운 글쓰기' 원고, 오늘 대강 다 써 놓았다. 2백 자 원고지로 약 백 장쯤 되겠는데, 이것을 어디 발표하려면 다시 다듬어야 되겠지만, 이번 글쓰기회[*] 연수회에서 발표할 준비로는 되겠다는 생각이다.

* 한국글쓰기연구회. 삶을 가꾸는 글쓰기 교육을 연구, 실천하기 위해 이오덕이 중심이 되어 교사들이 1983년에 만든 단체다. 회보 〈참삶을 가꾸는 글쓰기〉를 펴냈다. 1995년에 우리 말 살리는 모임과 합하여 한국글쓰기연구회로 이름을 바꾸어 활동하다 2004년에 다시 한국글쓰기교육연구회로 바꾸었다. 1995년부터 회보 〈우리 말과 삶을 가꾸는 글쓰기〉를 펴내고 있다.

전주의 김가슬이란 아이의 일기를 저녁에 또 보았다. 그런데 1학년 때 쓴 것보다 2학년 때 쓴 것이 아주 좋다. 전에 본 것이 3, 4학년 때 것이었구나 싶다. 보통 우리 나라 아이들 글을 보면 학년이 올라갈수록 재미가 없고, 글을 제대로 못 쓰게 되는데, 이 아이는 반대다. 어째서 이런가 생각해 보니 그 까닭이 있다. 이 아이는 1학년 때부터 일기를 쓰기 시작하면서 그 어머니한테서 지도를 받았다. 띄어쓰기, 맞춤법, 낱말, 글씨, 경어 쓰기까지 1학년 때부터 가르치니까 제대로 쓸 수 없고 재미가 없을 수밖에. 그러다가 글자 적는 일에서 어느 정도 자유로워진 2학년이 되어서야 비로소 제대로 쓸 수 있었던 것이다.

오늘은 신문 사러 나갔지만 늘 사는 가게가 문을 닫아 놓았다. 그래서 〈조선일보〉, 〈대한일보〉 두 신문은 못 샀다. 신춘문예 자료를 죄다 모아 놓으려 했는데, 할 수 없었다.

오늘은 전화도 거는 곳이 거의 없었다.

1999년 1월 15일 금요일 맑음

오늘 감사원 행사에는 전철 타고 갈 작정을 하고 준비했더니 그쪽에서 승용차를 보내 주어서 쉽게 갔다. 올 때도 태워 주어서 오늘 일은 아주 힘들지 않고 잘했다. 모두 한승헌 원장이 걱정해 준 때문이겠다.

감사원 자리는 삼청동인가 하는 산기슭인데, 아주 자리가 좋았다. 다짐 대회는 11시 10분에 시작해서 12시 전에 끝났지만, 감사원 직원이 4백 명쯤 참석한 넓은 강당에서 문장 바로 쓰기 다짐을 하고, 한 원장님 얘기가 있은 다음 두 사람의 축사로 마쳤다.

축사는 문화관광부 장관(이름이 무엇이었는지, 여장관인데, 이 추운 겨울에 짧은 옷을 입어 종아리가 맨살로 드러나 추워 보였다)이 먼저 한 다음 내가 했다. 한 원장과 장관 두 사람 모두 종이에 쓴 것을 읽고 있어서, 나도 쓴 것을 대강 보면서 말했는데, 그런대로 잘 이야기했다는 생각이 들었다.

마치고 식당에 가서 점심을 먹었는데, 대구국을 아주 맛있게 먹었다. 오후 행사로 2부, 3부가 있어, 본래 내가 하기로 했던 강의는 남영신 씨가 대신하게 되어 남 씨도 다짐 대회에 함께 나왔고, 점심도 같이 먹었다.

올 때 수고비를 봉투로 주는데, 와서 보니 30만 원이나 들어 있었다. 오늘 너무 과분한 대접을 받았다. 모두 한승헌 선생이 그렇게 한 것이다.

올 때 운전사가 "선생님도 우리 말에 관심이 있으십니까" 했다. 그렇다, 그런 일을 한다고 했더니 "우리 말 바로 쓰자고 하는 사람은 마음도 참 고와요. 전에 있던 원장님은 어려운 말로 하고 아주 인정도 없었는데, 지금 한승헌 원장님은 마음이 참 곱고 인정이 많아요" 했다. 말, 글을 바로 쓰자는 사람들의 참모습을 이런 사람의 눈으로 보게 되는구나 싶었다.

14

1999년 1월 16일 토요일 맑음

낮에 신문 본 것뿐이다. 신문도 한참 들여다보면 졸음이 자꾸 온다. 그래서 그냥 가만히 의자에 기대어 있는 채로 시간을 보낸다. 어젯밤에도 두어 시간 그렇게 보내다가 잤다. 이래서 안 되는데, 무엇을 해야 하는데 하고 생각하지만 몸에 힘이 다 빠지고 자꾸 졸음만 온다. 일어서서 어디 나간다든지, 운동을 한다는 것은 엄두도 못 낸다. 일어나 자리를 옮기는 것도 귀찮고 힘든다. 내가 이러다가 죽는 것 아닌가, 하는 생각이 들기도 한다. 무엇을 먹고 나면 온몸이 무겁고 나른해서 더욱 그렇다. 하루 한 끼만 먹으면 될까, 하는 생각을 또 해 본다. 먹는 것을 아주 줄이면 부은 것도 차츰 빠질 것 아닌가. 두 끼를 먹더라도 아주 조금씩 먹어야겠다. 그러면 갈증도 안 나겠지. 아무튼 무엇을 먹고 싶어 하는 이 마음을 아주 끊는 것이 가장 큰 일이라 깨닫는다.

할 일은 많은데 조금도 그 일을 시작하지 못하니 마음이 탄다. 내 생활을 아주 크게 바꾸어야 한다. 그렇지 않고는 내 삶이 다 실패로 끝날 것이 분명하다! 큰 결단을 내려야지!

1999년 2월 9일 화요일 맑음

오전에는 《이야기로 듣는 농촌 선교 신학》을 읽었다. 오후에는 〈대한매일〉에 연재할 글 한 편을 쓰고, 다시 오전에 읽던 책을 읽었다. 이 책도 그저께 차 목사가 주고 간 책인데, 몇 사람이 강연한 것을 녹음해 적은 것으로, 입말을 그대로 적은 것이라 재미있었다. 저녁에 밥을 먹고 있는데, 지식산업사 김 사장이 "오늘 저녁 방송에 나오는 뉴스를 들어 보시지요. 정부에서 공문서와 간판에 한자를 섞어 쓰기로 한다는 방침을 발표한다고 합니다" 했다. 8시 텔레비전을 보니 과연 그런 방송이 나왔다. 나는 김대중 대통령이 미국에 가서 영어로 연설을 할 때도 좋게 해석하려고 했는데, 이제 생각하니 김 대통령도 우리 말에 대한 생각이 아주 잘못되어 있다는 것을 아주 분명하게 알게 되었다. 그리고 그가 오염된 말을 마구 쓰고, 심지어 '진검승부', '반면교사'니 하는 말까지 예사로 하는 것을 보면 결국 병든 지식인 출신으로 글과 책 속에서 제정신을 다 잃은 사람이란 것을 똑똑히 알게 된다. 이제 나는 김대중 씨에게 아무것도 기대하지 말아야겠구나 싶다.

김 사장한테 전화를 걸었더니 "내일 아침에 한글학회 사람들이 정부청사 앞에 가서 데모를 한답니다" 했다. 그러면서 "저는 거기 안 갈랍니다" 하면서 "우리가 무슨 성명서라도 내야 하지 않겠습니까?" 했다. 그래서 "저는 건강이 나빠서 밖에 나갈 수 없어요. 성명서 같은 것 쓰는 글을 의논해서 해야겠지요" 했다.

결국 김대중 씨도 이런 꼴이 되고 말았다. 이제 우리는 또 이 김대중 정부와도 맞서서 싸워야 한다.

아침에 일어나니 손등이 여전히 부었다. 마, 약 조청 같은 것을 먹으니 기력은 좀 붙는데, 부은 것이 안 빠지는 것이 걱정이다.

1999년 2월 10일 수요일 흐림

오전에 이대로 선생한테 전화를 했더니 "한글학회에 갔습니다"고 했다. 정부 청사 앞에 가서 데모한다더니 거기 갔구나 싶었다. 오후에 이대로 선생이 전화를 걸어 왔다. "참 맥이 빠지네요" 하더니 "너무 고함을 질러서 목이 쉬었어요" 하고는, 청사 앞에서 외치고 하는데, 전경들이 와서 우리를 데려갈 줄 알았더니 도리어 좋은 표정으로 대하는 것 같았어요, 문화관광부 장관 만나게 해 달라고 했더니, 장관이 만나지 않고 밖으로 도망갔어요. 청사 직원들도 우리를 호감으로 대해 줬어요, 했다. 그러나 앞으로 장관이 무슨 짓을 할는지 모른다면서 성명서라도 곧 발표해야 되니, 좀 써 달라고 했다.

저녁때 우체함에 보니 〈한겨레신문〉이 들어 있는데, 이게 어찌 된 일인가, 어제 신문이 또 왔고, 오늘 신문이 없다. 신문 보고 성명서 쓰려 했더니……. 저녁에 며느리(금왕 가는 길이 있다고 해서 〈대한매일〉 한 부 사 오라고 했는데)는 "정류소에 〈대한매일〉 언제나 세 부씩만 갖다 놓는데 오늘은 다 나가고 없었어요" 했다. 일이 안 되려고 하니 이렇다. 꼭 필요할 때 신문을 못 보게 됐다. 〈대한매일〉에는 오늘 자에 내 글도 실려 있는데……. 할 수 없이 저녁에 신정숙이가 〈한겨레신문〉 기사를 팩스로 보내왔다. 이걸 보고 내일 성명서를 쓰기로 했다.

오늘 두 방송국에서 한글전용법 찬반 토론에 나와 달라는 요청을 받았는데, 내가 건강이 나빠서 못 나간다고 하고 다른 사람을 추천했다. KBS에는 이대로 선생을, SBS에는 김수업 선생을.

그리고 8시 뉴스 들은 것을 신정숙이 전하는데 SBS에서 여론 조사 결과 한글 전용 찬성이 17만 몇천 명으로 69퍼센트가 되고, 한자 혼용 찬성은 그 반도 안 되는 31퍼센트더라고 했다. 바로 그 앞에 SBS에 전화를 걸라고 신정숙이 우리 회원들한테 여기저기 한참 연락을 했던 것이 큰 성과를 올렸구나 싶었다. 신정숙은 "잘됐어요. 이 기회에 우리 주장을 널리 알리기도 할 수 있으니까요" 했다. 신정숙이 큰일을 했다. 내가 이런 몸이 된 것이 한스럽다.

1999년 2월 14일 일요일 흐린 뒤 맑음

9시쯤에 미국 로스앤젤레스에서 밝달 선생이 전화를 걸어 왔다. 이번 한자 병용 정책에 대해 걱정하고 분노하는 말을 한참 하면서, 외국에 와 있는 동포들은 아이들한테 한글만 가르치는 일도 힘들고 벅찬데, 이제 한자까지 쓴다고 가르치게 되면 교육이 어렵게 되는 것은 물론이고, 지금 살고 있는 나라에서도 온갖 불리한 일을 당하게 된다면서, 서명 용지 만들어 힘껏 서명을 받아 보내겠다고 했다.

그리고 10시쯤에는 권정생 선생이 또 전화를 걸었다. 루소며 루쉰의 얘기를 하면서, 차라리 존 듀이의 실용주의 교육보다도 못한 교육을 하고 있다고 했다. 그리고 이제는 희망을 가지지 말아야겠다, 했다. 희망을 가지면 절망하니, 차라리 절망을 가져야겠다고 했다. 지난번 안동에, 아동문학 한다는 사람들이 백 명도 넘게 왔을 때도 모처럼 그렇게 모였다면 좋은 얘기 할 것이지, 누구는 상을 받고 누구는 상을 못 받고 하는 얘기로 다투기만 하더라 했다.

아침에 양털 조끼에 단추 단다고 해서 바늘에 실을 꿰는데 애쓰다가 안 되고 바늘이 떨어져 한참 찾고 하는데, 두 사람 전화 받고 다시 굵은 바늘로 겨우 단추 네 개 다 달고 나니 11시가 지났다. 오늘은 아침부터 성명서를 쓰려 했는데 그만 점심때가 다 됐다.

오후에 겨우 쓰던 글을 맺었다. 오늘은 문밖에도 안 나갔다. 권오삼 선생이 찾아오겠다고 전화가 왔는데, 오늘 원고 쓸 일이 있다고 했더니 내일 오겠다고 했다. 저녁에, 내일 오더라도 무엇을 사 가지고 오지 말라고 단단히 부탁해 두었다. 내일은 지식산업사 김 사장도 올는지 모른다.

1999년 2월 20일 토요일 맑음

아침에 바느질을 하다 보니 11시가 되었다. 한복 옷 바지 대님 매는 데를 고친 것이다. 대님이 길지 않아서 풀기 좋게 맬수 없고, 또 흔히 자꾸 풀어지고, 또 바지 길이가 길지 않고 해서, 궁리 끝에 그만 대님을 안 매도 좋도록 바지 밑 둘레에다 누벼 붙여서 안쪽만 조금 주름을 잡아 꿰매 버렸다. 이래 놓으니 입고 벗을 때도 편리했다.

11시가 지나 신문을 사 와서, 오후에는 신문을 읽었다. 한자 함께 쓰는 문제는 워낙 국민들의 여론이 좋지 않고 하니까 조금 조심하는 듯 보인다. "한글 전용 원칙은 조금도 다치지 않고 특수한 자리에서만 한자를 쓴다"는 쪽으로 가는 것 같다. 그런데 초등학생들에게 한자 가르치는 풍조는 벌써 불고 있는 것이다.

저녁에는 〈좋은생각〉 연재 원고를 썼는데, 끝까지 다 못 썼다.
내일은 우리 말 살리는 모임°의 운영위원회가 있어 나가야 하는데 걱정이다. 어제 한겨레신문사에 나갔던 것이 역시 나빠서 발등이 많이 부었다. 더구나 내일은 걸어가야 하는데…….

• 우리 말 살리는 일을 하기 위해 1998년 5월에 이오덕이 중심이 되어 만든 단체다. 1993년 6월에 창립해 1995년에 한국글쓰기교육연구회와 합쳤는데 1998년에 다시 우리 말 살리는 겨레 모임을 만들었다. 회보 〈우리 말 우리 얼〉을 펴내고 있다.

1999년 3월 18일 목요일 비

약속한 대로 10시에 강순원 선생이 일본 사람을 데리고 왔
다. 매우 건강하게 보이는 사람인데, 인사하면서 명함을 내주
는 것을 보니 "다이토문화대학교 문학부 조교수 오바나 기요
시"라고 되어 있었다. 강 교수는 학교 일로 곧 나가고 교수와
둘이서 한 시간 가까이 이야기를 했다. 오바나 교수는 내가 글
쓰기 교육 운동을 한다는 것을 두어 해 전 오쓰키 교수한테서
전해 들었다면서, 일본작문회(日本作文の會)와 한국의 글쓰기
연구회가 서로 교류할 수 있도록 하자는 부탁을 받아 왔다면
서 그곳 작문회 이야기를 해 주었다. 지금 작문회 회장을 맡고
있는 사람이 무라카미 슌타로의 아들이라던가 하기도 했고, 그
사람을 잘 안다고 했다. 나도 이곳 글쓰기회 이야기를 한참 해
주고서, 다음 여름 연수회 때 그곳 분들이 올 수 있도록 알리겠
다고 했다. 그 밖에 내가 질문을 해서 일본 학생들의 '이지메'
문제에 대해서 그런 현상이 나타나는 까닭에 대한 의견도 들
었다.

연우를 시켜서 신문을 사 오게 해서 보고, 저녁에는 백창우
씨가 부탁한 원고를 좀 쓰기 시작했다.

강순원 선생은 빵 케이크를 갖다 놓았고, 오바나 교수는 조그
만 보자기를 종이에 싼 것을 놓아두고 갔는데, 그 포장지에 보
니 한문 글자로 여러 가지 색깔을 적어 놓은 광고 무늬가 있는

데, 그 색깔 수가 60가지가 되어 놀랐다.

1999년 4월 7일 수요일 맑음

〈해외 동포 소식〉지에, '고향의 봄'이란 글을 써서 오후에 노광훈 씨에게 부탁해 전송으로 보냈다. 이래서 급한 일을 마치고 이제는 권태웅 동요론만 틈나는 대로 쓰면 된다. 그런데 모레는 한겨레 강좌 수강생들이 열 명쯤 찾아온다고 하니 그 준비로 무슨 이야기를 해야 할까? 내일은 또 대구에서 철환이가 오기로 했다. 철환이와 같이 영복이와 누님이 오실지도 모르고, 외사촌 태호 형이 오는지도 모른다.

그저께 백범기념관건립위원회에서 우편으로 지도위원직을 승낙해 달라는 요청을 해 왔다. 오늘 그 취지문을 읽어 보았더니 글이 아주 좋았다. 그런데 한자 말을 모조리 한문 글자로 새까맣게 썼다. 지도위원 승낙서란 것도 한글은 다섯 자뿐이었다. 백범 선생을 기리는 일에는 찬성이지만, 이렇게 새까맣게 한문 글자로 취지문을 쓰고 승낙서를 쓴 사람들이 하는 짓을 믿을 수 없다는 느낌이 들었다. 더구나 요즘 한문 글자 쓰는 문제로 의견 대립이 되어 시끄러운 때에 이런 글을 보내는 속뜻을 의심하지 않을 수 없다. 아무래도 지도위원 승낙은 할 수 없다고 거절해야겠다. 이 판에 한문 글자 쓰는 문제에 대해 좀 따끔하게 내 생각을 적어 보내야겠다는 생각이 들었다.

오늘은 날씨가 좋았지만, 저녁때 창문을 열어 놓았더니 바깥 바람이 여전히 차웠다.

1999년 4월 13일 화요일 아침에 비, 낮에 흐렸다가 저녁에 갬

아침에 대구 김상문 선생이 전화를 했다. 윤태규, 서정오, 이호철 선생들한테서 이야기를 들었다면서 오늘이나 내일, 한번 찾아오겠다고 했다. 그래서 정우 큰아들한테, 과천 가기로 한 것은 오늘 날씨도 궂고 하니 다음에 미루자고 해 놓고 다시 김 선생한테 전화로 알렸다. 내가 여기 있으니 오늘이고 내일이고 오라고 그랬더니 오늘 출발해서 내일 오전에 거기 가겠다고 했다. 아마 어디 들러서 자고 올 모양 같다.

정우가 저녁에 발 목욕을 하는 이태리 제품 그릇을 들고 왔다. 물을 알맞은 온도로 끓인 것을 부어 놓고 전깃줄로 적당한 자리에 맞춰 놓으면 그 물이 식지 않도록 되어 있는 것이다. 발을 들여 놓기 알맞고, 무엇보다도 물이 식지 않게 되어 있어 참 좋았다. 서울 어느 사람이 보내 준 것이라 했다.

오늘 저녁부터 식구들이 둘러앉아 밥을 먹을 때 먼저 손을 모아 잠시 저마다 묵상을 하고 먹기로 했다. 이렇게 음식을 먹도록 해 주어서 고맙다는 마음, 이 음식을 먹고 건강한 몸으로 좋은 일 많이 하겠다는 다짐을 가지자고 말했다. 뭔가 그런 마음가짐을 최소한의 형식으로라도 나타낼 필요가 있겠다 싶어 말

했더니 모두 좋다고 해 그렇게 하게 되었다.

백범선생기념관건립위원회에서 순 한글로 다시 편지를 쓰고 지도위원 승낙 요청서를 보내와서, 승낙서를 써서 보내기로 했다. 그런데 그 위원회 자문위원으로 전두환, 노태우 같은 사람이 들었다면서 위원회 사무실 앞에서 항의를 한 사람들이 있다고 〈한겨레신문〉에 기사가 나서 꺼림칙했다.

1999년 4월 16일 맑음

오늘 저녁 처음으로 소쩍새 소리 들었다. 뜰 앞에 살구꽃, 앵두꽃이 만발했다.

아침에 일어나니 몸이 너무 고단하고 도무지 움직이기가 싫고 거북했다. 그래도 억지로 일어나 화장실에 갔다 와서 행기를 했다. 행기를 하는데도 몸이 착 까부러지는 것 같았지만 참고 그래도 했더니, 한 시간 남짓 하고 난 다음에는 좀 정신이 돌아왔다. 행기를 하는데 눈을 뜨고 동쪽 창문 바깥 하늘을 보니 커다란 새가 몇 마리 느티나무에 앉아 있다가 이 가지 저 가지 날아다니는 것이 환하게 밝아 오는 하늘을 배경으로 보였다. 그 새들을 보고 있으니 온몸에 힘이 나고 기뻤다.

정우가 갔다 놓은 발 목욕 기구는 알고 보니 발 마사지 그릇이어서, 그대로 발 마사지를 하기로 했다.

온종일 권태응 동요론을 썼다.

24

오전에 권정생 선생한테 전화를 걸었더니, 승용차를 타고 가는 편이 있지만 기차로 가는 것이 편할 것 같아 기차표를 사 두었다고 했다. 제천을 지나 충주로 오면 안동서 승용차로 오는 시간과 거의 같은 시간이 걸린다고 했다. 그래 정우하고 의논한 결과, 충주에 내리지 말고 음성까지 와서 전화를 걸면 차로 마중 나가겠다고 전화했다.

저녁때 우체통에도 가야 해서 나갔더니, 앞뜰에 살구꽃이 활짝 피었다. 앵두꽃도 활짝 피었다. 옆집 살구꽃도 피고, 앞밭의 살구꽃도 피었다. 아, 나는 아직도 살아서 이 봄에 살구꽃을 보게 되는구나 싶었다.

오늘 저녁에 소쩍새 소리를 올해 처음으로 들었다. 정우가 소쩍새 소리를 듣더니 "올해 흉년 들겠어요" 했다. "솥적다" 하고 운다는 것이다. 내가 "그건 어느 해고 소쩍소쩍 울다가도 가끔 솥적다, 하고 세 마디로 운다"고 했더니 "그런가요" 하고 웃었다.

나는 요즘 참 행복하다. 아이들이 일을 잘하고, 온 식구가 화목하고, 저녁마다 모여 밥을 먹으면서 즐겁게 이야기를 나누고, 모두 마음이 잘 맞으니 이렇게 기쁠 수 없다. 더구나 정우 내외가 내 건강을 무척 염려해서 온갖 걱정을 다 해 준다. 참 즐거운 나날이다. 이제 내 병은 곧 나을 것이다.

1999년 4월 27일 화요일, 맑은 뒤 저녁에 비 옴

오늘은 기온이 좀 낮아짐. 오전에 김환기 선생 지도 받음.

내일 입원하기로 했기에 오늘은 할 일이 많았다. 그런데 그 일은 다 하지 못했다.

목욕은, 정우가 목욕통을 세수 방에 갖다 놓고 보일러로 데운 물을 빼 담아 놓아서, 내가 어떻게 몸을 씻을 수 있을까, 추워서 옷을 벗고 어떻게 견딜까 걱정했는데 무사히 잘했다. 뜨거운 물을 담으니 그 방의 공기가 훈훈했다. 또 목욕통에 들어가 있으니 온몸이 따뜻해서 기분이 좋고, 물속에서 몸이 가벼워지니 몸 씻기가 그렇게 생각보다 힘들지 않았다. 11시 40분부터 12시 40분까지 한 시간 했다.

옷을 벗어 보니 내 몸이 짚동처럼 부은 것이 내가 보기에도 겁이 났다. 아무래도 병원에 가야겠구나 싶었다. 마치고 내복을 모두 갈아입고, 지금까지 입고 있었던 내복은 목욕탕 물에 담가 두었다.

권오삼 선생이 부탁한 내 저서 목록과 약력(좀 자세한 경력)은 저녁때 다 썼다. 그런데 브리태니커의 일은 그만 못 했다. 시간이 없어서 할 수 없이 병원에 가서 해야겠다. 저녁때는 시간이 없어서 행기도 10분쯤 하다가 말았다.

지식산업사 김 사장한테서 아무 소식이 없다. 정우하고 의논

하기로는 백병원에 가기로 했다. 내일은 과천 가서 볼일도 있다. 아침에 떠나도 병원에는 오후에라야 가게 될 것 같다.

1999년 4월 29일 목요일 맑음

아침 6시 반에 무너미 나서서 정우 내외와 같이 타고 약속한 시간인 9시 10분보다 5분 늦게 연세대병원에 오니 지식산업사 김 사장이 기다리고 있었다. 김 사장이 미리 교섭을 해 놓아서 절차를 곧 밟아 담당 의사 방에 들어가 잠시 문진을 받으니 "이렇게 부었는데 왜 진작 병원에 안 왔습니까. 치료받으면 낫게 되니 걱정 마십시오" 하고 친절하게 말해 주어서, 12시가 지나기까지 차에서 누워 기다리니 병실이 비게 되어 107병동 10층 33호에 들어가게 되었다.

점심은 신정숙이 어제 보리에서 출판기념회 때 나왔던 떡을 가져왔기에 그것과 과일을 먹었다.

오후에는 다음과 같은 검사를 했다. 첫째, 키, 몸무게. 둘째, 혈압, 체온. 셋째, 피검사는 저녁까지 네 번 뽑아 갔다. 넷째, 소변, 대변 받아서 갖다 줌. 다섯째, 심전도. 여섯째, 엑스레이 사진 찍기.

그 밖에 아가씨들이 여럿이 번갈아 와서 병력을 묻고 갔다.

검사하는데, 몸무게는 61킬로그램이 넘어서 놀랐다. 10킬로그램은 부은 살이었다. 피검사를 네 번이나 했는데, 피 뽑을 때 지난해 삼성의료원과는 달리 아프지 않았고, 아주 능숙하게 잘 뽑았다. 심전도 검사 때 옷을 걷어 올리고 배를 다 내놓게 해서는, 검사를 다하고도 옷을 내리라 하지 않고 그냥 버려두고는 아가씨가 옆 사람하고 어느 때까지나 얘기만 했다. 나는 또 무엇을 하는 줄 알고 배가 서늘한 것을 참고 한참 기다렸다가 결국 끝났구나 깨닫고 옷을 내렸는데 그 철없는 아가씨를 한마디 꾸중도 못 하고 온 것을 뉘우쳤다. 혈압은 120/80으로 정상이라 했다.

저녁 식사가 왔는데, 국물이 큰 그릇으로 한거 되었다. 반찬도 무너미서 먹은 것보다 간이 더 많았다. 밥은 큰 사발로 한거 되었다. 국은 거의 먹고, 밥은 조금 남겼다. 그래도 배가 너무 불렀다. 이게 신장 환자의 식사라고 설명한 것이 의심스러웠다.

찾아온 사람—연우, 신정숙, 현우작은아들, 그리고 부산서 서울에 볼일로 왔다는 강신무 씨. 강 씨는 자기가 썼다는 글. 자서전 첫머리를 좀 봐 달라고 두고 갔다. 정우 내외는 지금 연우, 현우와 저녁을 먹으로 나갔는데 저녁 먹고 무너미로 갈 것이다. 병실은 화장실에 휴지도 없고 하지만 독방이라 참 편하고 좋다.

1999년 4월 30일 금요일(입원 2일째)

어젯밤 12시에 간호사 아가씨가 와서 말했다. 혈액검사 결과 알부민 수치가 낮아서 주사를 맞아야 합니다, 하며 그때부터 병 두 개 높이 달아 놓고 주삿바늘로 아침 6시 반까지 넣었다. 그런데 또 피를 뽑고, 3시 반쯤 와서 이번에도 또 피를 뽑아 갔다. 알부민 주사는 찌른 바늘이 자꾸 아프고, 밤중에 숨이 차고 움직이니 숨이 가빠서 밤새도록 잠을 못 잤다. 몸살이 나는 것은 행기 때문이라 생각되었다.

아침 6시 반에 간호사가 와서 주삿바늘을 빼면서 방금 이뇨제도 넣었다고 말했다.

6시에 몸무게 재니 어제와 같이 61킬로그램 좀 넘었다.

7시 15분에 소변을 참지 못해 누니 280cc 나왔다.

7시 20분에 또 아가씨가 와서 피를 뽑는데 바늘을 마구 찔러 많이 아팠다.

8시 가까이 되어 한 분(여자)이 와서 화요일쯤 신장 조직 검사를 할 것이라 했다.

8시 10분쯤 한 간호사가 와서 알부민 수치가 낮아서 알부민 주사를 놔야겠습니다고 하기에, 밤새도록 맞았다고 하니 나가 버렸다. 피검사고 주사고 제각기 멋대로 하는구나 싶었다.

9시에 이호영 주치의가 와서 몸 상태 살피고 도움말.

"몸이 많이 부었으니 우선 부은 것을 빼고, 단백뇨로 단백이 부족하니 영양을 보충해서 그다음에 신장 조직 검사해서 정확한 치료를 하도록 하겠습니다. 음식은 싱겁게 했으니 입에 안 맞으면 달리 조리할 수도 있습니다."

"집에서는 더 싱겁게 먹어요."

"간식도 좀 드셔도 좋아요."

아침도 안 먹는데……, 하는 말은 안 했다.

"불편한 일 있으면 알려 주세요."

"밤에는 주사 안 맞고 잠잘 수 있게 해 주세요."

"그렇게 하겠습니다."

주치의는 매우 친절하구나 싶었다.

10시부터 12시, 지금까지 아무도 안 들어왔다. 화장실 청소부만 왔을 뿐, 밤에 주사 놓지 말고 이때 주사 놓고 피 뽑아 가면 얼마나 좋겠나. 환자 생각은 조금도 안 하는 병원이다. 침대도 너무 높다. 의사 중심으로 만든 것이다.

오후 1시 30분에 손가락 끝 피 뽑음.

12시 반~1시 반 식사.

1시 50분 이뇨제 먹음.

2시 알부민 주사 시작.

1시 40분~8시 20분 알부민 주사 두 병

8시 20분에 이뇨제 주사.

저녁에 김경희 사장 내방.

정우 9시에 무너미로 감.

연우 9시 20분에 옴.

시간	오줌 양(cc)
오전 6:00(이뇨제 쓰기 전)	110
7:15	280
8:53	210
12:00	300
12:05	120
오후 1:45	240
3:35	220
4:25	200
6:00	100
6:05	250
6:35	220
9:15	310
10:00	280
10:40	250
모두	3,090
이뇨 주사 2, 이뇨제 알약 1	

1999년 5월 3일 월요일 비(입원 5일째)

• 몸무게 경과

날짜	시간	몸무게(킬로그램)	경과
4. 30	오전 6:00	61.35	
5. 1	오전 6:00	59.25	-2.1
5. 2	오전 6:00	55.75	-3.5
5. 3	오전 6:00	52.05	-3.7

• 오줌 양

시간	오줌 양(cc)
오후 12 : 55	210
4 : 00	120
9 : 25	170

오전 7시 20분쯤 피 뽑음(13번째).

1시쯤 피 뽑음(14번째).

오전 10시부터 3시까지 알부민 주사 넣음.

오후 2시부터 5시까지 여러 번 신장 사진 찍음.

오후 9시 30분에 밤마다 주는 알약(한 개)을 안 먹었는데, 오늘 밤에는 먹었다. 동맥경화를 막는 약이라고 했다.

내일 조직 검사를 하지 않기로 했다가 다시 하기로 바꾸었다. 아침에 의사가 와서 검사 동의서를 내주면서 잘 읽어 보고 도장을 찍어 달라고 하고 갔다. 그 설명서를 읽어 보니 검사하는 것이 신장을 얼마쯤이라도 해치는 것이 되고, 또 좀 드물기는 하지만 잘못하면 아주 위험한 결과를 가져와서 목숨이 위태로울 수도 있다고 했다. 그리고 검사가 잘되어서 어떤 신장염이란 것이 판명되었다고 해도 거기 알맞은 약이나 치료 방법이 있다고는 믿기지 않는다. 우리는 어차피 무너미서 김환기 선생 지도를 받기로 하고 있는데, 그 지도에는 병원 검사가 그다지 도움이 안 되기도 한다. 이래서 그만두기로 했는데, 의사 몇 분이 찾아와서 자꾸 권하고, 또 며느리와 연우가 자꾸 검사를

하는 것이 좋겠다고 해서 그만 저녁때 마지막으로 하겠다고
한 것이다. 어차피 목숨은 하느님께 맡긴 것. 많은 사람이 권하
는 것을, 그 인정을 딱 거절하기도 어려웠던 것이다.

저녁 7시 반에 정우 내외는 무너미로 갔다. 오늘은 검사를 하
나 안 하나 하는 문제로 괴로워하고, 사진 찍는다고 여러 번 다
니고(이렇게 다닐 때는 내가 휠체어에 타고 정우나 며느리가
밀고 다녔다) 해서 떨고, 그래서 무척 지쳤다. 주사도 이뇨제
는 안 주니 빨리 누워 자야겠다.

저녁에 이주영, 주순중 두 분 다녀감. 또 현우도 왔다가 감.

1999년 5월 7일 금요일(입원 9일째)

오전 1시에 오줌 50cc.

3시 40분 피 뽑음(18번째).

신장 약과 이뇨제, 두 가지 먹고 잤는데 소변 색깔이 아주 진
하고 양이 줄어든 것이 웬일인가? 신장 약이 나쁜 결과를 가져
온 것이 아닌가?

1시부터 잠이 안 와서 누워 있다가 2시 반부터 차라리 행기
를 하기로 해서 4시 40분까지 두 시간 동안(3시 40분에는 피
를 뽑는다고, 4시 좀 지나서는 소변 대변 기록한 것 본다고 두
번이나 간호사들이 오는 바람에 잠시 중단함) 했다. 그러고 나
서 저녁마다 먹지 않고 버려둔 동맥경화 예방약 한 알을 먹었

다. 이것이 콜레스테롤 수치를 낮추는 효과가 있는 게 아닌가 싶어서다. 어제 정우가 듣고 온 말에는 내가 알부민은 낮고 콜레스테롤이 높더라고 했다.

5시 50분에 오줌 100cc.

6시에 몸무게 50.95킬로그램

8시 5분에 오줌 45cc.

8시에 여의사가 와서 증상을 묻기에 신장 치료 약 먹으니 소변이 적게 나오고 색깔도 짙다고 했더니, 그 약은 단백뇨가 안 나오게 하는 약이라면서 두어 달 동안 복용하면 살이 좀 붙게 된다는 것. 그 과정에 부작용이 있는지 알아보겠다고 했다. 자세하고 친절하게 설명해 주니 조금 이해는 되었다.

9시에 주치 의사가 와서 부은 것 거의 다 빠졌다면서 배도 만져 보고 했다. 내가 본래 아침은 안 먹는다, 이뇨제가 아침 안 먹고 먹으면 효과가 있는데, 점심 먹고 나서, 저녁 먹고 나서 먹으면 효과가 별로 없고, 신장 치료 약도 먹으니 소변 색깔이 짙게 나온다, 했더니 부은 것이 많이 빠졌고, 치료제가 그런 결과를 가져올 수도 있다면서 염려 말라고 했다. 그래서 중요한 검사는 끝났으니 이젠 퇴원할 수 없나, 했다. 충주서 농사짓는 아이가 날마다 오는 것도 괴롭다고 했더니 "내일 퇴원하시지요" 했다. 그리고 "이왕 온 김에 위내시경 검사 한번 해 보고 가시지요, 별 이상 없는 줄 압니다만 온 김에 해 두는 것이 좋겠어요" 해서 그리하겠다고 했다. 이제 오늘 밤만 자면 병원서 해방되겠구나! 주치 의사가 참 고맙다. 정우가 어느 친구에게 말했더니, 그 병원 원장에게 빨리 퇴원시키라고 말해 준다더니, 그렇게 되어서 주치 의사가 이와 같이 쉽게 퇴원하도록 허락한 것일까. 아니면 본래 사람됨이 올발라서 정직한 말을 한 것일까? 아무튼 잘되었다.

11시 반에 위내시경 검사함.

12시에 소변 100cc.

검사 전에 간호사가 와서 엉덩이에 진통제를 놓았다. 검사실 문 앞에 기다리는 동안 무슨 물을 마시고, 또 끈적끈적한 액체를 입에 한참 물었다가 넘기게 했다. 그리고 누워 있으라면서 담당자가 내 다리와 머리를 아주 거칠게 다루었다. 그리고 입을 벌리게 해서 무엇을 물게 하고는 플라스틱 호스를 한참 쑤셔 넣는데, 구역질이 자꾸 나왔다. 한참 호스가 들어가는데 위 속에 꽉 들어찼다. 그러고 나서 사진을 한참 찍는 모양이었다. 호스를 뺐는지 입에 문 것을 빼고는 일어나라고 했다. 방에 돌아올 때 온 입에 미끌미끌한 것이 들어 있는 채 내보냈는데, 그걸 화장실에서 토해 내고 칫솔로 아무리 닦아 내도 안 되었다. 오랜만에 연우 치약으로 입을 닦았지만 안 되었다. 점심도 먹을 기분이 안 났다.

오후 4시 15분에 인턴(수습 의사) 둘이 와서, 오늘 내시경 검사 결과는 신장 약으로 위가 좀 헐어 있는 정도인데, 그건 보통 그렇다면서, 앞으로 퇴원한 뒤에도 그 약 먹으면서 검은 똥이 나오면 약의 부작용이니 근처 병원에 가서 치료를 받으면 된다고 하고 나감.

4시 20분에 소변 130cc.

4시 20분에 여의사가 와서, 퇴원 뒤에 이뇨제와 신장 치료제 두 가지를 조직 검사 판명 때까지 쓰는데, 이뇨제는 두 알씩 먹다가 안 먹어도 되기도 하니 그때는 중단하고, 신장 치료제는 먹다가 뒤에 이상이 있으면 곧 연락해서 조치하도록 해야 한다고 하고 나갔다.

8시에 동맥경화 예방약 먹음.

10시에 이뇨제 두 알 먹음.

10시 40분에 소변 120cc(같은 시간 대변 눔).

저녁에 신정숙 내방. 그리고 현우 내외가 카네이션 꽃바구니를 가져왔다. 오늘이 어버이날이란다. 며느리가 내 약 먹는 것 중 동맥경화 치료 약이 있다고 했더니 그것이 콜레스테롤과 관계있다고 해서 내 짐작이 맞구나 싶었다. 콜레스테롤이 높으면 동맥이 굳어져서 이뇨가 잘 안 된다고 했다. 그리고 오리고기는 기름이 많으니 아주 나쁘다고 해서 내가 아주 나쁜 식사를 했다는 것을 크게 깨닫게 되었다. 며느리가 식품 위생에 관한 책을 낸 것이 있다면서 보내 드리겠다고 했다. 이번 병원에 와서 가장 큰 것을 깨닫고 알게 된 것이 어쩌면 이 콜레스테롤 식품 문제일 것도 같다.

1999년 5월 9일 일요일 맑음

7시 20분에 소변 540cc, 몸무게 50킬로그램.

오늘부터 병원에서 가져온 약 세 가지를 지시대로 먹기로 했다. 아침과 저녁에 이뇨제 두 알씩. 아침에 콜레스테롤 치료 알약 한 개, 점심때 신장 치료제(단백질 안 나오게 한다는 약) 한봉, 다른 이상이나 부작용이 없다면 27일 병원에 갈 때까지 이렇게 먹기로 했다.

그리고 소변량 기록과 체중 기록은 수첩에만 적기로 했다.

어젯밤에는 10시가 지나서 자고, 오줌이 마려워 깨어났더니 오줌이 많이 나왔다. 그때가 1시 좀 지났을 것이다. 그때부터 누워도 잠이 안 왔다. 더워서 이불 하나를 걷어 버리고, 내복도 벗어 버리고 누웠지만 잠이 들지 않고 이런저런 생각만 떠올랐다. 앞으로 내가 할 일들이다. 이게 병이 나을 모양이구나 하는 느낌이 들기도 했다. 그래서 에라 잠 못 잘 바엔 행기나 하자고 일어나니 4시가 되었다. 4시 20분부터 6시까지 행기를 하고, 잠시 누워 쉬고 다시 정체 운동을 20분쯤 했다.

오늘 한 것은 우편물 온 것 대강 보고, 입원한 동안 지도받은 주치 의사와 담당 의사 두 사람에게 편지를 쓴 것이다. 그 밖의 시간은 행기와 정체 운동, 그리고 누워서 쉬는 것이었다. 소변은 아주 잘 나와서 이대로 가면 며칠 안으로 부종이 다 없어질 것 같다.

저녁때 대구 누님이 전화를 했다. 걱정이 되신 모양이었다. 이제 앞으로 서울 일은 다 끊어 버리자. 그러면 내 건강도 아주 도로 찾을 수 있으리라.

1999년 5월 12일 수요일 맑음

내 몸이 50킬로그램은 되는 줄 알았는데, 이제 41킬로그램이다. 아직도 발등은 많이 부어 있으니 40킬로그램밖에 안 될 것 같다. 이런 몸인데 61킬로그램도 넘게, 그러니 몸무게 3분의 1이나 되는 부종 짐을 지고 다녔으니, 그래 놓고도 무사히 넘겼으니 천만다행이었다. 손, 팔, 다리를 보면 꼭 아프리카 전쟁 난민이나 이북 사람들이 굶주려서 앙상한 뼈만 보이는 사진과 같다는 느낌이 든다. 그리고 아무래도 이제는 체력이 한계점에 내려온 것 같아, 약을 오늘만 먹고 그만둬야겠다고 생각했다.

그런데 12시가 지나 뭘 먹어야지 하고 부엌에 나갔는데 영 힘이 없었다. 어제 갖다 놓은 쑥버무리 떡을 먹어도 될까? 이럴 때는 죽을 먹어야 하는데, 하다가 죽 끓이는 것도 귀찮고 해서 쑥떡을 조금만 먹어 보자, 오늘은 꿀에 찍어서 조금만 먹어 보자고 해서 찻숟갈로 꿀 몇 숟갈을 떠서 사발로 옮겼다. 목이 말라서는 안 된다 싶어 방울토마토 한 개를 먹고 나서, 사발 가에 흘러내리는 꿀방울을 혀로 핥았다. 그랬더니 갑자기 배 속이 불덩어리가 터지는 듯한 느낌이 들고 쓰러질 것 같았다. 빙

내둘리고 몸을 지탱할 수 없다. 물을 먹어야지 해서 간신히 주전자를 잡고 조그만 컵에 구기자 찻물을 따러 한 모금 마셨지만, 그대로 부엌 바닥에 쓰러졌다. 온몸에 땀이 나고 토사곽란 증세같이 되어 정신없이 한참 있다가 깨어나서, 억지로 기어 나와 침대에 한참 누워 있다가 겨우 눈을 떴다.

다시 부엌에 가서 그릇을 치우려 했는데 또 쓰러졌다. 그때 사람 소리가 나서 소리를 억지로 지르니 정우가 왔다. 정우가 부축해서 내가 누워 자는 침대에 눕고, 정우는 칠보 미숫가루를 데운 물에 타 와서, 그걸 먹으니 속이 괜찮고 기운을 차릴 수 있었다. 오늘 까딱하면 큰일 날 뻔했다. 이제 당분간 약을 먹지 말기로 했다.

오후에 박도 선생 내외분이 찾아왔다. 책 추천 말을 써 달라는 부탁을 하러 왔는데, 좋은 분이라 써 주겠다고 약속을 했다. 아무리 내가 힘들더라도 이런 좋은 교육자를 도와주고 싶었다.

김경희 사장, 〈좋은생각〉 편집부 들에서 전화 옴.

1999년 5월 17일 월요일 맑음

날이 새서 변소에 가 앉았더니 갑자기 뒷산에서 뻐꾸기와 꾀꼬리가 큰 소리로 울기 시작하고, 곧 잇달아 산비둘기가 또 울어 댔다.

뻐꾹 뻐꾹 뻐꾹 뻐꾹 뻐꾹……

히요 히요 삘릴리릭, 히요 히요 삘릿…….

꾸구욱, 꾸구욱, 꾸구욱, 꾸구욱…….

마치 서로 노래 자랑하듯이 울었다.

뻐꾸기는 아주 빨리 성급하게 울었다. 꾀꼬리는 여전히 그 목
청이 맑고 차랑차랑했다. 비둘기 소리는 또 왜 저렇게 힘찬가?
그 가운데서 뻐꾸기 소리가 아무래도 옛날 소리가 아니게 들
렸다. 저렇게 빨리 우는 뻐꾸기 소리는 처음 듣는다는 느낌이
다. 그리고 참 힘도 좋다. 어느 놈이 가장 오래 우나? 그런데
언제까지나 울어 댄다. 어느 놈도 지지 않겠다는 것 같다.

아무리 앉아 있어도 똥이 안 나왔다. 어제도 못 눴는데 오늘
아침에 기어코 누고 말겠다고 배를 꽉 누르고 이마에 땀이 나
도록 강심을 썼지만 결국 허탕 치고 일어섰다.

어제 기침이 나고 감기 몸살 증세가 있었는데, 간밤에 푹 자
고 나니 거의 없어졌다. 이게 뭔가 걱정이었는데 역시 감기였
나 보다. 몸이 정상이 되어야 감기가 온다고 했다. 그러고 보니
내 몸은 이제 모든 것이 정상이 된 것 같다.

행기 하면 몸(살갗)에서 여러 가지 이상한 것이 나타난다고
하는데, 나는 그런 것이 별로 안 나타난다. 그것은 어쩌면 내
몸속에 아무것도 잘못된 것이 없어서 밖으로 나올 것도 없는
것 아닌가? 몸이 통통 부어 있을 때도 하루 세 번씩 똥을 눴다.
지금보다 적게 먹었는데도 그랬다. 그런데 부은 것이 다 빠지
고 나니 똥조차 안 나온다. 그만큼 몸속이 텅 비어 있는 것 아

닌가 하는 생각이 들었다.

며칠째 몸무게를 달아도 39킬로그램을 조금 넘었다. 내복을 벗으면 39킬로그램도 안 될 듯했다. 오늘 아침 변소에서 나와 달았더니 39.23킬로그램이었다. 내복 무게는 아마도 0.5킬로 그램은 될 것이다. 이러니까 똥도 안 나오는 것이다.

변소서 나와 있으니 뻐꾸기 소리와 비둘기 소리는 안 났다. 꾀꼬리만 울고 있다. 꾀꼬리가 이겼나 보다.

〈좋은생각〉 연재 원고, 전교조 신문 청탁 원고를 오후에 노 간사한테 전송하도록 부탁했다. 그리고 박도 선생이 두고 간 책 원고를 읽었다.

노 선생도 꾀꼬리 소리를 지금까지 몰랐다고 했다.

저녁에 현우가 왔다. 소백산, 태백산에 갔다가 오는 길이라 했다. 저녁 같이 먹고, 9시 45분에 갔다.

1999년 5월 18일 화요일 비

날이 궂더니 낮부터 추적추적 비가 왔다.

어제 뒷간에서 들었던 꾀꼬리 소리를 글감으로 글을 한 편 썼 다. 짧으면 글쓰기회보 첫머리에 실을까 했더니, 쓰다 보니 길 어져 원고지 20장 가까이 됐다. 그래서 〈우리 말 우리 얼〉 회보 에 싣기로 했다. 이제 〈우리 말 우리 얼〉 회보에도 이런 좀 재 미있는 이야기가 들어 있는 글을 실어야겠구나 싶다.

오후에는 박도 선생 원고를 읽다가, 신문을 보았다. 김 대통령이 박정희대통령기념사업회인가 하는 모임에 가서 그 사업을 나랏돈으로 지원해 주겠다고 했다가 많은 비난이 터져 나온 모양이다. 김대중 씨도 참 너무 눈앞의 정치 사정에만 매달려 계산만 한다. 역시 그 정도밖에 안 되는 사람이구나 싶다. 지역주의를 해결한다는 핑계지만 아무래도 두고두고 말썽이 될 일이다. 그리고 그렇게 해서 지역주의가 근본부터 풀릴 수도 없다. 그런데 김영삼 전 대통령은 이런 김대중 대통령을 비판하는 성명서를 냈다는데, 독재자가 독재자와 손잡았다느니, 박정희 씨가 경제 난국의 근원을 만든 사람이라 말했다고 한다. 참 가관이다. 김대중 씨는 그래도 그런 핑계나 있지, 김영삼 씨가 하는 꼴은 참 어처구니가 없다. 오늘날 이 경제 난국을 만든 짓에 대해서 사과 한 번 안 하고, 다시 그 얄팍한 지역감정을 부추기고 있으니 이런 사람을 대통령으로 뽑았다는 우리가 너무 부끄럽다. 전두환이도 꼭 마찬가지다. 쓰레기 같은 인간들이 대통령으로 된 이 기막힌 나라!

1999년 5월 20일 목요일 맑음

오후에 이재복 씨가 〈어린이문학〉* 편집 일을 하는 여직원 한 사람을 데리고 와서, 두어 시간 이야기를 하다가 갔다. 이원수문학상 관계로 의논할 것이 있어 찾아온다고 어제 전화 연락을 받았는데, 오늘 들으니 회원들 여론이 그렇다면서 문학상 이름을 달리 정하기로 했다는 것이다. 이원수 선생의 이름을 잘못하면 욕되게 할 것이라는 염려도 있었던 모양이다. 모두 의견이 그렇다면 나도 찬성한다고 했다. 그래서 문학상 이름을 널리 공모하면 모두 이 일에 관심을 갖게 하는 효과도 있으니 그렇게 해 보라고 했다.

이재복 씨가 나갈 때 글쓰기회 임시 사무실까지 나도 같이 갔는데, 이제는 걷기가 아주 수월해졌다. 이대로 가면 한 달 뒤에는 나 혼자 서울에도 다녀올 수 있을 것 같았다.

오늘은 물을 좀 낮게 마셨더니 오줌도 잘 나오고 양도 많았다.

아침에 오랜만에 물을 데워 머리를 감고, 발도 씻고 했다. 오른쪽 손목 한 군데에 지름 1센티미터 되는 동그란 보라색 얼룩이 생겼다. 어디 받힌 것도 아니고 아프지도 않은데 왜 이러나? 낮에 정우가 보더니 "한 군데만 그렇습니까?" 했다. 가렵지도 않다고 했더니, 좀 두고 봐야 알겠네요. 했다. 나는 이게 행기 때문에 생긴 배설이구나 싶다. 아침에 머리 감고 나서 빗으니 비듬이 자꾸 나왔다. 안 나오던 비듬이 이렇게 나오는 것도 내 몸이 정상으로 돌아가는 때문이라 생각되었다.

● 한국어린이문학협의회에서 펴내는 회보다. 한국어린이문학협의회는 아동문학이 나아갈 길과 신인 작가를 찾기 위해 이오덕이 중심이 되어 아동문학인들이 1989년에 만든 단체다. 부정기간행물 〈우리 어린이문학〉을 펴내다가 1998년부터 회보 〈어린이문학〉을 펴내고 있다.

1999년 5월 27일 목요일

세브란스병원에 갔다가 온 오후에 서울에서 과천 가는 찻길에 비가 쏟아졌다. 그러다가 비는 그쳤지만 구름이 검게 덮였더니 저녁때가 되어 개었다.

오늘 세브란스병원에 가서 정밀 검사 결과를 알아보는 날이다. 정우가 차를 운전해서 6시 20분에 나섰는데, 늦을까 싶어 걱정했더니 8시 5분 전에 세브란스병원에 도착할 수 있었다. 혈액검사실에 가서 피를 뽑고서 두 시간을 기다려 검사 결과를 적은 종이를 받아 주치 의사가 있는 방에 들어갔더니, 주치의 이호영 의사는 없고 노현정 여의사가 있었다. 신장 정밀 검사 결과를 말해 주는데, 신증후군 네 가지 중 가장 좋은 것, 완치할 수 있는 신장염이라 했다. 내가 그것이 무슨 병인가 이름을 말해 달라고 했더니 미세변화형 신증후군이라 했다. 그래서 약을 지어 줄 터이니 그것을 먹은 다음 그 결과를 알아보도록 6월 18일에 병원에 오라고 했다. 내가 지난번 받아 갔던 약 세 가지는 2일분만 먹고 죄다 그대로 있다고 하면서 그동안 경과를 자세히 이야기했다. 그러니까 그렇다면 다른 약은 그만두고 단백질 안 나오게 하는 약만 먹는데, 부작용이 없도록 위장을 보호하고 소화가 잘되게 하는 약을 지어 줄 테니 가져가서 함께 먹어 보라고 했다. 그래서 약을 받아서 과천 와서, 정우가 가져온 콩죽을 점심으로 먹고, 은행 볼일을 본 다음, 송재찬 선생이 와서 강정규 씨가 내는 계간지에 실을 사진을 한참 동안 골라서 보내고, 오후 4시 40분쯤에 과천을 나서서 무너미에 6시에 닿았다. 병원 검사 결과를 며느리한테 말했더니 아주 기뻐했다.

오늘은 12시간 눕지 않고 다니고 움직이고 했는데도 오줌이 잘 나왔다. 이제는 아주 다 나았구나 싶어 너무 기뻤다.

1999년 5월 30일 일요일 맑음

아침 9시 반에 노 선생 차로 나서서, 과천에서 11시, 곧 가져온 점심(나는 콩죽, 노 선생은 밥)을 먹고, 넥타이를 매고, 무너미 가져갈 것 몇 가지 챙겨서 올림픽체육경기장에 가니 시간이 맞아 12시였다. 오늘 행사가 전국교사대회로, 전교조 결성 10주년을 기념해서 단체 교섭 승리를 축하하는 뜻으로 여는 모임이라 전국 각처의 회원들이 엄청나게 많이 모여서 그 넓은 회장을 가득 채웠다. 그래서 처음부터 요란스럽게 구호를 외치고, 풍물놀이와 무용 같은 것으로 열기를 올려서 어리둥절했다. 그러다가 12시 반이 지나서 전교조 간부들과 우리가 단상에 올라가서 행사가 진행되는데, 3시 가까이 되어서 1부를 마쳤다. 그동안 참교육상 시상이 있어 나와 박현서 선생 두 사람이 나가서 엄청나게 무거운 쇳덩어리로 된 기념 상패를 받았다. 상금을 받으면 우리 말 모임 쪽에 줄까 했는데, 상금은 없었다. 그 쇳덩어리를 왜 그렇게 무겁게 만들었나. 내가 못 들어서 옆 사람이 들어 주었다. 박현서 선생은 지팡이를 짚고 왔는데, 그것을 받다가 넘어졌다. 상을 받은 사람한테 인사말을 시키지도 않았다. 국회의원 한 사람과 또 어느 한 사람이 길게 오늘 행사를 축하하고, 정태춘 씨던가 노래를 멋지게 불렀다. 그런데 단상에 앉아 있으니 최교진 씨가 사회하는 말이고 누가 나가서 말하는 것이고 도무지 무슨 말인지 한마디도 알아들을 수가 없었고, 더워서 애먹었다.

마치고 나서 신정숙이도 같이 타고 무너미 오니 5시, 내 방에 들어오니 시원해서 정신이 돌아왔다. 오늘 서울 다녀오는 일 걱정했는데, 무사히 갔다 왔다. 약을 안 먹어도 소변이 잘 나왔다. 이제 약은 안 먹어야겠다고 아주 결정해야지. 노 선생이 행사하는 동안 을지로 인쇄소 볼일을 보러 갔다가 소변검사 시약을 사 와서 고마웠다.

저녁에 소변검사 했더니 당은 없고, 단백질은 +30이 조금 더 되는 색깔로 나왔다. 아주 좋은 상태일 줄 알았다. 잘하면 곧 완치되겠지.

1999년 6월 2일 수요일 비, 저녁때 갬

〈우리 말 우리 얼〉 원고 교정으로 하루를 보냈다.

오전에 이대로 선생이 또 전화를 했는데, 어제 방송에서 행정자치부가 새 주민증에 한자 이름 함께 적는 일은 도저히 할 수 없다고 발표했다는 것이다. 그리고 어제 하루 동안 김종필 총리가 한 짓에 관해 여론이 들끓어 김 총리 물러가야 한다는 소리가 젊은이들한테서 터져 나왔다고 했다. 그럴 것이다. 그런 바보 같은 지시를 해서 온 나라를 어지럽게 만들고, 나라에 엄청난 손실을 가져오도록 하려고 했으니 그런 사람을 어떻게 그냥 둘 수 있겠나. 행정자치부도 여론을 무시할 수 없었겠지만, 도무지 그런 무리한 지시는 그대로 따를 수가 없었을 것이다.

이대로 씨가 어제 부탁한 대로 김 총리가 한 짓을 비판하는 글을 써 놓았는데, 그것을 그대로 내고 끝에다가 그 뒤에 행자부에서 발표한 내용을 덧붙이기로 했다. 아무튼 이번 일은 차라리 잘됐구나 싶다. 그러나 참 못 믿을 총리다. 언제 또 무슨 짓을 할는지 그저 위태위태하다. 온 국민이 그들을 감시해야겠구나 싶다.

1999년 6월 10일 목요일 맑음

오늘은 약속한 대로 중앙일보사에 가야 했다. 정우 차로 음성에 가서 기차를 탔더니, 바로 서울역까지 갔다. 시간은 버스보다 더 걸려 두 시간 반 만에 닿았지만, 버스로 동부터미널에 내려 전철 타는 시간을 생각하면 거의 같다 할 수 있고, 버스가 오히려 더 힘들겠다는 생각이 들었다. 게다가 차비도 기차가 더 헐했다. 또 기차 타는 사람이 별로 없어서 자리가 많이 비어서 발 뻗치고 편하게 갈 수 있다. 이제부터 기차를 많이 이용해야 되겠구나 싶었다.

〈중앙일보〉에서 하는 '99 좋은 책 100선' 선정 심사 예비 심사는 2시부터 했는데, 오늘은 심사 계획과 부별 토의 같은 것을 했다. 백 권 중 초등부가 25권, 중·고등부가 25권, 일반과 대학부가 50권이다. 초등부는 조월례 씨와 송언 씨와 나, 세 사람이 맡았는데, 의논 결과 조 씨가 동화를, 송 씨가 역사 과학 기타를, 내가 동시와 그림 얘기 책과 글쓰기 책을 각각 나누어 맡기로 해서, 내가 맡은 책은 뽑아내어 신문사에서 실어다 주기로 하고 왔다. 추천해 온 책이 모두 1,800몇십 권이란다. 이것을 일주일 동안 다 살펴서 좋은 책을 골라낸다니 도무지 억지로 하는 짓이고 날림 행사다. 들어 보니 출판사들이 될 수 있는 대로 고루 선정되어 나오도록 해 달라는 주문이고, 읽는 사람을 위한 행사가 아닌 것 같아 신문사들이 신문 선전하는 장삿속으로 하는구나 싶어 불쾌했다.

5시에 마치고 나와서 6시 차를 타니, 이번에도 갈아타지 않고 바로 음성까지 와서 내릴 수 있었다. 무사히 다녀와서 마음을 놓았다.

1999년 6월 14일 월요일 맑음

신문 보니 오늘 서울 낮 기온 31도, 충청도는 33도, 경북(대구)은 34도. 아주 한여름 날씨인데, 여기서는 더위를 모르겠다.

아침에 행기 한 시간 20분. 숨쉬기 10분 하였다.

그리고, 물을 데워 발을 씻고, 아래 속옷, 팬티, 양말을 빨고 나니 9시가 되었다.

오늘은 《동무 동무 씨동무—옛 아이들 노래》를 보았다. 옛날 아이들이 놀면서 불렀던 동요를 자기가 여기저기 찾아다니면서 모은 것을 가지고 해설을 했는데, 참 좋은 일, 귀한 일을 했구나 싶었다.

감나무 밑에서 책을 보는데, 온갖 새들이 머리 위에서 울어 댔다. 그 새소리가 시끄러워 책을 못 보는 것이 아니라 새소리가 너무 재미있고 듣기 좋아서 책이 머리에 들어오지 않았다. 저 새소리에 대면 사람의 머리에서 나온 이 말들은 얼마나 보잘것없고 시들한 소리들인가! 감나무 밑에 앉아 온갖 풀들의 향기에, 온갖 새들의 노래에 내 몸과 마음이 깨끗하게 씻기고 새로 태어나는 듯했다.

저녁을 먹고 나서 내가 정우한테, 올겨울에는 과천에 가서 지내고, 봄이 되면 여기 오든지 해야 되겠다고 말했다. 과천에 안 가면 글쓰기회 사무실 지금 짓고 있는 건물 안에 방 한 칸 마련해서 거기 가 있든지. 아무튼 지성_{손자. 상준이라고도 한다}이가 내 방 데우는 일 걱정하도록 하지는 않을 것이고, 이 방 전체 난방하는 것도 안 된다고 했다. 그리고 이 집 2층에 조그만 방 하나 마련할 수 있으면 그렇게 해도 좋겠다고 했다. 그랬더니 흙벽

돌로 2층에 지을까요, 했다. 흙으로 짓는 것은 흙 위에는 되지
만 시멘트 슬래브 위에는 문제가 있으니 그만 시멘 벽돌로 쉽
게 짓자고 했다. 난방은 태양열로 하기로 했다. 지금 봐서 두
평쯤 되게 짓고 싶다. 침대 하나 놓고, 그 침대를 의자로도 쓰
고, 조그만 책상 하나, 동쪽과 남쪽으로 창을 내어 낮 종일 햇
빛이 들어오게 하고 싶다.

1999년 6월 22일 화요일 맑음, 보리매미 소리 오늘 처음 들었다

오늘 보리매미 소리를 들었다. 올해 들어 처음 듣는 보리매미
소리다. 10시 반쯤에 글쓰기회 사무실에 가서 〈중앙일보〉에
보낼 심사 평(좋은 책 100선)을 팩스로 보내고 와서 감자를 쪄
먹으려고 몇 개를 씻어서 솥에 넣어 가스 불에 올려놓고 창밖
을 보는데 저 아래 나무 위에서 보리매미 소리가 났다. 아마 11
시가 되었을 것이다. 그런데 그 보리매미 소리가 옛날에 듣던
소리가 아니고 영 힘이 없고 이상했다. 보리매미는 보리가 팰
때 울었다. 그러니 6월 10일쯤이면 많이 울었던 것이다. 요즘
같으면 나무고 풀이고 새들이고 더위가 일찍 와서 옛날보다
더 빨리 나오고 하니 보리매미도 6월 초에는 나와야 할 터인데
도리어 옛날보다도 늦게 오늘에야 나왔으니 어찌 된 셈인가?
이 보리매미는 요즘 거의 씨가 말라서 없어졌는데, 그래도 이
렇게 늦게라도 나와서, 또 영 힘없고 멋없는 소리지만 울어 주

고 있으니 다행이라고 할까.

저녁때도 보리매미 소리가 들렸는데, 아까 낮에보다는 좀 더 보리매미 소리답게 울었지만, 옛날에 듣던 그 힘차고 멋있는 이초강 이초강 가락과는 달랐다.

12시가 좀 지나 신정숙이 전화를 걸었다. 오늘 〈한겨레신문〉에 났다면서 정부에서 공문서 한자 병용을 강행한다고 하니 성명서 같은 것을 내어서 항의라도 해야 안 되겠나 했다. 좀 생각해 보겠다고 하고 김 사장한테 전화하니 없고, 오후가 되어 이대로 씨에게 전화를 걸었더니 역시 서명운동본부 이름으로 성명서를 발표할 필요가 있다고 했다. 또 그런 것 쓸 마음이 안 나는데, 이번에는 뭔가 강력한 결의라든가 태도 표명이 있어야 하지 않겠나 싶다. 그리고 〈한겨레신문〉 온 것을 보니 김종필 총리가 그런 지시를 했다고 되어 있다. 김대중 씨도 한통속이 되어 있겠지. 무엇을 어떻게 쓰나? 지금 8시가 다 되었는데도 뚜렷하게 쓸 말거리가 생각나지 않는다. 참 이런 노릇을 언제까지 해야 하나!

1999년 6월 29일 화요일 맑음

청와대 민정수석 김성재 선생하고는 오후 5시 반쯤 되어 겨우 전화를 할 수 있었다. 인사를 한 다음 "제가 우리 말 살리는 모임에서 공동대표로, 우리 말 우리 글 살리는 일이 나라의 기본을 다지는 일로 알고 일하고 있습니다. 그런데 지난해부터 한자를 아이들에게 가르치고 공문서에도 섞어 쓰자고 하는 보수 친일 세력들이 목소리를 높여서 우리 말·글을 죽이려 하고 있어, 한글전용법 지키기 천만인 서명운동도 벌이고 있습니다. 한글 전용을 해야 한다는 것은 온 국민의 뜻인데, 한자도 쓰자는 사람은 제가 알기로 20퍼센트밖에 안 됩니다. 그런데도 그들은 김 총리를 믿고 문화관광부를 움직여 한자 병기 정책을 강행하려 합니다. 선생님, 부디 좀 도와주셔야겠습니다" 그랬더니 "제가 어떻게 도울 수 있습니까?", "금주에 차관회의에서 공문서 한자 병기 문제를 의논한다고 하니, 그게 걱정입니다.", "제가 한번 선생님 찾아가 뵙겠습니다.", "그래선 안 됩니다. 선생님을 우리 공동대표 세 사람이 찾아가서 좀 자세히 말씀드리고 싶지만, 시간이 나시지 않으면 제가 자료를 준비해서 의견 편지와 함께 우편으로 보내드리겠습니다.", "그렇게 해 주시지요. 지금 곧 또 어디 가야 할 곳이 있어서……." 이래서 대강 뜻은 전했으니 며칠 안으로 자료를 정리해서 편지를 보내야 되겠다고 정하고, 김경희, 이대로 두 대표한테도 경과를 알렸다.

　오늘 오전에 노광훈 씨가 왔기에 복숭아나무 있는 데 가 보았더니 아직도 좀 달려 있었다. 땅에 떨어진 것을 주웠다. 살구나무 밑에도 살구가 많이 떨어져 있어서 그것도 주웠다. 그래서 오늘은 살구와 복숭아를 실컷 먹었다.

저녁밥을 먹으면서 정우가 앞니가 아프다면서 병원에 또 가야겠다고 했다. 보니 입술까지 부었다. 정우가 단식하겠다고 해서 "그러면 나도 같이 단식할란다"고 해서 앞으로 며칠 동안 저녁을 가져오지 말고 단식하는데, 나는 여기서 감자 같은 것 조금만 먹든지 하겠다고 말했다.

1999년 8월 5일 목요일 맑음

오후까지 우리 말 회보 글 다듬고, 새로 또 자료를 찾아 써 넣고 하다가, 저녁때는 글쓰기회보에 나온 《한티재 하늘》 감상문을 읽었다. 회원들이 쓴 감상문이 모두 좋다. 신문기자들이 쓴 기사나 서평은 거의 모두 엉터리고, 잘못되었다. 이만하면 우리 글쓰기회를 자랑할 만하구나 싶다.

아침 5시에 일어나 정체 운동, 기 돌리기, 몸 돌리기 같은 것 다 하고 나서는 7시부터 점심 먹을 12시까지면 다섯 시간이니 이 동안 많은 일을 할 수 있다. 그런데, 배 속도 비고 그래서 머리도 맑고 몸도 가벼운 이 시간인데 어째서 그렇게도 잠이 자꾸 오고 힘이 쏙 빠지나? 이래서는 안 되지 하고 깜박깜박하다가 일어나 잠시 바깥에 나가 케일 잎에 붙은 벌레도 잡아 주고, 어디 전화도 걸고 하지만 또 앉아서 책을 보면 이내 깜박깜박한다. 그래 오늘은 그만 11시가 되어 참지 못하고 감자를 두어 개 전자레인지에 구워 먹었다. 그러니까 잠이 안 왔다. 할 수 없이 팥도 삶고 해서 점심을 한 시간 앞당겨 먹었다. 이러고 보니 내 기력이 워낙 쇠약해서 이렇게 되는가 하는 생각도 들었다. 하긴 요 며칠 동안 나 혼자 감자 같은 것만 먹고 지내면서, 가게에서 저녁을 가져오지 못하게 했다. 나물이고 물고기 같은 것도 좀 먹어야 하나 하는 생각이 들었다.

저녁밥으로 보리밥을 가져왔기에 호박잎쌈으로 실컷 먹었다.

1999년 8월 8일 일요일 맑음

오전에 시커먼 구름이 덮이고 바람이 일고 빗방울이 조금 떨어지기에 드디어 태풍이 오는구나 싶어 걱정했더니 웬일로 검은 구름 사이 해가 나고, 그러더니 차츰 구름도 흰 구름으로 바뀌고 해가 아주 잘 났다. 참 다행이다. 하늘이 비바람을 보내려다가 글쓰기회 연수회 잘하라고 그만 비바람을 거두었구나 싶었다.

오전 마지막에 내가 발표하는데 회원들 글을 읽다가 두어 번 눈물이 나려는 것을 간신히 참고 넘길 수 있었다. 권 선생 소설 읽을 때는 눈물이 안 났는데, 회원들 감상문 쓴 것 읽고 눈물이 난 것이다. 그리고 한 시간 애기하기로 되어 있는 것을 한 시간 반 애기하면서 거의 모두 지식인들, 기생충 같은 문인들 비판하는 말을 했다. 하면서도 화가 났다. 생각하니 나는 분노하는 데서 말이 나오는 것 같다. 어쩌면 분노 때문에 살아가는 것 아닌가 싶다. 이게 잘못인가? 그러나 비뚤어진 것, 악한 것에 대한 분노가 없으면 죽은 목숨 아닌가? 분노야말로 살아 있다는 표현이고 생명의 표적이다.

점심을 회원들과 함께 먹고 나서 이사회를 하고 그만 내 방으로 와서 한참 누워 쉬었다.

저녁때 정우가 강냉이 세 자루 가져온 것 먹고, 회관 연수장에도 안 가고, 강신무 씨 보내온 〈신동아〉 글을 읽고 그만 자기로 했다. 강신무 씨 온다더니 부산에서 못 간다고 전화했다. 마산 고승하 씨도 온다더니 안 왔다. 사람들이 어째서 말을 그렇게 가볍게 하는지 알 수 없다.

지금 8시 20분이다. 오늘은 피곤하다. 오전에 강의해서 그럴까? 오랫동안 안 먹던 아침밥을 먹어서 그럴까. 오늘 아침에는 좀 허기가 나고 힘이 없다 싶어(더구나 강의도 해야 하니) 아침밥을 조금 먹었던 것이다.

1999년 8월 9일 월요일 맑음

간밤에는 모두 거의 잠을 안 자고 놀았던 모양으로 아침밥을 늦추어 9시에 먹는다더니 10시에야 먹은 모양이었다. 11시가 다 되어 갔더니 어제 토론한 것을 각 분단마다 대표가 나와 보고하고 있었다. 그것이 다 끝나고 내가 어제 얘기한다는 것을 잊어버린 것하고, 앞으로 할 일 같은 것을 한참 얘기해 주었다.

그리고 나서 또 몇 사람이 나가서 연수회에 대한 느낌을 말하고 마쳤다.

회원들 말에, 내가 첫날 저녁 인사할 때 "이곳을 여러분들의 고향 집이라 생각해 달라"고 한 것이 마음에 깊이 와 닿았던 모양으로, 그 말에 대한 느낌을 얘기하는 사람이 많았다. 정말 《한 티재 하늘》 공부는 고향을 찾아가자는 공부고, 그 공부를 또 이렇게 우리 힘으로 지어 놓은 집에서 하게 되었으니 참 잘되었구나 싶다. 마칠 때 황금성 회장이 회원들에게 "고향이면 부모님들이 계시는데, 이오덕 선생님을 우리 아버지같이 생각해서 자주 찾아옵시다"고 하니 회원들이 모두 좋다면서 손뼉을 쳤다.

저녁에 정우 내외가 밥을 가져와서 같이 먹으면서 이번 행사 얘기를 했다. 정우 내외는 이런 몇 가지 얘기를 했다.

"이번 회원들은 모두 참 좋은 사람들이래요. 밥도 아주 잘 먹고, 음식 찌꺼기도 거의 안 버렸어요."

"쓰레기도 버리는 것이 거의 없었어요."

"많은 사람들이 아버지 건강 걱정했어요."

"황시백 선생은 아버지 적이 많은데, 부디 건강해서 오래 사셔야 하는데, 하고 걱정했어요."

"밥맛이 좋다고 모두 그렇게 말했어요."

"주 선생 부인이 일을 아주 많이 했어요. 주 선생도 입술이 부르텄다고 해요."

오늘도 아침에 동쪽 하늘 노을이 그렇게 아름다웠고, 오전에 검은 구름이 덮여서 비가 뿌리는 듯하더니 개었다. 지금은 밤 10시 54분이다. 몸이 왜 이렇게 노곤하고 몸살이 날까? 낮에 떡과 감자를 먹은 것이 많았던 모양이다. 그만 자야겠다.

1999년 8월 11일 수요일 맑음

　오전에는 주로 연우하고 앉아 이런저런 이야기를 했다. 16일 날 미국 가는 비행기를 타면 언제 또 오겠나. 2년 동안 공부한 다고 가니 그동안에는 못 오겠지. 그래 지도를 펴 놓고 미네소 타주와 그 주도가 있는 곳도 찾아보고, 그 근처 지리며 여러 가 지 자연환경 같은 것도 이야기했다. 연우는 오늘 서울로 가야 미국 가기 전에 치과에 가서 이 치료를 할 수 있다고 해서 더 있으라 할 수 없었다. 그래서 점심때가 되어 정우가 차를 가져 왔을 때, 내 통장을 정우한테 주어서 2백만 원 찾아서 연우한 테 주라고 했더니 "저 통장에 돈 있으니 그것 찾아 주지요" 했 다. "그럼 우선 그래라. 내 통장 것 찾을라면 충주까지 가야 하 니" 하고, 나는 "이제 너 떠날 때 다시 만날 수 없구나. 부디 몸 조심하고, 공부 열심히 해라" 하고 보냈다. 가게에 가서 점심 을 먹고 금왕 가서 버스 타게 되는 것이다.
　오후 늦게 정우가 왔는데, 연우가 미국 가면 된장 먹고 싶다 고 해서 제법 큰 그릇에 두 통(단지)이나 주었다고 했다. 그리 고 버스 기다리면서 자꾸 얘기하다가 버스 한 차례 놓치고 다시 30분 더 기다리느라고 늦었다고 했다.

오전에 몸에 힘이 너무 빠져서 무얼 쓰다가 그만두고 연우하고 애기만 했는데, 오후에도 힘이 없어서 글을 쓰는 것은 내일로 미뤘다. 이뇨제를 먹으니 몸은 가벼워지는데 힘이 없다. 정우는 걱정하면서 알부민 주사를 맞도록 하자고 했다. 이뇨제를 이제는 우선 중단하는 것이 좋겠다고 생각한다.

저녁에 민주화운동기념사업회에서 신문 광고 낸다고 5만 원씩 보내 달라는 전화가 왔다. 곧 보내겠다고 대답을 했다. 이런 것도 내 손으로 못 하고 아이들 편으로 하게 되니 그때그때 못한다.

1999년 8월 15일 일요일 맑음

오전에 《소로우의 노래》를 읽다가 그만두고 의자에 기대어 눕듯이 해서 남쪽 창 너머 하늘의 구름을 쳐다보며 시간을 보냈다. 구름이 온갖 모양으로 바뀌고 흘러가고 하는 것이 너무나 아름다웠다. 아무리 쳐다보아도 또 보고 싶었다. 아, 내 남은 목숨은 저 하늘의 구름과 함께 살겠다는 생각이 들었다.

소로우의 글은 참 좋았다. 저 하늘의 구름 다음으로 좋은 것이 소로우의 글이다. 그런데 강은교란 시인이 번역해 놓은 그 글이 참 잘못된 말이 많아 읽으면서도 자꾸 화가 났다. 내가 이걸 좋은 대문만 골라서 우리 말로 다듬어 봐야겠다는 생각이 들었다. 일본 번역서라도 구해 볼까 하는 생각이 든다. 톨스토이의 《인생독본》하고 소로우의 글하고 가끔 읽어서 좋은 대문을 우리 말로 옮겨 봐야겠다.

아무리 소로우의 글이 좋아도 저 하늘의 구름, 하늘에 높이 솟아 끊임없이 흔들리고 움직이는 포플러 나무, 바로 뜰 앞에 있는 대추나무 눈부신 잎들보다는 못하구나 싶다. 아, 나도 소로우가 말한 것처럼 하늘과 구름과 바람과 함께, 대추나무 잎과 미루나무와 함께 숨쉬며 그 속에서 살아야겠다.

오후에는 〈좋은생각〉 연재 원고를 썼다.

정우가 오후에 어떤 사람을 데리고 와서 방 칸막이 할 준비로 자로 방을 재고 갔다. 그 일을 맡길 사람인 모양이다. 칸막이 유리 벽은 비스듬히 한 번 꺾어서 막으면 된다 싶었더니, 유리기 때문에 비스듬히 꺾어 막는 것은 붙일 수가 없어서 90도가 되게 꺾어야 된다고 해서 두 군데 직각으로 꺾어서 막기로 했다. 이것은 맨 처음에 내가 생각했던 대로인 것이다.

낮에 먹고 남은 보리밥이 있어 그것을 먹고 감자 몇 개 쪄 먹고 해서 저녁은 가져오지 말라고 했더니 정우가 또 가져와서 강냉이를 먹고 토마토를 먹었더니 과식이 되었다.

1999년 8월 22일 일요일 흐림

정우가 이삿짐 내일 옮겨야겠다고 아침에 전화를 했다. 트럭

사정이 안 되는 모양이다. 두 대라야 남은 것 다 옮길 수 있기 때문이다. 잘됐다. 오늘보다 내일이 더 낫다. 길도 내일은 덜 막힐 것이다.

오전에 또 짐 정리해 놓고, 점심을 감자와 옥수수 찐 것으로 11~12시에 먹고 곧 나갔다. 오늘 2시에 있는 우리 말 살리는 겨레 모임 운영위에 가기 전에 교보문고에 가서 책 구경을 할까 싶어서다. 내 몸으로 봐서 좀 무리한다고 생각되지만, 오늘 안 가면 이제 책방에 갈 기회가 좀처럼 없겠다는 생각이 들었기 때문이다. 예상대로 힘이 무척 들었다. 시청서 책방까지 갈 때도 그렇고, 책방서 지식산업사로 갈 때는 힘이 아주 쏙 빠져서 세종문화회관 뒤편 나무 의자에 누워 한참 쉬어야 했다.

교보에 가서 산 것은 일본 책 《문학(文學) 1999》(일본문학협회편)이다. 이것은 단편 16선인데, 요즘 일본 작가들이 쓰는 문장과 말이 어떤가 알아볼 필요가 있다는 생각이 들어 산 것이다. 값은 일본 돈 3천 엔인데, 13배로 해서 3만 9천 원을 주어야 했다.

3시가 다 되어 지식산업사에 갔더니 모두 기다리고 있었다. 오늘은 많이 왔다. 부산에서 김정섭 선생이 왔고, 대전서 김조년 선생이 왔다. 또 한겨레신문사에서 교열부장이 사진기자를 데리고 오기도 했다. 5시 반까지 의논을 하고 나서, 저녁을 같이 먹고 오니 8시가 되었다. 올 때는 갈 때보다 덜 힘들었다.

1999년 8월 23일 월요일 맑음

비가 오기도 한다는 일기예보였는데, 구름 한 점 없이 맑고 푸른 하늘이었다. 이삿짐(두 번째) 옮김.

아침에 일어나 행기를 하고 있는데 벌써 정우가 노광훈 씨 데리고 왔다. 지난번같이 8시쯤 올 줄 알았는데 7시도 안 되어 온 것이다. 아주 새벽에 나섰던 모양이다.

곧 짐을 묶기 시작했는데, 8시 반에는 신정숙이도 와서 거들었다. 11시가 좀 지나 점심 먹으러 모두 나가고, 나는 정우가 사 보낸 시루떡과 복숭아를 먹었다. 오후 1시 반이 되어 겨우 짐을 다 묶어 차에 실었다. 지난번보다 3분의 1밖에 안 된다고 하더니 결국 일한 시간은 같이 걸린 셈이다. 지난번에는 8시부터 오후 2시 40분까지 했던 것이다. 방 청소는 신정숙이한테 맡겨 놓고 짐차 두 대는 떠났다.

신정숙이 방 정리, 쓰레기 나눠 담기와 방 쓸기를 하는 동안 나는 작은 방에서 두어 시간 누워서 쉬었다. 그리고 4시 반이 지나서 나왔다. 신정숙이도 같이 나와서 창동으로 갔다. 창동 오피스텔은 세를 내주도록 복덕방에 말해 두라고 했다. 과천 아파트는 신정숙이 와 있게 되는 것이다.

1986년 3월에 과천 와서, 오늘 1999년 8월 23일에 아주 이사를 하게 되었으니 13년 반 동안 있었던 셈이다. 이제는 과천·서울에서 아주 떠나게 되었다. 이번 이사하면서 크게 느낀 것은, 사람 한 사람이 옮기는 데 무슨 짐이 이렇게도 많은지, 나도 놀랐다. 내가 참 엄청나게 잘못 살았구나 하는 생각을 안 할 수가 없었다. 내가 왜 이렇게 많은 것을 가지고 있나? 비록 그것이 거의 모두 책이라도 그렇다. 이래 가지고 이 세상 떠날 때 어떻게 저세상을 가겠는가? 여기서 이사하듯이 트럭을 네 대나 불러서 저승을 가? 참 가당치도 않고 웃기는 일 아닌가! 이래서는 안 되지. 남은 내 앞길이라도 좀 깨끗하게 가볍게 살아가야겠다. 음성역에 내려 무너미 와서 저녁을 먹고 나니 10시가 넘었다. 방 칸막이가 잘되어 있고, 짐은 방 여기저기 꽉 차 있다. 이제 내가 살다가 아주 떠날 집에 왔구나 싶다.

1999년 8월 31일 화요일 오전에 흐렸다가 오후에 갬

오늘은 짐 묶음 몇 개를 풀어 정리해 놓고, 오바나 교수 다녀간 이야기를 쓴 다음 다시 짐 정리하다가 신문 보고 하니 하루가 다 갔다. 짐 정리는 아직도 책이 아닌 다른 잡동사니 물건들이다. 아직도 이런 짐 묶음들이 어디서 몇 개는 나올 것 같다.

오늘로 8월이 다 간다. 8월이 가니 청춘이 다 가는 듯하다. 벌써 가을이 되면 이제는 한 해의 뒷자락만 남은 것이다. 병 평계로 그날그날 놀면서 보내니 마음이 탄다. 일할 것은 산같이 쌓였는데 몸이 들어주지 않으니 "다음에 하지, 건강이 제일인데" 하고 하루하루를 보내다 보니 한 달이 가고 두 달이 지나

고 반년이 흐르고 한 해가 사라진다. 거기다가 글쓰기회와 우리 말 모임에서 내는 월 회보에 싣는 글 쓰느라 매달리다 보면 도리어 바빠서 정신없이 지낼 판이다. 다행히 먹고 입고 자고 하는 것은 걱정하지 않아도 되고, 아이들이 잘해 주니 내가 참 팔자가 좋다는 생각이 든다. 그러나 이제 남은 삶이 아주 얼마 되지 않는데 내가 해 둘 일은 손도 못 대면서 다른 일에 허덕이고 있으니 이래서는 될 수 없다. 무슨 구처를 내야지, 이래서는 결코 될 수 없다. 나는 인생의 마무리를 서둘러야 한다. 이대로 내 삶의 마무리를 못 하고 떠난다면 저승에 가서도 결코 편안하지 못할 것이란 느낌이 들어 어찌할 수가 없다.

1999년 9월 5일 일요일 비

더 밝은 불, 더 큰 소리, 더 빠른 교통기관, 더 단 음식······. 감각을 마비시키는 현대의 삶은 결국 사람을 병신으로 괴물로 만들어 버린다.

어젯밤에 잘 때, 방 전체를 밝히는 전깃불을 끄고, 내가 누워 자게 되는, 한쪽에 옷장 낮은 것을 놓아 좁은 방같이 만들어 놓은 곳으로 가기 위해 촛불을 들고 거기 가서 한쪽에 그 촛불을 놓아두고 잠시 앉았다. 그랬더니 그 촛불이 참 어둡다는 생각이 들었다. 전깃불 속에 있다가 촛불 앞에 앉으니 그런 것이다. 옛날을 생각해 보았다. 내가 어렸을 때는 큰방과 상방 사이 벽

가운데에 조그만 봉창을 뚫어 놓고, 거기 호롱불 하나를 켰다. 방 둘을 호롱불 하나로 밝혔던 것이다. 그 호롱불 하나로 바느질을 하고 신을 삼고 책을 보고 해서 온 식구가 두 방에서 밤을 밝게 지냈다. 그러다가 어쩌다가 촛불을 켠 자리에 나가면 그곳이 너무 밝았다. 그런데 지금 이 촛불은 왜 이렇게 어두운가?

저녁 먹으러 온 정우한테 이런 얘기를 했더니, 정우 말이 이랬다.

"음식도 그래요. 제가 요즘 아이스크림을 날마다 먹는데, 일하다가 더워서 그걸 먹으니 시원해서 두어 개씩 먹게 돼요. 그런데 그걸 먹으면 자꾸 먹고 싶고, 갈증이 납니다. 단것 먹으면 점점 더 단것을 찾게 되어, 덜 단것은 맛이 없어요. 소리도 요즘 아이들 귀에 뭣을 꽂고 음악을 듣는데, 그 소리가 엄청나게 큽니다. 작은 소리는 안 들린다 해요. 자꾸 시끄러운 소리를 들으니까 점점 더 시끄러워야 되지요."

"교통도 그렇제. 처음엔 걷다가 자전거를 타고, 그다음은 자동차, 다음은 고속버스. 그것도 직행이 있고 급행이 있고, 그것도 느리다고 고속 전철을 만들고. 감각이 길들어서 마비 상태가 되니 자꾸 정도가 더 높은 걸 찾는데, 그러다 보니 사람은 병들어 괴물이 되는구나."

문학도 그렇구나 싶다. 방 안에 앉아 말재주만 부리니, 자꾸 그 정도가 심해져서 괴상한 말장난이 되었는데도 그 사실을 못 느끼고 더욱더 심한 우스갯말 같은 것을 쓰면서 그것이 훌륭한 문장, 앞선 문학이라고 여기는 것이다.

오늘은 우리 말 회보에 실을 글을 한 편 썼다.

1999년 9월 17일 금요일 맑음

오전에 한나라당 국회의원 조익현 사무실에 전화를 걸어, 지난번 두 가지 보내 준 자료를 바라는 대로 처리하지 못했다는 말을 정중하게 설명해 주었다. 어느 비서가 받았는데 "잘 전해 주세요" 했더니 그렇게 하겠다고 했다. 그 두 가지 자료 중 하나는 김대중 씨가 미국 가서 연설한 연설문인데, 이걸 우리 말로 잘 다듬어 주면 어느 자리에서 어문 정책에 대한 비판 자료로 삼겠다는 것이었다. 또 하나는 1998년 11월에 나온 〈국회보〉에 실려 있는 조 의원의 글을 우리 회보에 실어 달라는 것이었다. 앞의 것은 지금 대통령이고 장관이고 국회의원이고 교수고 기자고 문인이고 모든 지식인들의 글이 그 모양인데 누가 그런 글을 비판할 수 있겠나, 또 비판하면 여야 대표 모두 대상으로 해야 된다고 해서 사절했고, 뒤의 것은 내용이 한자 혼용 문제에서 때가 지나간 것이라 싣지 않았다고 했다. 그런데 오후에 말, 글 문제를 맡고 있다는 다른 비서(비서가 여러 사람인 모양)가 전화를 걸어 와서, 자기들이 지금까지 한글 전용 문제로 애를 많이 썼다면서 여러 가지 얘기를 했다. 그리고 그 사람이 또 우리 말 살리는 모임 회원으로 들었다고도 해서, 대통령 연설문 다듬어 주는 일은 해 주겠다고 말했다. 그런데 내 일이 바쁘게 되었는데, 언제 또 그 일을 하겠나 싶다.

오늘 우편물 가운데 국가보안법반대국민연대에서 빠른우편으로 온 것이 있어 뜯어보았더니 20일 결성하는데 나를 고문으로 모시고 싶으니 승낙해 달라는 말과 함께 인쇄물이 들어 있었다. 내일 전화로 승낙한다고 알려야지!

1999년 9월 19일 일요일 비

오후 2시부터 6시까지 지식산업사에서 우리 말 살리는 모임 운영위 염.

점심을 좀 일찍 먹었다. 11시에.

그래도 나서기는 12시가 좀 지났다. 이가령 씨가 운전해서 가는 차에 나하고 이송희 씨하고, 또 한 사람 서울서 온 아가씨가 타고 갔다. 지식산업사에 가니 2시가 좀 지났는데, 올 사람은 모두 와 있었다.

오늘 의논은 주로 10월 2일 행사에 대한 것이었다. 먼저 세종대왕상 받을 사람과 최만리상 받을 사람을 의논해서 정하는데, 이대로 선생이 준비해서 나눠 준 인쇄물에는 컴퓨터 통신으로 들어온 수상자 추천이 많고 아주 재미있었다. 그것도 참

고하고 이대로 선생이 추천한 사람들도 참고해서 후보를 10여 명씩 칠판에 적어 놓고 한 사람씩 공적이라 할 것을 이야기하면서 의논한 결과 세종대왕상에는 한승헌 감사원장을, 최만리상에는 김종필 국무총리를 거의 만장일치로 정했다. 그리고 10월 2일 그날 할 것을 의논하고 그 준비와 회보 편집 의논을 대강 하고 나니 6시가 다 되어 늘 가는 음식점에 가서 저녁을 같이 먹고 또 그 자리에서 한참 얘기하다가 헤어졌다.

마치고 과천 오니 소낙비가 여전히 쏟아졌다. 신문지를 덮어 쓰고 전철역 나온 곳에서 아파트까지 오니 그때 시간이 8시 반이었다.

1999년 9월 21일 화요일 비

오전에 한승헌 감사원장한테 전화를 걸어, 세종대왕상을 드리기로 결정했다고 했더니, 그건 천만부당한 일이라면서 자기가 그런 일을 한 적도 없으니 그런 시상식에는 나가지 않겠다면서, 아직 날짜가 있으니 다른 사람으로 다시 선정하라고 했다. 아무리 말해도 안 들어서, 그러면 다시 의논해서 연락하겠다고 하고 전화를 끊었다.

그래서 이대로 씨하고 전화로 의논했더니, 그러면 감사원장 개인한테 주지 말고 감사원이란 기관에 주면 되지 않겠나, 그 날 감사원의 국장이나 누가 나와서 상장을 받도록 하면 될 것 같다고 말했다. 그러나 그것도 안 될 일이다. 최만리상이라 해서 김종필 국무총리한테 주면서 한편 감사원에 세종대왕상을 주는데, 감사원이 그런 자리에 사람을 보내겠는가? 어림도 없는 일이다.

그래 전화를 끊고 다시 생각해 보니 아무래도 이래서는 안 되겠다. 우리가 일을 너무 가볍게 추진하고 있구나 싶었다. 다시 이대로 씨와 김경희 사장과 전화로 의논한 결과 무슨 상이란 것을 치우고 적당히 이름을 지어(보기—배달말글 큰지킴이) 이런 분을 뽑았다는 것을 공표만 하자고 했다. 그래서 10월 2일의 행사는 그런 사람을 뽑았다는 사실을 널리 알리면서 그 후보에 올라간 두어 사람한테 나와서 강연을 좀 해 달라고 해서 우리 회원들이 듣는 자리가 되도록 하자고 했다. 그래도 일이 너무 눈앞에 닥쳐서 아주 바쁘게 됐다.

1999년 9월 28일 화요일 맑음

우리 말 회보를 오전에 다 만들어, 신정숙이는 점심 먹고 서울로 갔다.

저녁때, 전기회사에서 와서 심야 전기의 전깃줄을 달아 놓았다.

해가 져서, 창문 앞에 올라가 있는 오이 넝쿨 끝에 달린 오이 두 개를, 정우가 찾아 놓은 감쪽대(낚싯대 끝에 쪽대 매달아 놓은 것)를 가지고 떴다. 그게 너무 높은 데 올라가 달려 있어서 지금까지 못 따고 두었던 것이다. 그런데 그중 하나, 아주 굵은 것을 딸 때 참 놀라운 것을 발견했다. 그 무거운 것이 어째서 그토록 가느다란 줄기에 매달려 떨어지지도 않았나 했더니, 받침대 나뭇가지 꺾어진 데 참 묘하게 꽂혀 있었고, 그 꽂힌 자리가 옴폭 들어가 있는 것이었다. 이 오이 넝쿨이 분명 눈이 있고, 그리고 놀라운 판단력이 있구나 싶었다. 그림을 그리면 이렇다.

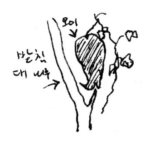

오늘 저녁 밥상에는 어제저녁보다 과일이 더 많이 나왔다. 사과, 배, 옥수수, 홍시, 밤, 고구마, 대추……. 이래서 밥을 조금 먹고 옥수수와 과일을 많이 먹었다. 대구 박경선 선생이 배를 한 상자 보내왔다. 박철수 원장은 한약(지금 먹고 있는 물약)을 또 보냈다. 아직 전에 가져온 것도 많이 남아 있는데…….

권오삼 선생이 보내온 〈아동문학 사랑방〉을 읽었다. 요새 신인들 얘기는 공감이 갔는데, 옛것을 부정하면서 과학의 앞날을 맹신하는 것이 참 철없는 사람이구나 싶었다.

1999년 10월 2일 토요일 오전 비, 오후 흐림

아침 9시 반에 음성역에서 기차로 서울역 내리니 12시가 지났다. 역에서 빵 두 개를 사서, 기다리는 의자에 앉아서 먹고, 가져온 한약 물 한 봉지를 마시고 한글회관에 갔다.

오늘 행사, 1999년 우리 말 지킴이, 훼방꾼 발표는 행사를 아주 잘 마쳤다.

모인 사람도 그럭저럭 자리가 거의 다 찼고, 첫머리에 마산에서 고승하 선생이 아이들을 데리고 와서 노래를 부르고 춤도 추고 해서 흥을 돋우었다. 그리고 내가 처음에 인사말을 하고 나서 김경희 선생이 지킴이와 훼방꾼을 각각 열 사람 발표한 다음 이대로 선생이 경과보고를 자세히 했다. 그리고 나서 남영신 씨와 진용옥 씨가 지킴이로 뽑힌 인사말을 하고, 미국서 온 박양춘 씨가 축사를 하고 나니 5시 반이 되어 폐회를 하고, 다시 음식점에 가서 저녁을 먹으면서 20여 명이 차례로 자기 소개와 이런저런 의견을 얘기하는데, 아주 재미있는 시간을 보냈다. 그동안 이대로 선생이 이 행사 준비와 진행, 경비 마련으로 많이 수고했다.

오늘 만난 사람 가운데 진용옥 선생과 신용승 선생이 참 좋은 분이구나 싶었다. 길산교 졸업생 김순규가 어린애 둘까지 데리고 와서 꽃다발을 나한테 준 일도 잊을 수 없다.

1999년 10월 5일 화요일 낮 한때 맑았으나 오후에는 구름 많이 낌

　낮에 밖에 나가서 홍시를 주워 먹고, 따고 했다. 그리고 대추를 한참 땄다.

　오후에는 신문 보고, 이삿짐 자료 한 묶음 풀어 정리했다.

　저녁밥은 주로 과일로 먹었다. 먹은 것은 사과, 배, 밤, 대추, 송편, 찐빵, 고구마, 감자, 홍시, 복숭아(크고 노란 것) 이렇게 많았다. 그러니까 모두 열 가지나 된다. 참, 오이도 있다. 정우는 오이도 먹었다.

　우리 집에는 이것 말고 또 과일이 있다. 방문 앞에 추자 따 놓은 것이 한 상자 있다. 그리고 노 선생이 어제 갖다 놓은 은행알도 그대로 있다. 먹을 것이 이렇게 풍족하니 이보다 더 행복할 수가 없다. 그것도 모두 돈 주고 산 것이 아니고 논밭에서 나온 것, 농사지은 것, 집 안에서 딴 것, 산에서 주운 것, 누가 선물로 갖다 준 것뿐이다.

　이렇게 좋은 가을 열매를 우리만 먹고 있는 것이 미안하다. 이렇게 좋은 것을 먹으면서 시 한 편 못 써서는 안 되겠다 싶어, 그저께 기차에서 오면서 써 놓은 '대추'란 시를 오늘은 다시 다듬어 써 보았다. 감, 밤을 가지고 또 써 봐야겠다.

　정우하고 먹다가 요즘은 산에 보리둑 열매가 안 달린다는 얘기를 했다. 보리둑이 왜 안 달리나? 보리둑 열매를 못 본 지가 오래되었다.

1999년 10월 7일 목요일 맑음

 주간지 연재 원고 2회분을 썼다. 그래서 자료 정리는 오늘도 손을 못 댔다. 보일러 공사(심야 전기)가 오늘 끝났다. 일꾼 두 사람이 아침부터 저녁까지 일해서 겨우 마친 모양이다. 오늘 저녁에는 밥 말고 먹은 것이 밤, 대추, 사과, 추자다.

 내가 하는 것 없이 날을 자꾸 보내고 있다고 어제 일기에 썼는데, 생각해 보니 아무것도 하는 것 없이 의자에 가만히 앉아 있는 시간이 제법 많다. 내 건강 탓이기도 하겠지만, 혼자 가만히 앉아 있는 것이 잘 깨닫고 보니 참 즐겁고 소중하구나 싶다.

 가만히 앉아 온갖 생각을 한다. 창 너머로 파란 하늘과 구름을 바라보는 것도 말할 수 없이 기쁘다. 그러다가 혼자 노래를 부르는 것은 또 얼마나 좋은가! 이렇게 기쁜 시간을 보내는데 내가 공연한 날을 허송하다니! 시도 이렇게 혼자 있을 때 생겨나는 것이고, 내가 정말 행복을 맛보는 것이 이렇게 혼자 아무것도 안 하고 가만히 앉아 있는 순간임을 알게 된다. 내 건강도 이렇게 해서 다시 찾아 가질 수 있겠다고 믿어진다.

 외로운 것, 이보다 더 소중한 것이 없구나!

1999년 10월 19일 화요일 맑음

 저녁 6시가 다 되어 며느리가 왔다. 고구마 캔 것을 상자에 담아 온 것이다. 감자도 없네요, 감자는 내일 가져오지요, 하면서 나가다가 "문 앞에 웬 새가 한 마리 죽어 가고 있어요" 하면서 손에 들고 들어왔다.

　보니 참새만 한 새인데, 머리만 좀 다르다. 머리털이 다람쥐처럼 검은 줄과 흰 줄이 두 줄로 되었다. 새가 왜 거기 와서 쓰러졌나. 겨울도 아니고 장마도 아닌데…… 받아 내 손바닥에 놓고 쥐고 있어도 가만히 있다. "밖에 내놓을까요" 하는 것을 "추워서 그런 것도 아닐 텐데, 그래도 방 안에 가져가 놓아둬 보자" 하고 며느리는 보내고 방에 들어와 오른손 바닥에 꼭 쥐고 왼손으로 머리를 쓰다듬어 주니 눈을 꼭 감고 가만히 있다. 5분…… 10분……. 내 손바닥이 따뜻해서 손기운이라도 전해서 기를 살릴 수 있을까 싶어, 어디 따로 두지도 못하고 그대로 앉아 있는데, 새 배와 가슴이 자꾸 팔딱거린다. 살아 있구나. 그러다가 팔딱거리는 것이 아주 약해지기에, 이러다가 죽는가, 이게 아마도 무슨 농약 든 먹이를 주워 먹었거나 사람이 먹는 오염 식품 주워 먹고 이렇게 되었겠지 싶어, 죽으면 한번 배를 갈라 봐야겠다고 생각하는데, 갑자기 새가 크게 움직이고 몸부림치더니 배가 여전히 크게 팔딱거린다. 아, 죽지는 않는 모양이다. 언제까지 이렇게 있을 수가 없어, 대추 담았던 조그만 바구니에 휴지를 깔고 감나무 잎도 깔고 해서 새를 그 속에 담아 또 휴지를 뜯어 덮으니 그래도 가만히 있다. 방 안에 그냥 둘까 하다가 밤중에 깨어나면 전깃불에 놀라고 달아날 경우 창문이 닫혀 있는 것도 안 되겠다 싶어 바깥 문간 앞에 갖다 놓았다. 새야, 부디 살아나거라. 그때가 6시 30분 가까웠다.

6시 40분쯤에 웬일로 종한이가 전화했다. "형님!" 해서 누군데, 하니 종한이라 해서 놀랐다. 몇십 년 동안 소식이 없던 사촌 동생이다. 다음 주 오겠단다. 지금 새마을운동 일을 한다나.

1999년 10월 21일 목요일 맑음

날씨가 맑음이라고 했지만 해가 11시 가까이 되어서야 보였다. 어제도 오늘도 그랬다.

오전에, 어제 써 두었던 〈뉴스메이커〉 연재 원고를 다시 한 번 읽어서 다듬어 두었다가 저녁때 노광훈 씨 왔을 때 전송해 달라고 주었다. 그리고 개고기 양성화 입법 반대 서명한 것도 이정덕 선생 앞으로 전송하도록 노광훈 씨한테 주고, 또 노 씨도 서명하겠다고 해서 함께 보내게 했다. 그 밖에 노 씨 식구들하고 정우네 식구들 서명한 종이는 내일 보내기로 했다.

어제 전영숙 씨가 갖다 놓은 배는, 글쓰기회 모임이 당분간 없다고 해서 여기 여덟 개 두고 11개를 사무실에 갖다 두고 먹으라 했다. 배가 어찌나 굵은지, 큰 상자에 담긴 것이 모두 19개밖에 안 되었다.

인권 관계 운동 일을 하는 서준식 선생이 낮에 전화를 걸어와서, 보안법 철폐 관계 원고를 좀 써 달라고 했다. 늘 쓰는 사람들만 쓰는 것보다 안 쓰던 사람, 이런 사람도 보안법 철폐를 주장하는구나 하는 느낌을 주는 사람이 쓰는 것이 좋겠고, 또 젊은이들이 내 글을 바란다고 했다. 그러나 써 주고 싶지만 그런 글 자신이 없으니 다음 다른 기회에 쓰겠다고 사절했더니 "쓸 사람은 또 있습니다. 다음에 도와주세요" 해서 마음이 놓였다. 그렇게 대답해 놓고 생각하니, 나도 뭔가 그 문제를 이야기할 거리가 있구나 싶어 뒷날 언젠가 한번 써야겠다고 몇 가지 적발을 해 두었다. 서준식 씨, 그렇게 힘드는 일 하는 분도 와주지 못해 미안했지만, 한편 힘드는 짐 벗어났구나 싶어 마음이 좀 가벼워지기도 했다.

오후에 노광훈 씨가 왔기에 새 얘기했더니 "저기 앞집(상준이 있는 집) 문 앞에도 새가 한 마리 죽어 있어요" 했다. 아, 그러고 보니 쥐약 먹고 죽은 새가 한두 마리가 아니겠구나 싶었다. 그 새들이 죽으면서 자기를 죽인 원수인 사람들 집 앞에 가서 항의를 한 것이 분명하다.

1999년 11월 12일 금요일 흐렸다가 갬

오늘은 글쓰기회보 읽기로 하루를 보냈다. 그래도 아직 조금밖에 못 읽었다. 이것은 내일 하게 되는 글쓰기 강좌에서 내가 얘기할 거리를 준비하기 위한 것인데, 내가 맡은 시간은 모레 오전이다.

11월 호에서 지금까지 읽었던 글 가운데 가장 좋았던 것이 김수업 선생의 글 '우리 토박이말의 넋'이다. 참 좋은 글이다. 우리 말 문제에서 이만큼 좋은 글이 없다는 생각이 들었다. 이만큼 좋은 글을 쓰는 분이 김수업 선생 말고 없을 것이다. 내용도 좋지만 문장이 아주 깨끗한 말로 되어 있다. 그런데 참 아까운 것은 "말글살이"란 말을 썼고, 또 "불린다"는 말을 여러 번 썼다는 것이다. 이토록 좋은 생각을 하면서 우리 말을 바로 쓰려고 하는 분이 엉뚱하게도 도무지 우리 말이라고 느껴지지 않는 이런 말을 썼을까?

이것을 보면, 아무리 한글과 우리 말에서 큰일을 하고 좋은 생각을 가지고 있어도 글을 너무 많이 읽고 글 속에 빠져서 그 생각이 글에서 나오고 그 글이 책에서 읽은 지식으로 바탕이 되어 있는 사람은 반드시 잘못 쓰는 말이 있다는 것을 알 수 있다. 이 점에서는 나도 마찬가지일 것이다. 그러니 이런 점을 깨달아서 서로 도움말을 주어서 고쳐 나가는 수밖에 없겠다는 생각이 든다.

아침에 원종찬 씨가 전화했다. 11월 호 〈어린이문학〉에서 내 글 읽고, 앞으로 우리 말을 잘 써야겠다는 생각을 했다면서 그 책에 자기가 쓴 글 얘기를 했다. "아직 원 선생 글 안 읽었는데, 들으니 우리 아동문학의 흐름을 잘 잡은 것 같다. 곧 읽어 보겠다"고 대답해 주었다.

1999년 11월 14일 일요일 맑음

10시부터 한 시간 동안 글쓰기회관 작은 방에서 일기 쓰기 지도와 시 지도에 대한 얘기를 글쓰기회보에 실린 글을 교재로 해서 강의했다. 강좌 받겠다고 해서 신청한 사람은 11명이었지만, 내 얘기 듣기 위해 앉아 있는 사람은 30명쯤 되었던 것 같다. 편집부, 사무국, 그 밖에 어제 온 사람들은 다 모였던 것이다.

마치고 12시까지, 한쪽(수강생들과 편집부원들)에서는 토론 시간을 가지고, 한쪽에서는 사무국 회의를 했는데, 사무국 회의에서는 임길택 시비 세우는 일과 겨울 연수회 관계를 의논했다. 임길택 시비는 다음 달 12일 세우기로 하고, 이일은 네 단체(글쓰기회, 어린이문협, 어린이도서,* 겨레아동문학)에서 함께 경비를 부담하고, 일은 정우가 하고, 돌에 새길 작품 선정을 하는데, '엉겅퀴'란 작품으로 결정했다. 겨울 연수회는 '새 천 년, 어떻게 살까'란 주제로 모두 글을 써내고, 발표할 사람도 선정했다.

마치고, 기념사진을 찍었다.

나는 먼저 정우 차로 내려오는데, 정우가 "오늘 아버지 생일

● 어린이도서연구회. 서울양서협동조합 어린이 분과에서 시작하여 1980년 5월에 창립했다. 바람직한 독서 문화를 가꾸기 위해 좋은 어린이 책을 알리고, 도서관 문화 운동과 책 읽어 주기 운동을 하고 있다. 회보 〈동화읽는 어른〉을 펴낸다.

이라고 회원들이 뭘 해 드리겠다는 것을 '아버지는 그런 것 싫어하시고 생일도 모르고 넘어가신다'고 했어요" 했다. 그러고 보니 참 오늘이 내 생일이구나, 나도 잊었는데. 나는 지금 가서 감자나 몇 개 쪄 먹고 싶다고 했더니 정우가 "회원들 대접하라고 오리 여덟 마리 잡아 놓았어요" 했다.

2시 반쯤에 황시백 선생을 비롯해 여럿이 인사하러 와서, 앞뜰에서 축하 노래('개구리 소리')를 불러 주고 갔다. 참 고맙고 기쁘다. 낮에 감자 세 개 쪄 먹었지만 오늘은 참 날씨도 따뜻하고 기쁜 날이다.

낮에 들어올 때 정우가 대추 남은 것을 다 털어서 한 줌 주워 왔는데, 회원들 보내러 나갔다가 쳐다보니 또 있어서 여덟 개를 흔들어 떨어뜨렸다. 이제야말로 다 땄다. 대추 맛이 꿀처럼 달다.

1999년 11월 15일 월요일 맑음
아주 엷은 구름이 깔려, 해가 났지만 따스한 볕이 아니었다

아침에 행기, 몸 돌리기, 약 먹기, 다 하고 몇 자 적는다. 어제 내 생일이라고 저녁에 오리고기 물로 죽 끓이고, 보리밥에 적 붙인 반찬 같은 것 해 온 것을 보리밥만 먹고 오리고기 물죽은 안 먹었다. 모처럼 생각해서 끓여 온 것 안 먹으니 미안했지만, 정우가 "오늘 아까 오리고기 먹고 나서, 자꾸 목이 말라 물을

몇 번이나 먹었다"고 해서, 오리고기가 역시 나쁘구나 하는 생각도 들었다. 그런데 저녁을 먹고 나 혼자 있을 때, 곶감으로 깎아 말린다고 해 놓은 감을 보니 제대로 안 말라서 곰팡이가 되고, 물러 터지게 되었다. 그걸 그냥 두면 안 된다 싶어 세 개나 먹었더니 그만 과식이 되었다. 밤에 자는데 다리와 허리가 좀 가려웠다. 지금 내 몸에 부종은 아주 조금밖에 없다. 그런데 이렇게 한번 조금 과식해도 금방 표가 나서 몸이 가렵다. 생각해 보니 몸에 부종으로 남은 100~200cc, 아니면 200~300cc만 빼도 부종은 없어질 것인데, 그걸 못 하고 다시 100~200cc가 더 부종으로 되니 이렇게 몸이 가렵고 반응이 오는 것이다. 이런 몸 사정이 아주 한고비인데, 이런 줄 모르고, 내 몸 다스리기를 잘못하니 내가 참 한심하구나 싶다. 오늘 아침에는 또 이뇨제 먹는다는 것이 그만 콜레스테롤 치료제를 먹었다. 그래 10분쯤 뒤에 깨닫고는 다시 이뇨제를 먹었다. 정말 정신을 차려야겠구나 싶다.

지금, 오후 4시다. 조금 전에 김경희 사장이 전화를 걸어 왔다. 한자 교육 추진 단체에서 등기우편물이 대표 세 사람 앞으로 각각 왔는데, 우리 말 훼방꾼으로 그 단체를 뽑아 신문에 광고한 것이 명예훼손이라며, 사과하지 않으면 법에 제소하겠다는 내용이라 한다. 참 가관이다. 법으로 한다면 하라지! 우리가 한 것이 어지간히도 울림이 컸던 모양이다. 이론으로 안 되니 법으로, 돈으로 해 보겠다는 엉큼한 속셈인가? 법정이란 데가 돈과 권력으로 마음대로 주무를 수 있다고 그들은 보는 것 같다. 참으로 한심한 세상이다.

〈뉴스메이커〉 연재 원고 1회분 썼다.

1999년 11월 18일 목요일 맑음

지금 11시 45분이다. 방금 명지대학교 진태하 교수라면서 전화가 왔다. 내가 언제 우리 말 훼방을 했나, 당신이 우리 말을 아느냐, 이오덕이란 말은 우리 말이 아니냐, 어떻게 하려고 하나, 법으로 대처하기 전에 우선 말로 먼저 알려 놓겠다. 아주 흥분해서 고함을 지르고 해서 전화를 끊었더니 잠시 뒤 또 걸어 와서 받으니 다시 또 고함 소리다. 꼭 미친놈 같다. 어디서 좀 만납시다, 어디서 만날까요, 한다. 나는 건강이 나빠 다른 데 못 나간다고 했더니 찾아갈까요, 했다. 글쎄 찾아오다니, 여기까지 뭣 때문에 와요, 하니, 또 고함 소리로 온갖 억지를 늘어놓기에 두 번째로 그만 전화기를 놓아 버렸다. 미친 사람들이 세상에는 많은데, 바로 미친 사람을 만났구나 싶어 여간 기분이 나쁘지 않다. 미친놈들이 돈과 권력으로 나를 징역살이 시킨다면 영광이겠다. 이 판에 영광스런 곳에 갈 수도 있겠지만, 내 몸이 이러니 그것도 마음대로 안 된다.

어제 〈출판저널〉에서 연락이 와서, 1990년대 최고의 책을 어린이, 청소년 부문에서 다섯 권을 뽑아 달라고 해서, 오늘 저녁에는 권정생 선생하고 전화를 해서 다음 다섯 권을 정했다.

1. 〈겨레아동문학선집〉, 10권, 보리
2. 《점득이네》, 권정생, 창비
3. 《너하고 안 놀아》, 현덕, 창비
4. 《우리가 정말 알아야 할 우리 옛이야기 100가지》, 서정오, 현암사
5. 《탄광마을 아이들》, 임길택, 실천문학사

권 선생은 자기 것은 빼라고 했지만, 어디 그럴 수 있나. 권 선생은 내가 읽어 보라고 한 《그림자 정부》를 읽은 모양이다. "리영희고 백낙청이고 그런 사람들 글도 다 엉터리네요. 이거 우리가 어떻게 살아야 되지요?" 했다. 큰 충격을 받은 모양이었다.

오늘은 권태응 동요론 나머지 부분을 쓰기 위해 창비의 《감자꽃》 작품을 한 편 한 편 그 율격을 조사해 보았다.

1999년 11월 25일 목요일 맑음

밤 10시쯤 권 선생한테서 전화(어린이 문학상 제정 문제로 의견 물음).

신정숙 씨가 전화로 "저쪽 한자 교육 추진 단체에서 내용증명으로 지난번과 비슷한 공문을 보내왔습니다"고 하더니, 조

금 뒤에 이대로 선생이 전화를 해서 "어느 변호사와 얘기했더니 답변서를 보내는 것이 좋다고 해서 답변 공문을 다시 써서 신정숙이한테 보냈으니, 그걸 받으면 보고 고칠 만한 데 고쳐서 보내 주세요" 했다. 그리고 그 답변서를 한글학회에도 보내고, 우리 말 회보에도 내는 것이 좋겠다고 했다. 또 그 변호사가, 답변서 보낼 때 "그런 학술 문제를 법정으로 가져가는 것은 바람직하지 못하다"는 의견을 더 넣으라고 하더라는 말도 했다.

그래 오후 좀 늦어서 노광훈 씨가 전송 온 것을 가지고 왔는데, 이대로 선생이 쓴 원안과 김경희 선생이 두어 군데 말을 고친 것 두 장을 받아 읽어 보니 좀 마음에 들지 않은 말이 있어 김경희 선생하고 의논해서 고쳤다. 신정숙에게 고친 부분을 말해서 "이걸 다시 쳐서 두 분에게 보여 드리라"고 했다. 이대로 선생은 어디 나가고 내일에나 전화를 할 수 있을 것 같다.

강신무 씨 원고를 읽고 있는데, 이제는 재미가 나서 자꾸 읽고 싶어졌다. 아리랑 춤, 온살돌이 같은 것이 어떻게 해서 나왔는가 했는데 놀랄 만한 체험과 배움으로 얻은 것이구나 하고 알게 되었다. 하도 반가워서 부산으로 전화를 걸었더니 "전주에 가셨다"고 했다. 내일에나 연락이 될 것 같다. "한 달 안으로 여기 가져온 원고 다 보겠다"고 말해 주고 싶다. 참 좋은 사람을 만났구나 싶어 여간 기쁘지 않다.

저녁을 먹고 나니 강신무 씨가 전주에서 전화를 걸었다. 내가

"앞으로 한 달 안에 어떻게 해서라도 지금 받은 원고 다 봐주겠다. 내용이 참 좋고 재미있어서 책으로 되어 나왔으면 하는 생각이 든다"고 했다. 또 10시쯤에 권정생 선생한테서도 전화가 왔다.

1999년 12월 4일 토요일 흐림

온살돌이, 오늘 사흘째(하루 한 시간 이상) 하고 있는데, 참 희한한 효과가 나타난다. 어제저녁에는 너무 많이 먹어서 몹시 걱정했지만 무사히 넘겼다. 그런데 오늘 오후에는 아주 힘이 난다. 전에는 앉았다가 바로 옆에 무엇을 가져가기 위해서 일어나는 것도 그렇게 귀찮고 싫더니, 웬일로 자꾸 걸어 다니고 싶어지고, 우편물 가지러 바깥 우편함으로 걸어가는데 다리에 힘이 아주 붙어서 더 걷고 싶어지는 것이다. 참 기쁘다. 곧 부산의 강신무 씨한테 소식 전하려고 전화 걸었더니 오늘도 서울에 볼일이 있어 갔다고 한다. 아무튼 이 운동을 열심히 해야겠다. 이제는 온살돌이를 자꾸 하고 싶어졌다. 나를 살려준 온살돌이, 강신무 씨, 참 너무 고맙다.

오줌도 오늘부터는 아주 순조롭게 나오는 것 같다.

행기도 요즘은 하는 것이 아주 즐겁다. 숨을 들이마시는 시간은 2분에서 3분까지, 내쉬는 시간은 2분에서 3분까지 이렇게 되는데, 들이마시는 시간이 아주 하늘을 날아가는 듯 시원하고 즐겁다. 내쉬는 시간은 마지막에 가서 침이 자꾸 나와서 넘기는데, 그것이 건강에 아주 좋겠다는 생각이 든다. 아무튼 이런 운동이 이제는 나를 살리게 될 듯하고, 또 운동하는 것 자체가 즐거우니 이보다 더 좋은 일이 없구나 싶다.

오늘은 회보〈우리 말 우리 얼〉 원고 보고 교정하는 일을 했다.

저녁밥은 늘 먹는 대로 한 그릇 다 먹었다. 그리고 무를 또 많이, 배가 가득하도록 먹었다. 이렇게 먹는 것이 아닌데 하면서도 먹었다. 그래도 별로 걱정이 안 된다. 못 먹을 것을 먹은 것이 아니고 좋은 것을 먹었고, 이제는 이렇게 먹어도 탈이 없겠다는 자신도 들었다. 그래도 역시 먹는 것은 적게 먹어야 하는데…… 조심해야 하는데…….

1999년 12월 9일 목요일 맑음

낮까지 회보 겨우 다 엮어서 신정숙이는 서울로 갔다. 나갈 때 동쪽 홍시 감을 장대로 몇 개 따서 먹었다. 신정숙이 딴다고 하더니 죄다 땅에 떨어지게 했다. 그래도 아까워서 흙 묻은 쪽이 아닌 것을 둘이서 먹었다. 내가 딴 것도 실수를 했지만 세 개는 잘 딸 수 있었다.

오후에 우편물을 꺼내 보았더니 12월 호 〈출판저널〉이 와 있었다. 1990년대 책 뽑아 놓은 걸 보았더니 내가 추천한 것은 두 권밖에 안 나와 있었다. 내가 다섯 권 추천했는데, 모두 여덟 권 나와 있는 가운데 두 권뿐이고, 내가 추천하지 않은 책 가운데 매우 의심스러운 책들도 들어 있어서 추천한 사람들을 찾아보았더니 아동문학 쪽에 최지훈 씨가 있었다. 내가 꼭두 각시 노릇을 했구나 싶어 분한 생각이 들었다. 심지어 신현득 이 책까지 나와 있는데, 보리출판사의 열 권짜리 〈겨레아동문 학선집〉은 빠졌으니 어이가 없다. 이다음에는 이런 부탁받으 면 나 말고 또 누가 함께 추천 또는 심사하는가 단단히 물어서 해야겠다. 괴상한 사람과 같이 무엇을 하다가는 공연히 내 시 간만 허비하고 남들 오해하도록 만들기 좋게 될 뿐이다.

오늘은 편지에 또 일본의 오바나 씨 것이 있는데, 다음 해 3 월 말쯤에 그곳에서 글쓰기 모임(일본작문회) 회원들 열 사람이 이 곳 글쓰기회에 와서 한국 아이들의 글을 가지고 함께 논의를 하고 싶어 하는데 사정을 알려 달라고 했다. 참 고마운 사람들 이다. 곧 의논해 봐야겠다. 아무래도 사절을 할 수는 없고 그렇 게 해서는 안 될 것 같다.

오후에 강신무 씨 원고 보고, 신문 읽고, 그리고 온살돌이 30 분 하고 나니 6시가 지났다.

1999년 12월 12일 일요일 맑음

9시 반에서 두 시간 동안, 글쓰기회보 12월 호에 나온 시 지 도 기록과 합평, 아이들 시 작품을 교재로 이야기했다. 수강 회원은 16명인데, 그밖에 편집부 회원들도 나와서 30명을 넘었던 것 같다. 모두 열심히 들었던 것으로 안다.

그런데 시 지도가 왜 안 될까? 모두 자기 나름대로 애쓰고 찾고 고민하고 하는 것이 모자란 때문인 것 같다. 지도 방법을 머리로 배워서 그대로만 하면 된다고 생각한다. 그런데 무엇을 안다는 것은 자기가 실제로 하면서 애쓰고 괴로워하고 헤매고 하는 가운데, 그때 누가 가르치는 것이 있으면 비로소 제대로 몸에 들어와서 산 지식이 된다. 그리하지 않고 무엇이든지 가르쳐 주기를 바라서 그것대로 따라가면 된다고 하는 태도로는 절대로 진리를 잡지 못한다. 우리 선생들 젊은이들이 모두 어릴 때부터 시키는 것만 받아서 하여 온 버릇이 몸에 배어서 어른이 되어 아이들 가르치는 태도가 또 그렇게 되어 무엇이든지 지시하기만 하고, 가르치는 방법도 그렇게 누가 보여 주기만 바란다. 오늘 교재로 한 부산의 구자행 선생의 지도 기록이 그랬다. 참 답답하다. 강의 마치고 와서 1시에 고구마 구워 먹고, 사과 먹고 해서 점심으로 때웠다.

오후에는 강신무 씨 원고 읽었다. 이제 이틀만 더 읽으면 끝난다. 강 선생한테 전화했더니 15일 날 오겠다고 했다.

1999년 12월 27일 월요일 맑음

새벽 3시가 좀 지나서 잠이 깨고는 그만 잘 수 없었다. 누워서 자꾸 글쓰기회가 걱정이 되었다. 아무래도 이대로 가면 앞날이 좋게 열리지 않을 것 같다. 그래서 어떻게 하나, 생각해 보니 우리 회가 가야 할 길을 모두 아직도 잘 잡고 있지 않은 것이 분명하다. 우리 회를 다른 사회단체나 운동 단체와 같이 생각한다. 그래서 운영도 다른 회사나 단체를 따라 하려고 한다. 그런 것밖에 모르니 그렇게 될 수밖에 없다. 이래서 벌써 16년이 넘은 회가 도무지 앞으로 나가지 못하고 있는 것이다. 안되겠다. 오늘 온 몇 사람에게라도 내 생각을 잘 말해야겠다. 우리 회의 성격을 생각하니 이것은 아무래도 공동체, 모둠살이란 생각으로 분명히 잡힌다. 그렇다. 모둠살이라야 된다. 회원 저마다 각 지방에 흩어져 살고 가족이 거기 있고 생업이 따로 있다. 그러나 한번 글쓰기회의 식구로 모이면 모둠살이 식구로 살아가야 한다. 이익을 얻기 위한 것이 아니고 올바른 삶을 찾기 위한 글쓰기 모둠살이를 위해 모두가 몸을 바치는 마음가짐과 행동을 해야 한다. 이래서 학급 문집도 만들고 회보도 만들고 해서 글쓰기 문화로 우리 사회를 앞장서서 이끌어 가야 한다. 이런 정신으로 회보를 내고 회를 운영하고 연수를 하고 살림살이도 해야 한다.

9시쯤에 주중식 선생이 왔기에 내 생각을 한참 얘기했다. 그리고 어떻게 생각하는가 물었더니 "당연히 그런 길로 가야지요" 했다. "그럼 오전에 다른 선생들한테도 얘기하고 싶으니 아침 식사하고 잠시 만나도록 해 달라"고 했더니 10시 반쯤에 모두 왔다. 11시 반까지 내 생각을 이야기했더니, 역시 "그렇게 해야지요" 할 뿐 다른 말은 하지 않았다. 노광훈 씨도 같이 있었지만, 조용명, 노미화 두 사람이 일찍 가고 없었다. "그러면 부산이나 서울 회원들을 앞으로 만나면 기회 있는 대로 이런 우리들 뜻을 같이할 수 있도록 얘기를 해 주세요" 하고 내 말을 마쳤다. 참 단체 하나 바르게 나가도록 하는 것이 힘드는구나 싶다.

2부

2000년부터
2001년까지

〈올해 계획〉

건강

1. 목표 : 3월까지 건강 완전 회복

2. 방법

• 온살돌이

 – 하루 한 시간 반 이상 할 것.

 – 될 수 있는 대로 그 시간 할 것 : 아침(새벽) 한 시간, 낮 30
 분, 저녁 30분.

• 먹는 것

 – 하루 두 끼(낮, 저녁).

 – 고기 먹지 말 것, 물고기는 적당히 먹을 것.

 – 낮에는 주로 감자 고구마 과일 같은 것, 팥 검정콩 같은 것.

 – 절대로 과식하지 말 것, 배가 부르게 먹지 말 것.

• 병원과 약물 치료

 – 병원에는 안 간다.

 – 약을 먹지 않는다. 어쩔 수 없는 경우에만 먹는다. 어떤 약

이라도.

• 그 밖

- 강신무 선생의 건강법을 배우고 따른다.

- 건강이 회복되면 산 오르기, 그 밖에 운동을 많이 한다.

우리 말

1. 목표 : 우리 말이 잘못된 글쓰기로 병들고 죽어 가고 있는 사실을 모든 사람들에게 잘 알린다.

2. 할 일

• 〈우리 말 우리 얼〉 회보를 잘 만들어 널리 퍼뜨린다.

• 연말쯤에는 우리 말 바로 쓰기 사전을 만든다.

• 어린이들이 재미있게 읽을 수 있는 우리 말 바로 쓰기 책을 낸다(가을쯤).

• 외국에서 살고 있는 우리 동포들을 위한 우리 말 배움 책을 만든다(연말쯤).

• 우리 말 살리는 겨레 모임을 잘 운영해서 뜻을 널리 알리고 회원을 늘인다.

문학

1. 목표

• 권태응 동요론을 여름까지 한 권 낸다.

• 그 밖의 아동문학 관계 논문을 정리해서 연말까지 한 권

낸다.

- 시집을 가을쯤에 한 권 낸다.
- 〈옛이야기, 어떻게 볼까〉 논문 준비.
- 자서전 준비-앞의 책 세 권을 낸 다음.
- 시간 나는 대로 동물 이야기를 쓴다.
- 문단, 단체, 논쟁…… 같은 문제에는 아주 중요하고 큰 문제, 근본 되는 일만 언급한다.

글쓰기 교육

1. 목표 : 글쓰기회가 우리 사회를 올바르게 이끌어 갈 수 있도록 한다. 그러기 위해서 글쓰기회가 참된 모둠살이로 우리 사회의 등불이 되도록, 그 바탕을 잘 다져 놓는다.

2. 할 일

- 모둠살이의 목표, 정신, 성격, 태도, 할 일…… 같은 것을 규칙으로 정한다.
- 모든 회원들이 이 길에 공감할 수 있도록 한다.
- 회보 펴내기, 회 운영이 잘되도록 한다.
- 회에서 내려고 했던 책은 무리하지 말고, 회원들의 능력에 맞추어 내도록 한다.
- 일본에 있는 동지들과 교류하는 일을 한다.
- 글쓰기 교과서 펴내기 계획
 - 초 1·2 한 권, 초 3·4 한 권, 초 5·6 한 권, 중 한 권, 고

한 권, 일반대학 한 권.

 – 이 일은 시간과 힘이 돌아가는 대로 할 것.

• '한국 어린이 시집' 이것도 시간이 나는 대로 할 것.

• '어린이 글 모음(산문)' 이것은 우리 말에서 하는 일과 함께 생각해 볼 것이다.

그 밖

1. 일본글쓰기회일본작문회에서 하고 있는 것을 우리 회원들에게 알리고 배우도록 할 것. 이론, 방법, 작품.

2. 강신무 선생과 같이 하는 일(우리 말 살리기, 건강·사람이 살아가야 하는 길 찾기)에 힘쓸 것.

3. 신문 보는 데 너무 시간을 잃지 말 것.

4. 앞뜰의 나물, 풀 가꾸기.

5. 원칙으로 10시에 자고, 5시에 일어나기.

6. 서울은 한 달에 한 번씩, 우리 말 운영위 때만 간다.

7. 가끔 노래를 부른다(악기 마련해서).

8. 목욕은 한 달에 한 번씩 한다.

9. 한복, 될 수 있는 대로 우리 옷을 입는다.

2000년 1월 1일 토요일 맑음

새벽 4시가 좀 지나서 눈을 뜨고, 5시에 일어나 숨쉬기 10여

분, 온살돌이 한 시간 10분, 그리고 누워서 한 시간쯤 쉬었다가 일어나 올해 할 일을 건강, 우리 말, 문학, 글쓰기 이렇게 몇 가지로 나누어 계획해 보았다. 내가 할 일이 참 많구나 싶다. 계획대로 될는지, 욕심을 너무 부린 것은 아닌지, 꼭 하고 싶은 것, 해야 할 일만 적었는데도 이것을 다 감당해 낼 것 같지 않다. 내 체력이 아주 튼튼하다면 될 것이다. 무엇보다도 건강이 첫째구나 하고 다시 깨닫는다. 건강을 찾지 못하면 모든 것이 다 헛된 꿈이다.

지금 봐서 내 건강을 찾아 갖는 데 대한 희망은 강신무 씨가 가르쳐 준 온살돌이를 열심히 하는 데 있다. 이것만 잘하면 반드시 내 몸이 튼튼하게 되리라 믿는다. 내가 다시 튼튼한 몸이 되어 전과 같이 젊은이들보다 더 빨리 걷게 되고, 산에도 가벼운 몸으로 성큼성큼 오르게 된다면 얼마나 좋겠나. 그러면 내가 하고 싶은 일, 해야 할 일도 잘할 수 있겠지. 그래서 이 한 해를 아주 즐겁게 보람있게 보낼 수 있겠지.

올해 할 일 계획한 것은 이 일기장 앞머리에 요약해서 적어 놓았다. 다 적고 나니 10시 반이 되고, 일기를 쓰니 11시가 다 되어 간다.

몇 해 전에 잠실에 있는 현대백화점엔가에 가서 샀던 만년필을 꺼내어 따순 물로 여러 번 마른 잉크 찌꺼기를 씻고 헹구어 낸 다음 새 잉크(파카 잉크가 없고 국산 파일롯 잉크만 있어서)를 넣어 써 보았더니 잉크가 잘 안 나오고, 나와도 색깔이 이상하고 맹물을 탄 잉크 같았다. 다시 잉크를 빼내고 새로 넣어도 마찬가지였다. 또 잉크 넣는 스포이트가 구멍이 났는지 뒤쪽에서 잉크가 묻어 나왔다. 할 수 없이 그 만년필은 다시 씻어서 두었다. 기회 있으면 그 백화점에 가서 스포이트를 새로 갈아 끼워 봐야겠다. 미국 제품으로 그때 12만 원인가 주고 사서, 아주 연하게 잘 써지고 든든해 보이는 펜촉이 좋아서, 뚜껑이 잘 벗어져도 집에 두고 잘 썼는데, 이제는 이렇게 못 쓰게 되었다.

지금 이렇게 쓰고 있는 만년필은 몽블랑이다. 이 만년필은 처음 쓸 때 손에 안 익어서 그런지 글씨가 잘 안 되더니 갈수록 잘 써지고 조금도 탈이 없어 좋다.

또 일기장인데, 지난해까지 일기장이라고 만들어 놓은 상품을 사서 썼다.

그런데 그 일기장은 책장을 펴서 쓸 때 한쪽 손으로 책장이 닫히지 않게 누르고 있어야 하고 책장이 붙은 안쪽에는 글자를 쓸 수가 없다. 그리고 요 며칠 사이 민화협민족화해협력범국민협의회과 국민정치연구회란 데서(두 군데 다 내가 고문인가 하는 이름으로 올라 있다) 아주 쓰기 좋겠다 싶은 수첩을 보내와서, 그것을 일기장으로 할 수도 있겠구나 싶어 그렇게 할 작정으로 써 보았더니 웬걸, 글씨 쓴 것이 책장 뒤로 피어 번져서 그 뒤쪽에는 쓸 수가 없고 써도 무슨 글자인지 알 수가 없게 되어 버렸다. 그래 그 수첩들을 다 던져 버린 것이다. 돈 많이 들여서 만든 수첩이 이 꼴이니, 그런 단체에서 한다는 온갖 큼직

한 일들까지 믿기지 않는다. 모두 이런 수첩 만들 듯이 겉모양만 보기 좋게 만들어 보이는 것 아닌가 싶다. 하도 수첩이 아까워서 만년필도 아주 가느다란 것으로 써 보고, 사인펜도 새것으로 써 보았지만 무엇으로 써도 안 되었다.

이 공책은 일기장이라 해서 날짜가 안 적혔지만 그래서 도리어 좋다. 날짜 적힌 일기장은, 그걸 날마다 쓰다 보면 날짜는 안 보고 쓰게 되는데, 그러다 보면 어떤 때는 책장을 잘못 넘겨 하루나 이틀을 건너 뛰어 쓰게 되고, 그걸 며칠 뒤에야 발견하게 된다. 날짜고 요일이 안 적혔으면 달력을 그날그날 보고 오늘이 무슨 날 무슨 요일인가를 분명히 알고 쓰게도 되는 것이다. 또 일기장에는 아무것에도 쓸 데 없는 시간표나 무슨 금언 같은 것이 구질구질하게 적혀 있는 것도 마음에 안 들고, 이렇게 그날그날 쓰고 싶은 것을 길이에 매이지 않고 자유롭게 쓸 수도 없다. 값도 일기장은 이런 공책의 몇 배가 된다. 올해부터는 이런 공책으로 일기 쓰기를 즐길 수 있겠구나 싶다.

벌써 11시 반이 지났다. 오늘 점심은 감자를 깎아서 옛날 방식으로 솥에다가 삶아(쪄서) 먹어 보고 싶다. 새해 초하룻날, 첫 음식을 내가 가장 좋아하는 감자로 먹는다면 올해 먹는 일은 깨끗하고 올바르게 될 것이다.

오후에 글쓰기회보(연수 자료집)에 나온 김수업 선생의 글(연수 주제 발표문)을 감명 깊게 읽었다. 말과 글에 대한 생각의 바탕과 태도가 나와 아주 같다는 느낌이 들어 너무 반가웠다. 이번 연수회에서 우리 회원들에게 좋은 깨우침을 주게 될 것이 기다려진다. 그리고 이분이 지금까지(우리 글쓰기회 시작할 때부터) 회원으로 회보를 받아 보고 있었다니 참 뜻밖이다. 앞으로 자주 만나서 의논하고 도움과 가르침을 회원들이 받을 수 있도록 하고 싶다.

김수업 선생 글을 읽다가 우리 학교교육이 지난 천몇백 년 동안 우리 말을 버리고, 우리 것 우리 생각을 버리고, 남의 것만 흉내 내게 하는 짓만을 가르쳐 왔다는 말을 쓴 대문에서, 나 또한 그런 평생을 살고 그런 굴레에서 겪었구나 싶고, 사실은 오늘 새벽 5시부터 6시 10분까지 온살돌이를 하면서 그런 내 평생을 돌아보고 새삼 놀라면서 그것을 확인했던 것이다. 내 평생을 나는 다음과 같이 돌아보았다.

1. 20세까지
학교교육으로 나 자신을 짓밟고 죽인 시대.

2. 21~40세
교육하는 사람으로 우리 것을 짓밟는 크나큰 틀 속에서 그것과 싸우기도 하면서 괴로워하던 시대.

3. 40~60세
문학이라는 틀 속에서 나를 세워 보려고 하여 교육도 문학으로 하려고 하던 시대.

4. 60~80세

우리 말을 깨닫고 우리 말을 살리는 것이 모든 것을 살리는 길임을 알게 된 시대(문학과 교육의 거짓에서 벗어나게 된 시대).

5. 80세 이후

말까지도 뛰어넘은 세계에서 살게 된 시대.

지금 내 나이가 만 75세이니까, 20년 단위로 금을 그어 놓은 이 표에서 보면 아직은 우리 말 살리는 일을 해야 할 시대다. 정말 앞으로 5년 동안 이 일을 대강 다(지금 내가 하고 싶어 하고 해야 한다는 몇 가지 일) 해 놓으면 그다음에는 산과 들의 짐승들처럼, 풀과 나무들처럼 말이고 글이고 하는 것조차(우리가 생각하고 알고 있는 그런 뜻으로 쓰는) 없는 목숨들의 세계에서 살고 싶다. 아무튼 나는 좀 더 오래 살아야 참인생, 참 목숨이 무엇인가, 어떤 것인가를 알 것이다. 내가 지난 평생을 헛되게 살지 않았으면 이 모든 것을 진작 깨우쳤을 터인데, 평생을 잘못된 교육으로 허탕을 치고 헛살았으니 앞으로라도 좀 더 오래 살아서 참사람이 되어 보고 싶은 것이다.

2000년 1월 17일 월요일 흐림

캠브리지란 데서 부탁한 원고를 오전에 다 써서, 오후에 노광훈 씨가 왔기에 전송으로 보내 달라고 주었다. 이제 앞으로 이런 곳에서 부탁하는 글은 안 써야겠다. 나는 캠브리지가 뭘 하는 덴지 모르고 있었는데, 알고 보니 옷 장사하는 곳이었다.

어제부터는 이뇨제가 잘 듣는다. 더구나 오늘 먹은 이뇨제는 오후까지 잘 들었다. 그저께 단식한 것이 이렇게 좋은 결과로도 나타나는가 싶기도 하고, 또 콜레스테롤 치료제를 먹은 것이 효과가 있었는가 싶기도 하다. 아니면 단백질(콩, 명태)을 좀 낮게 먹은 때문일까? 또는 온살돌이가 이렇게 되게 한 것일까? 이 중 몇 가지가 다 어울려 좋은 결과를 낳았을까? 모르겠다. 치료 효과가 나타난다고 해서 오늘은 또 좀 낮게 배가 부르도록 먹었다. 이럴수록 조심해야 하는데…….

오후에는 일본작문회에서 나온 월간지 〈작문과교육(作文と教育)〉 1991년도 임시 중간 호 〈연간 일본 아동 생도 문시집(年刊 日本兒童生徒文詩集)〉에서 시를 우리 말로 번역하는 일을 시작했다. 적당한 것을 골라서 번역해, 우리 글쓰기회보에 1학년 작품부터 차례로 연재하기로 했다. 이것은 일본 글쓰기 모임과 서로 교류하는 일의 하나로 시작해야겠다고 진작부터 생각했던 것이다. 이 작품을 가지고 며칠 뒤 글쓰기 강좌에 나오는 사람들에게 읽혀서 합평을 하게 하고 아울러 시 지도 방법을 이야기해야겠다고 생각한다.

오늘은 바깥이 제법 추운 모양이다. 방 안에 있어도 선득선득해서 옷을 덧입었다. 구름이 끼어서 그런가? 지금은 벌써 10시 가까웠다. 자야지.

2000년 1월 19일 수요일

간밤에 눈이 와서 하얗게 산천이 덮였더니, 오후에 또 한참 눈이 내렸다. 그리고 밤에 또 눈이 내렸다

오늘, 일본 아이들의 시 2학년 편을 다 번역해서 저녁때 노광훈 씨한테 주었다. 1, 2학년 것 모두 28편을 자료집으로 쳐서 오늘 중에 속초에 보내야, 거기서 책 만들어 토요일에 가져올 수 있다고 해서, 그러면 이번 글쓰기 강좌 자료에는 1학년 것만 넣고, 글쓰기회보에 1, 2학년 것 다 넣도록 하라고 말했다.

간밤에 눈이 와서 온 세상이 또 하얗게 덮였다. 올해는 눈 풍년이다. 전에 몇 차례 왔는데, 비가 오고 날이 푸근해서 다 녹았더니 다시 또 눈세계가 된 것이다. 온종일 방에서 일하느라고 밖에 나가 보지도 못했다. 내가 건강해서 눈을 밟고 다니고 산에도 올라가면 얼마나 좋겠나. 이전에 도시(과천)에 있을 때는 자연이 없고 자연이 병들어서 볼 수가 없고 보기에 마음 아프고 했다. 또 그 이전 산골에 있을 때는 학교 일에 매달려 그렇게 보고 싶고 그리워하던 자연이 바로 집 둘레 있어도 못 가 보고, 산에고 들에고 마음만 두고 있었다. 그런데 막상 이렇게 세상과 줄을 끊는다고 온 이곳에서도 나는 여전히 글과 책에, 세상일에 잡혀 있으니 참 한숨이 저절로 나온다. 언제 내가 자연으로 돌아갈까? 죽어서나 산으로 갈까? 어서 이 세상 줄을 끊어야지.

오늘은 온살돌이를 저녁에도 40분을 했다. 아침에는 언제나 한 시간씩을 하지만, 저녁에는 이것저것 하다 보니 10분도 하고, 5분도 하고 했던 것이다. 이제 내가 가장 희망을 걸고 있는 것이 이 운동이다. 온살돌이는 내가 살아가는 목숨 줄이다.

지금은 밤 9시 20분. 방금 박창길 교수가 전화를 해 왔다. 동물 학대 방지·반대 운동에 관해, 지난번 내가 써 준 글과 그 밖에 이야기, 지금 하고 있는 일들을 말했다. 그리고 지난번 과천에서 스페인의 투우사를 불러다가 투우를 시켰는데, 이 투우를 돈벌이 수단으로 삼으려고 해서 어떤 사람이 고발했는데, 법원에서 이 문제를 가볍게 다룰 염려가 있어서 동물 학대 방지 단체에서 법원에 탄원서를 내고, 또 한편 주정일 선생과 나와 그 밖에 몇몇 사람 이름으로도 탄원서를 내고 싶다고 해서, 그런 일에 내 이름 쓸 수 있으면 얼마든지 쓰라고 했다.

참, 저녁밥 가지고 왔을 때 정우 내외가, 지금 또 눈이 오고 있습니다고 했다.

2000년 1월 21일 금요일 맑음

오늘은 어제보다 더 추운 날인 모양이다. 그러나 어제와 같이 볕이 아침부터 창문으로 들어와, 방 안에 있으니 추운 줄을 몰랐다.

아침에 글쓰기회보에 낼 '일본 어린이의 시(1, 2학년 편)' 교정지를 보고 다듬어서 낮에 노광훈 씨에게 주었다. 그리고 어제에 이어 우리 말 회보에 낼 글을 오후까지 쓰고, 저녁때는 신문을 보았다. 오늘도 이렇게 하루가 살같이 지나가 버렸다.

저녁때 생각나서 얼굴 수염을 깎았다. 수염을 오랫동안 안 깎아서 거울을 보니 아주 딴 얼굴처럼 느껴졌는데, 깎고 나니 내 얼굴로 돌아왔다. 그만 텁수룩한 수염 얼굴 그대로 지낼까 하는 생각도 든다. 안 깎으면 수염 얼굴이 그대로 내 얼굴로 되겠지. 그런데 사람들 앞에 나갈 때 별난 행색 해 보이고 싶지 않고, 그럴 용기가 안 난다. 아직도 나는 이런 조그마한 일에 마음을 쓰고 있는 것이 한심하다.

지금은 밤 9시 50분이 지났다. 조금 전에 윤태호한테 전화를 걸고, 최영기한테도 걸었다. 하도 쓸쓸해서 옛 친구들 목소리라도 듣고 싶어서 걸었다. 두 사람 목소리 오랜만에 들으니 반갑고, 전화 끊은 뒤에도 어쩐지 내 몸에 힘이 났다. 전화를 걸면서 한참 이야기하고 웃고 하면 몸에 활기가 나는 것인데, 전화가 이런 점에서 참 좋구나 싶다. 내일은 우성근하고 영양에 아직도 있다는 이인섭이한테도 걸어야겠다.

2000년 1월 23일 일요일 맑음

아침 9시부터 10시 반까지 회관 글쓰기회에서 강의했다. 교재 '일본 어린이(1학년)의 시'를 가지고 했다. 마치고 나와 사진을 찍고 곧 나만 방으로 와서, 어제 정우가 갖다 놓은 시루떡을 다시 쪄서 점심으로 먹었다.

어제저녁 때부터 오던 눈이 한밤까지 온 모양이다. 눈이 너무 쌓여서 정우가 새벽 6시부터 눈 치우는 중장비 차로 회관에서 신작로 가게까지 길에 쌓인 눈을 치우고, 또 마을 길도 치웠다. 8시 40분에 나를 데리러 온 주중식 선생 부인이 그런 얘기를 해 주었다. 그래서 정우는 그때도 길의 눈 치는 일로 못 오고 자기가 왔다는 것이다.

지금 3시 15분이다. 조금 전에 부산, 속초, 충남, 거창의 중견 회원들이 인사하러 왔다가 갔다. 모두 일곱 사람인데, 방에 앉을 자리도 모자라고, 갈 길도 있다면서 밖에서 인사하고 갔다.

그리고, 그 앞서서 신정숙이가 우리 말 회원이기도 한 네 사람을 데리고 또 인사하러 왔다가 나갔다. 신정숙이는 이대로 선생한테서 전해 주라고 해서 받아 놓은 안경을 깜박 잊어버렸다면서 다음 월말에 올 때 가져오겠다고 했다. 그 안경 가져오기를 기다렸는데, 젊은 사람이 잊어버리기는 왜 그리 잘 잊어버리나. 전화 예약한 것(창동 것) 해약하는 데 필요한 인감 증명서와 내 인감, 그리고 노미화 선생이 갖다 놓은 두 아이 일기장(지난번 가져가고 남은 것)은 가져갔다. 아무튼 내 일을 이래서 신정숙이 많이 거들어 주는 셈이기는 해서 다행이다.

조용한 오후다. 평화롭고 행복한 시간이다. 다만 내가 건강하기만 하다면! 아까 이상석, 황금성, 주중식, 황시백 들 젊은이가, 이번에는 모두 거창으로 간다고 나갔는데, 나도 저런 세월이 있었더라면 얼마나 좋았겠나 싶다. 저렇게 젊은 시절을 재미있게 보냈다면 아마 건강도 지금보다 훨씬 좋아졌을 것이다. 내 몸이 이렇게 된 것은 내 젊은 시절을 너무나 가혹하도록 괴롭게, 어둡게 보낸 탓이다. 이제라도 나는 좀 더 밝게 살아야겠다. 저 따스한 겨울 저녁 햇빛을 내 가슴에 안고서!

2000년 1월 26일 수요일 맑음

우리 말 회보에 싣기 위해 지금 쓰고 있는 글이 '불린다(부른다)'란 말을 잘못 쓰고 있다는 사실을 밝히는 글이다. 그런데 신문에 나온 보기 글을 옮겨 모으는 일이 여간 힘드는 게 아니다. 벌써 사흘째 했지만 아직도 다 못 했다. 이렇게 힘들여 써 놓은 글을 얼마나 많은 사람들이 읽어서 잘못된 글쓰기 버릇을 바로잡게 될까? 내가 하는 일이 좋은 결과가 되어 이 말이 바로잡힌다면 앞으로 다시 또 여러 날이 걸리더라도 이 일을 제대로 하고 싶다. 잘못된 말 하나 바로잡는 일이 너무나 힘이 든다.
오늘도 아무 일 없이 잘 지나갔고, 또 하루가 살같이 갔다.

2000년 2월 8일 화요일 맑음

오늘, 이승희 씨 문집 해설문 초안을 대강 잡아 놓았다. 이제 내일부터 다시 정리해서 옮기면 된다.

낮에 하현철 선생한테 전화를 걸었더니 여전히 노모 병환 시중든다고 꼼짝도 못 하는 모양이었다. 올해 아흔다섯쯤 되는 어머님이 누워 있어서 대소변을 받아 내야 하는데, 그 일을 장남인 하 선생이 혼자 맡아서 한 지가 벌써 1년이 다 되어 간다. 그런데 그토록 효성이 지극한 분이 워낙 시달려 놓으니까 이제는 정까지 떨어진 모양으로 아주 지긋지긋한 나날을 보낸다고 했다. 그리고 아들과 며느리들이 대하는 것이 못마땅해서 그 어머니는 불쾌한 기분을 드러내고 해서, 오는 5월쯤에는 그만 어머니 모시고 진주로 가 버릴 계획이라고 했다. 거기 가서 좋은 수는 안 생기지만, 어머니를 조금은 편안하게 해 드릴 수 있는 길이 될 것 같다는 것이다. 그래 그다음 얘기는, 우리가 앞으로 죽더라도 부디 다른 가족들이 나 때문에 매달려 고생하는 일은 없도록 고이 죽어야 하는데, 하고 서로 말했지만, 그것이 어디 마음대로 되겠나 싶다. 그런데 지금 내가 가지고 있는 병은 아이들을 괴롭히는 병이 아니어서 참 다행이구나. 이거야말로 행복한 병이구나 하는 생각이 새삼 들었다.

저녁때 김해 김우경 씨한테서 전화가 왔다. 소식 오래 못 전했다면서 한 말이, 그동안 병원에서 한 달 반을 지냈다고 했다. 들어 보니 무슨 얼굴 수술을 했는데, 병의 뿌리는 아주 뽑았다고 해서 무슨 수술이고 어디가 그렇게 되었는가 물었더니 한쪽 눈 속에 혹이 생겨서 그것을 수술해서 떼어 냈다는 것이다.

눈알 저쪽에 혹이 생겼다니 참 별일도 다 있구나 싶었다. 그래 한쪽 눈만으로 보는데, 본래부터 그 눈은 잘 보이지 않았기에 별 불편 없이 살아간다고 했다. 다만 남들이 보기에 좋지 않다고 해서, "한쪽 다리나 팔이 없어도 사람 목숨에는 별 관계가 없어요. 배 속이나 가슴 속 기관이 탈 나면 목숨에 관계가 되지만 한쪽 눈이 없는 것은 괜찮습니다. 부디 몸 건강에 마음 써서 좋은 글 많이 쓰세요" 했다. 아직은 병원에 자주 다니면서 뒤 치료를 받는 모양이었다. 김우경 씨는 참 좋은 사람이다. 오래오래 살아서 좋은 동화를 많이 쓸 수 있었으면 좋겠다. 그렇게 되겠지.

2000년 2월 24일 목요일 맑음

오늘도 〈엄마와 나〉를 읽었다. 참 좋은 글이고, 좋은 마음을 가진 사람이다. 이만한 글을 이런 현상 모집 작품에서 보기가 처음이다. 그래서 오후에는 〈작은책〉 강순옥 씨한테 전화를 걸어 이 작품에 대한 이야기를 했다. 29일 심사하는 자리에는 내가 못 간다고 했다. "지금 이 작품을 반도 못 읽었지만, 읽은 것만 해도 최우수작으로 충분합니다"고 했다. 이 글에는 한글을 처음 배우려고 하는 아주머니, 할머니들의 삶과 교육 문제, 글쓰기 교육 문제, 아동문학 문제, 더구나 동화 문제…… 이런 문제를 이론이 아니고 실제 삶에서 참으로 깨끗하고 올바른 눈으로 보고 있고, 그것을 또 깨끗하고 바르게 처리하려는 태도가 나타나 있다. 이런 사람을 만나게 되었으니 여간 반갑지 않다. 지금이라도 곧 이 젊은이를 만나서, 무엇보다도 할머니와 아주머니들, 또 외국에서 자라나는 우리 동포 아이들에게 가르칠 우리 말 교과서 같은 것을 나하고 같이 만들어 보자고 이야기하고 싶다.

오늘은 바깥 날씨가 신문에 난 일기예보와는 달리 꽤 추웠다고 하는데, 아침부터 햇볕이 창문에 따뜻하게 비쳐 들어서, 낮에는 방이 더워(22.5도) 겉에 덧입었던 스웨터를 벗고 지냈다.

12시가 못 되어 정우한테서 전화가 왔다. 오늘 돌아가려 했는데, 비행기 표가 없어 내일 가게 되었다고 했다. 그렇게 일찍 오려고 하는 것 보니, 모든 일이 아주 순조롭게 잘된 것 같다. 다행이다.

허리 아픈 것, 오늘도 여전했지만 어제보다는 좀 나았다. 낮에 며느리가 왔기에, 그저께 사다 놓은 고춧가루 파스를 허리에 붙여 달라고 해서 붙였다. 편자황은 더 먹지 않았다. 효험도 별로 없고, 날이 지나면 차츰 나으리라고 생각되었기 때문이다.

그런데 오른쪽 아랫니 하나가 자꾸 아파 와서 더 걱정이다. 덮어씌워 놓은 것인데, 어째서 아픈지 알 수 없다. 만약 이것이 탈 나면 틀니까지도 새로 해야 하니 여간 큰일이 아니다. 이 몸이 이제 오래되어서 자꾸 여기저기 탈이 난다. 이럴수록 몸을 아끼고 조심하는 수밖에 없다.

2000년 2월 27일 일요일 맑음(간밤에 눈 많이 옴)

아침에 일어나니 창문이 허옇게 보였다. 눈이 왔구나 싶어 문을 열고 보니 온 세상이 눈으로 덮였다. 이렇게 자주 눈이 오는 해는 생전 처음이다.

오늘 오후에 찾아올 사람들이 있다고 오전 내도록 탁자 둘레를 정리하고 청소를 했다. 쌓인 신문과 우편물을 정리해 치우고, 책을 치우고 하느라고 12시 가까이까지 애썼다. 11시 반에 전화가 왔다. 박상규, 윤기현, 정승각 세 사람이 가게에 왔다고 하기에, 점심을 먹고 오라고 했다. 눈이 쌓여서, 점심 먹고는 세 사람이 걸어서 왔다. 한 시간 넘게 아동문학 얘기를 했다. 먼저 어제저녁 회의한 경과를 들었다. 10인 위원을 정해서 그 사람들이 오는 11일 이곳 무너미에서 모여 의논해 결정하도록 했다는 것이다. 처음에는 서로 과격한 말을 하고 했지만, 차츰 말을 부드럽게 해서 서로 화합하는 길을 가도록 했다니 다행이지만, 왜 여기 무너미는 또 오려고 하나, 귀찮게. 그래서 나는 "앞으로 어떻게 결정해서 회어린이문학협의회를 운영하고 책을 낼는지 모르지만, 나는 그런 단체나 잡지에 기대를 안 한다"고 했다. 그리고 "우리 아동문학의 갈 길을 보여 주는 책을 한 해에 두어 권쯤씩 만들고 싶은데, 그렇게 하려면 아무래도 동인지 같은 것일 수밖에 없다"고 말했다. 그래서 내 생각을 얘기했더니 세 사람 모두 찬성했다. 그래 같이할 만한 사람들

이름을 적어 보니 여남은 사람이 되었다. 조금 있으니 원종찬, 안건모 씨가 들어왔다. 원종찬 씨한테도 얘기했더니 같이 하겠다고 했다. 첫 권은 7월 달에 내기로 하고, 책 이름, 동인 이름(또는 글쓰기회 이름으로)은 차츰 생각해서 정하기로 하고, 곧 내가 선정한 사람들 앞으로 취지와 계획을 적어 보내겠다고 말했다.

먼저 온 세 사람을 보내고, 안건모, 원종찬 씨와 셋이서 전태일문학상 심사를 했다. 한 시간쯤 걸려 한 작품씩, 읽은 느낌을 말하고 나서, 입선작으로 얘기할 거리가 못 되는 두 사람 것을 먼저 뺀 다음, 가장 우수한 작품으로 박기범 씨의 〈엄마와 나〉, 그다음 우수작으로 이경남 목사의 〈20년 만의 고백〉을 뽑았다. 내가 생각하는 것과 두 사람이 본 것이 모두 같아서 아주 쉽게 결정되었다. 그리고 나머지 다섯 작품은 입선작으로 넣었다. 문학상 심사를 이렇게 수월하게, 의논이 잘되었던 때가 그다지 없었다는 생각이 든다. 아무튼 박기범 씨의 글은 참 좋았다고 모두 말했다. 원종찬 씨는, 다음 기회 있으면 박기범 씨 데리고 한번 인사하러 오겠습니다, 했다. 나는 꼭 와 달라고 했다. 정말 보고 싶은 젊은이다.

4시 반에 마치고 두 사람도 나갔다. 오늘 일 두 가지, 모두 잘 마쳤다.

오전에 현우 엄마가 전화를 했는데, 어젯밤 늦게 현우가 다롄서 전화를 했더라 한다. 그래서 정우하고 같이 다롄으로 찾으러 가고 싶은데 어떻게 생각하나, 해서 의논해 보겠다고 했다.

저녁을 먹은 다음 앉아 있는데, 권오삼 씨가 전화를 걸어 왔다. 어젯밤에는 잠을 한숨도 못 잤다면서 "아무래도 협회와 잡지는 따로 갈라서 하는 수밖에 없을 것 같아요" 했다. 나도 그렇게 하는 것이 가장 깨끗하고, 문젯거리가 안 생기는 길이라 했다. 그리고 나서 잠시 뒤에 권정생 선생이 전화를 했다. 목소리가 힘이 없고 겨우 말하는 것이라, 전화로 말하는 것이 힘들어 보인다고 했더니, 아직도 그 감기가 안 나아서 그렇다면서, 오늘이 벌써 스물 며칠째 된다고 했다. "숨쉬기가 아주 힘들어요" 했다. 그러면서 어린이문학협의회 문제가 궁금한지 이것저것 물었다. 내가 대강 대답했더니 "요새 사람들 왜 그런지 나이 많은 사람들 대접해 주지 않아요" 했다. 새로 좋은 책을 한 해에 두어 권씩 만들어서 아동문학의 길을 밝혀 주고 싶다고 하면서, 오늘 여기서 의논한 것을 말했더니 "그게 좋겠어요" 했다. 권 선생, 감기가 아직도 안 낫다니! 그리고 안동에는 아직도 가뭄이 이어지고, 눈도 비도 오랫동안 안 왔다고 했다. 이 좁은 땅에 이렇게 날씨조차 다르구나. 참 이상하다.

2000년 3월 11일 토요일 맑음

어제저녁에 콜레스테롤 측정기에서 나타난 숫자가 296이었다. 이것이 아주 높다는 것은 짐작하겠는데, 어느 정도 높은 것이고 얼마나 위험 상태에 있는 것인지 모르겠다. 그래서 오늘 아침에는 《가정의학대사전(家庭醫學大事典)》(고단샤)을 찾아보 았더니, 240 이상이 중등증(中等症)이고 260 이상이 중증(重症)이라고 되어 있었다. 그리고 콜레스테롤을 낮추는 데는, 식 사요법을 반드시 해야 되지만 중증이면 식사요법만 가지고는 안 된다고 했다. 그런데 식사요법을 보니 내가 지금까지 아주 잘못하고 있는 것이 한 가지 있다는 것을 깨달았다. 당질, 이것 을 적게 먹어야 하는데, 지금까지 의사나 병원에서 당질을 조 심하라는 말은 한 번도 들어 본 적이 없다. 그런데 나는 늘 감 자, 고구마 같은 것을 주식으로 먹었다. 그걸 먹을 때마다 좋지 않았다. 배 같은 것도 먹으니 좋지 않았다. 나는 그렇게 좋지 않았던 것이 다른 까닭이 있겠지 하고 생각했는데, 지금 알고 보니 단것이 해로웠던 것이다.

이제부터 식사요법의 가닥이 대강 잡혔으니 실수는 하지 말 아야겠다. 앞으로는 콩(검정콩), 명태, 나물 같은 것을 주로 먹 고, 밥은 조금만 먹기로 작정했다. 팥도 자주 먹어야겠다. 앞으 로는 절대로 실패하지 말아야지. 알부민 주사를 그렇게 맞고, 이뇨제, 콜레스테롤 치료제를 어제부터 아침저녁으로 먹는데 도 이뇨 효과가 조금밖에 안 나타나고, 숨쉬기가 좋지 않은 까 닭이 바로 당질을 많이 먹고, 더구나 과식을 한 때문이라는 것 이 분명하다. 아, 이렇게 늦게야 먹는 문제를 바로 알게 되다 니! 지금까지 그토록 잘못된 섭생으로 몸을 괴롭혔는데도, 그래도 이 정도로 내 몸이 버티고 견뎌 온 것이 너무 고맙다. 정말 이제부터는 내 몸을 살려야지.

아침에 목욕을 하고 나와 앉았으니 정우가 와서, 오늘 충주에 간다고 했다. "간 김에 현우한테 들를까 해요" 하면서, "현우가 심심하겠는데, 여기 있는 녹음테이프 좀 갖다 줘야겠어요" 했다. 테이프를 꺼내어 보자기에 싸기에, "그럼, 이것도 갖다 줘라" 하고, 지난번 갖다 놓은 중국 과실 과자 남은 것 죄다 모으고, 곶감 남은 것도 한데 넣어 보냈다. 단것은 아주 두지 말아야겠다고 생각했다.

오전에 내일 강의할 것 대강 자료만 준비했다. 오후에는 좀 누웠다가, 출판사 차리는 계획과 출판사 이름을 여러 가지로 생각해 보았다. 호롱불, 참새, 아리랑말, 논둑길, 시골 같은 이름이 떠올랐다. 꿈을 갖는 일은 이래서 역시 즐겁구나 싶다.

저녁때 신문을 보고 있는데, 권오삼 씨가 "오징어 먹다가 이가 부러져 몸살도 나고 치료도 해야 하기 때문에 내일 못 가겠습니다" 하는 전화가 왔다.

저녁 먹고 있으니 황금성, 조용명 외 여러 사람이 인사하러 왔다가 갔다. 또 조금 있으니 서정오 선생하고 주중식 선생 내외가 왔다가 갔다. 서정오 선생은 선물로 수삼을 두고 갔다. 이런 걸 받을 때마다 참 거북한 느낌이 들지만 어찌할 수가 없다.

벌써 9시다. 내일 강의 준비가 아직 제대로 안 되어 있지만, 일찍 자는 것이 더 낫겠다.

2000년 3월 12일 일요일 맑음

오전 9시부터 11시까지 글쓰기회에서 시와 시 쓰기 지도에 대한 강의를 했다. 좀 힘들었고, 강의 준비도 충분히 하지 못했기에 듣는 사람들이 얼마나 잘 받아들였는지 모른다. 마치고, 기념사진 찍고, 임시 이사회에서 의논 좀 하고 내려왔다.

오후에는 2시부터 어린이문학협의회 사람들과 내 방 옆 문간 방에서 협의회와 잡지 문제를 의논했다. 나온 사람은 김녹촌, 김경희, 윤기현, 서정오, 박상규, 이재복, 박문희, 임정자, 정승각 그리고 또 한 사람과 나, 이래서 11사람이지만, 협의회 회원이 아닌 사람으로 임정자 씨와 또 한 사람은 잡지 편집 일을 맡고 있어서 참석했다. 위임받은 사람 중에 못 온 사람은 권오삼 씨와 또 한 사람은 권정생 선생이라던가.

5시 반까지 걸려 겨우 의논을 잘하게 되어 문제를 해결했다. 회장은 녹촌 씨가 몇 번이나 못 하겠다고 하는 것을 설득을 시켰다. 잡지는 자문위원들을 새로 짜서 그 위원들이 잡지의 방향을 잘 살펴서 지도하도록 하고, 경리도 협회에서 맡아 지도 감독하도록 했다. 편집위원장, 기획위원도 협회장이 임명하는 형식으로 해서 대강 오늘 의논해서 결정했다. 6시가 되어 모두 떠났다. 가게에서 저녁을 먹고 가도록 정우한테 대접하라고 해서 보냈다.

후유! 오늘은 오전과 오후에 두 가지 일을 무사히 잘 마쳤다.

온종일 애를 써서 그만 오줌이 다른 날처럼 잘 안 나왔다. 내일이면 좋아지겠지.

2000년 3월 14일 화요일 맑음

낮에, 서정오 선생이 선물로 갖다 놓은 수삼 한 뿌리를 씻어서 칼로 잘라서 나물하고 먹었다. 저녁에도 그걸 정우하고 먹었다. 이것이 좋은지 나쁜지 알 수 없다. 오줌 색깔이 좀 더 노랗다는 느낌이 드는데, 확실한 것은 모르겠다.

오늘 박기범 씨 동화책 《문제아》를 읽었다. 참 좋은 작품이다. 내가 지금까지 읽은 작품 가운데, 아마도 권정생 씨 이후로는 가장 좋은 작품을 쓸 수 있는 사람을 만났구나 싶다. 참 반갑다.

그래 저녁에는 조그만 30쪽짜리 책을 만들어 볼까 하는 생각이 들었다. 월간으로. 권정생 씨 동화 한 편하고, 내가 평론 한편 쓰고, 박기범 씨 동화 한 편, 이렇게 해서 한 달에 한 번씩 내고 싶다. 꼭 해야 되겠구나 꼭.

2000년 3월 30일 목요일 맑음

아침에 몸무게를 달아 보니 48.5킬로그램이었다. 아직도 다리가 많이 부었는데, 부은 것이 잘 안 빠진다. 다 빠지면 43킬로그램쯤 될까, 40킬로그램쯤 될까. 이렇게 내 살은 없고 부은 살을 달고 있으니 몸이 무겁고 답답하다. 힘이 없고, 무엇을 할 의욕이 없다. 그래서 일은 많이 쌓였는데 하지 못 하고 날마다 그럭저럭 시간만 보내고 있으니 속이 탄다. 이뇨제 주사를 아침마다 놓는데도 그 효과는 겨우 두어 시간뿐이니 어찌할 수 없다. 근본 치료가 안 된다.

그래 오늘은 오후에 앞뜰에 나가서 긴 나무 의자에 한참 누워 하늘을 쳐다보고 이마를 따끈따끈 데워 주는 햇볕을 즐기면서 눈을 감고 새소리를 듣고 하다가 다시 일어나 "아, 내가 이러다가 이제는 아무것도 못 하고 말겠구나" 하는 생각도 했다. 몸이 이렇게 날로 쇠약해지니 햇빛과 하늘과 새소리나 즐기다가 그만 죽는 수밖에 없구나 하는 생각이 들어 어찌할 수가 없었다. 내가 다시 건강한 몸이 되어 서울에도 가고 열심히 글도 쓰고 책도 내고, 정우가 농사짓는 논에도 밭에도 가 보고 할 수 없을 것 같아 슬퍼졌다.

음식을 좀 달리 먹어 봐야겠다. 그래 저녁에는 콩 섞인 밥만 조금 먹고, 나물과 달걀, 고기는 안 먹어 봐야지, 했는데, 아이들과 같이 먹으니 저절로 또 지금까지 먹는 대로 먹게 되었다. 내일 점심은 정말 달리 먹어야 한다. 배가 좀 홀쭉한 상태에서 그만 먹도록 해야겠다. 그러면 몸이 조금이라도 가벼워지겠지. 꼭 그렇게 하리라.

2000년 3월 31일 금요일 맑음

　오늘, 현우가 주문해 놓은 콜레스테롤 측정 시험지가 우편으로 왔다. 그래서 저녁에 측정해 보았더니 또 높게 나왔다. 모두 걱정해서 다시 병원에 가 봐야 되지 않겠나 하기도 했다. 알 수 없다. 콜레스테롤이 올라가는 음식은 아주 먹지 않는다. 그리고 아침저녁으로 콜레스테롤을 낮추는 약을 먹는다. 그런데 왜 이런가? 생각 끝에 "내가 나물을 너무 많이 먹는 것 같으니 나물을 좀 적게 먹거나 안 먹어 봐야겠다"고 했다. 나물이 콜레스테롤 수치를 높이는 것이 아니라 도리어 낮춘다고 알지만, 아무튼 지금 봐서 나물 때문에 소화 관계도 나쁜 것 같으니 좀 달리 먹어 보는 수밖에 없다는 생각이다.

　현우가 저녁때 와서 문간방의 책을 좀 정리했다. 내일 낮에 또 오라고 했다. 책 정리를 좀 시켜야 한다. 내일 저녁때는 일본 글쓰기 모임 선생들이 여남은 사람 오게 되어 있으니, 방을 대강이라도 정리해 놓아야 하기 때문이다.

　저녁에 상준이가 어린애를 보인다고 왔다. 제 엄마가 안고 왔다. 상준이 장모도 와서 처음 인사했다. 아기가 포대기에 싸여 눈을 감고 있는데, 아주 건강해 보였다. 상준이가 "곧 출생신고를 해야 하는데, 이름을 좀 지어 주시면 해요" 해서, 이름은 네가 지어라, 요새는 우리 말 이름으로 많이 짓는데, 부르기 좋고 듣기 좋으면 되지, 너무 흔한 이름만 아니면 된다고 했다.

오늘이 3월 마지막 날이다. 벌써 새해 들어서 석 달, 그러니까 한 해의 4분의 1이 가 버렸다. 세월이 이렇게 살같이 지나간다. 이 일기책을 쓰기 시작한 지난 정월 초하룻날, 이 공책은 두 권만 하면 올해 일기는 알맞게 쓰겠다 싶었는데, 쓰고 보니 두 권이 아니고 네 권은 있어야 되겠다. 아무튼 하루하루가 이렇게 물 흐르듯 흘러가니 안타깝기 말할 수 없다. 지난 석 달 동안 아무것도 한 것이 없고, 몸은 여전히 쇠약하기만 하니 이 일을 어찌할까.

이제 봄이 왔는데, 이 봄에 내가 다시 건강하게 되어야 하는데, 그래서 할 일을 꼭 해야 하는데…….

2000년 4월 1일 토요일 맑음

일본의 글쓰기 교육 모임 교육자들의 방문단이 오후 5시에 왔다. 모두 22명. 먼저 가게에 들러 차를 한 잔씩 대접해서, 내가 있는 집으로 안내해 왔기에 잠시 방에 들어오게 하여 인사를 하고, 오늘 일정을 의논한 다음 글쓰기회관으로 갔다. 오쓰키 다케시 선생은 사정이 있어 못 왔지만 일본작문회 회원이 여럿 왔다. 그중에는 내가 책으로 그 이름을 알고 있는 이와타 미치오 씨도 있었다.

회관에 가서 먼저 우리 회원들 30명을 황금성 회장이 소개하고, 일본 사람들의 소개도 받았다. 그런 다음에 내가 건강이 나빠서 '글쓰기 교육의 역사'는 인쇄물로 나누어 드렸으니 그것을 보아 달라고 했고, 나 대신 이상석 선생이 대강 이야기했다. 그리고 나서 몇 가지 질문을 받고, 그다음에는 한 아이의 글을 가지고 이야기를 나누었는데, 그 글은 이호철 선생이 지도한 '어머니'란 시로, 내가 《어린이를 살리는 글쓰기》에서 인용한 작품이었다. 그 책을 오바나 선생이 번역해서 일본 글쓰기 모임 선생들이 달마다 모여 읽고 합평을 하면서 한국과 일본의 아이들 교육과 글쓰기 문제를 연구한 것인데, 오늘 그 가운데 한 작품을 가지고 두 나라 선생들이 의견을 주고받기로 한 것이다. 주로 일본 쪽에서 그 작품을 읽고서 느낀 것, 지도교사한테 묻고 싶은 것들을 말하고, 우리는 대답하는 형식으로 이야기가 되었다. 역시 일본 사람들이 작품을 잘 보는구나 생각했다. 다 끝나고 일본 사람들이 모두 서서 노래를 부르고, 다음 우리도 화답해서 노래를 부르고 마치니 8시가 지났다. 나는 일본 사람들과 그 자리에서 작별하고, 모두 가게로 저녁을 먹으러 갔다.

오늘 일본 사람들한테서 책 선물을 많이 받았다. 다음에 적어 놓는다.

1. 《츠다 야스오 실천집(津田八洲男實踐集)》

2. 《전후 오십 년 아동 ○○알아볼 수 없음 작품집(戰後五十年兒童○○作品集)》(여러 권이 된다고 함)

이 두 가지는 목록만 적은 것을 받고, 책은 뒤에 부쳐 준다고 했다.

3. 《일본의 동요(日本の童謠)》한국 글쓰기 교육을 찾는 모임
→ '한국 글쓰기 교육을 찾는 모임' 이름으로

4. 《곤피라산과 ○○○○산알아볼 수 없음과 물의 이야기(金比羅
山とみ二らも山と水のはなし)》, 데라 미와

5. 《평화 히로시마에서(PEACE ヒロシマから)》, 데라 미와

6. 시집 《여름에(夏に)……》, 데라 미와

7. 《내 하이쿠(わたしの俳句)》, 데라 미와

8. 《이와타 미치오의 작문 수업(岩田道雄作文の授業)》, 이와
타 미치오

9. 《이오덕 편, 아이들을 되살리는 글쓰기(子どもを生き返らせ
る綴方)》, 오바나 기요시 씀(원고 복사본)

10. 《언어·인식 능력의 발달을 촉진하는 작문 지도(言語·認
識能力の發達をうながす作文指導)》, 이와타 미치오

11. 《속마음을 말하는 작문 교육(本音を語い会う作文教育)》, 이
와타 미치오

이 밖에 1, 2, 3을 선물로 내줄 때 같이 준 것이 하나 있는데,
그것을 지금 뜯어보니 펜 같은 것을 놓아두는 판이었다.

그리고, 우리 방에서 밖으로 나갈 때 어떤 여자 한 분이 선물
이라고 내주는 것이 있는데, 하얀 종이봉투 같은 데 무엇이 들
어 있고, 그것을 맡으니 무슨 쑥 냄새 같은 향기가 난다. 그걸
맡으면 잠이 잘 온다고 했다. 참 고마운 사람들이다. 또 저녁을

먹을 때 정우가 가게에서 "이거 선생님 드리세요" 하고 주는 것이라고 내놓았는데, 뜯어보니 무농약 오곡으로 만든 센베이 과자였다. 그리고 초콜릿이 하나 따로 들어 있고, 거기 조그만 책자가 들었는데, 그 책에 농사꾼들 거름 만드는 법, 그 밖에 유익하고 재미있는 이야기가 담겨 있고, 그것이 월간으로 나오게 되어 있는데, 조그만 책이지만 아주 잘 짜였고 품위가 있었다. 과자 한 봉지(290엔짜리) 안에도 이런 좋은 책을 만들어 넣어서 선전하는 일본 사람들의 문화가 너무나 부러웠다.

글쓰기회관에서 마치고 나올 때는 기진 상태가 되어 한참 방에서 누워 있다가 일어났다. 10시가 지나서 정우가 밥을 가져와서 같이 먹었다.

지금 벌써 12시 15분이 되었다. 어서 자야겠다. 아무튼 오늘 하루 무사히 넘겨서 참 다행이다. 내일은 푹 쉬어야겠다.

2000년 4월 13일 목요일 맑음

지금 10시 10분이다. 투표하고 왔다. 9시에 갔으니 한 시간 걸린 셈이다. 한 시간도 안 걸릴 건데, 서서 기다리느라 늦었다. 투표소로 되어 있는 그 용원학교 운동장에서 줄을 서서 기다리면서 학교 풍경을 보고 여러 가지 듣고 느낀 것이 많다. 우선 운동장 가에 핀 산수유 노란 꽃과 하얀 목련꽃이 눈에 들어왔고, 교실 뒤쪽 커다란 살구꽃 나무에는 꽃봉오리가 빨갛게 부풀어서 내일쯤이면 필 것 같아 참 좋았다. 그런데 그 학교 들머리에 무슨 여교사 기념관이란 것이 있고, 또 한쪽에는 역시 무슨 여교사 충혼탑이 서 있어, 정우가 그 얘기를 했다. 6·25 때 그 여교사가 이 근처 어느 마을에 인민군이 들어와 있다는 것을 국군 부대장한테 밀고해서, 그 인민군을 모두 몰살했다는 것이다. 그래서 그 여교사는 그 뒤에 인민군을 몰살한 부대장과 결혼하게 되고, 그 부대장은 그 공으로 사단장까지 되었다는 것. 그런데 그 사단장이 하도 몹쓸 짓을 많이 해서 한 사병이 원한을 품고 그 사단장 집에 밤중에 찾아가서 도끼로 한 집안 사람을 죄다 쳐 죽였다고 한다. 그게 고재봉이라, 고재봉 사건이 바로 그것이라고 했다. 참 어처구니없는 이야기다.

또 운동장 한가운데에 오래된 방울나무가 몇 그루 있는데, 그 나무 모양이 너무나 처참하게 되어 있어 눈 뜨고 볼 수 없을 지경이다. 이 나무에 대해서는 언젠가 보고 글을 쓴 적이 있는데, 오늘 또 보게 되어 가슴이 탁 막힌다. 그 무슨 여교사의 충혼탑과 처참한 모습으로 서 있는 방울나무(플라타너스), 이런 것이 우리 나라 교육과 아이들과 사회와 역사를 너무도 잘 상징해서 보여 주는구나 싶다. 또 있다.

투표장에 갈 때 정우 내외와 내가 타고 있는 차에 마을 아주머니 한 분이 탔는데, 국회의원 되겠다고 나선 후보들한테 마을 사람들이 대접받은 얘기를 하는 것이 참 기가 막혔다. 누구는 와서 마을 사람들에게 돈을 몇 만 원씩 주더라. 누구는 음식을 대접해 주고, 목욕을 모두 시켜 주더라…… . 이래서 마을 사람들은 대접을 잘 받았으니 고맙게 여긴다는 것이다. 그 소리 듣고, 용원학교 운동장에서 줄을 서 기다리며, 투표하러 온 사람들, 하고 가는 사람들을 보니 모두 얼이 다 빠져 있는 듯 느껴졌다. 차라리 옛날처럼 절대 권력을 가지고 백성들을 마음대로 부리고 억누르고 걸어 내고 하던 절대 군왕 시대가 되어 버려라. 그래서 이놈의 백성들이 피눈물 흘리면서 굶주리는 꼴이 되어야 마땅하구나 싶었다. 도무지 이 백성들은 민주주의를 할 자격이 없다. 종으로 살아갈 수밖에 없다. 선거고 뭐고 해서 무얼 하나. 천날 만날을 가도 이 꼴일 텐데. 이 꼴에서 한 걸음도 더 앞으로는 나가지 못할 것인데 뭘 하겠나. 이 망할 놈의 나라!

오후에 편지 세 통을 썼다. 하나는 일본의 오바나 선생 앞으로, 지난번 와 주어서 고맙고, 더구나 귀한 책을 보내 줘서 너무 고맙고 미안하다는 인사 편지, 다음은 지난해 11월에 보내 준, 대구의 김환○알아볼 수 없음이란 사람의 편지 회답인데, 김 씨는 내 책《우리 글 바로 쓰기》를 읽고 원고지 백 장쯤 되는 길이로 자세한 서평을 써 보냈던 것이다. 그걸 읽지도 못하고, 그래서 회답도 못 하다가 얼마 전에는 읽었지만 또 몸을 다치고 하는 바람에 전화도 못 걸고, 전화를 걸어도 어째서 통화가 안 되어 그만 지금까지 있다가 할 수 없이 이제사 편지를 쓴 것이다. 마지막 하나는 이현주 목사 앞으로 쓴 편지다. 이 목사도 공주로 이사 갔다는 연락 편지를 보냈는데 거기 적힌 전화번호로 아무리 전화해도 엉뚱한 곳이 나와 안 되어 할 수 없이 몇 자 적은 것이다. 이렇게 편지를 쓰는 일은 한 해에도 겨우 한두 번 있는 일이다. 요즘은 웬만하면 전화로 해 버리고 편지는 안 쓴다. 나도 그렇게 되었다. 그래서 한편 전화를 하니 저쪽 사람 목소리도 들을 수 있고, 문명의 기계로서는 참 좋구나 하는 생각까지 하게 되었지만, 편지도 아주 없어서는 안 되겠구나 싶다.

저녁때는 어제 쓰던 텔레비전 대담을 조금 쓰다가 쉬었다.

저녁을 가져온 정우가, 텔레비전에서 어느 신용 있는 곳에서 여론조사를 했는데, 대구와 부산은 한나라당이 싹 쓸었다고 했다. 전체 의석수는 민주당이 많지만 자민련 17석이 한나라당과 같이 되면 여전히 야당 판이 된다고 했다. 그 여론조사란 것이 믿을 만하다니 그렇게 되면 여전히 지역별로 이상한 대립이 되겠는데, 부산이고 대구고 하는 곳이 참 기가 막힌다. 영도다리에서 빠져 죽자고 하는 인간들을 국회의원에 내세우는 부산 사람들이란 그 민도가 얼마나 한심한가. 박정희란 사람을 신주 모시듯 하는 대구 사람들도 한심하기 말할 수 없다.

어제는 며느리가 오래전에 갖다 놓은 조청 엿을 너무 많이 먹었더니 밤에 몸이 가렵고, 오늘은 오줌이 아주 적게 나왔다. 투표하러 갔을 때 무척 힘들었던 것도 그 까닭인가 싶다. 오늘은 먹는 것을 조심했지만, 소변이 아주 적게 나와서 걱정이고, 이것이 회복되려면 또 한참 걸려야겠구나 싶다. 언제나 일이 터

124

지고 나서야 정신을 차리니 참 내가 한심스럽다. 이번 주말과 다음 월요일에 방송국에서 올 것인데, 방송 출연을 무사히 마쳐야 되겠는데 걱정이다. 출연 준비도 내일과 모레, 이틀 동안 이것저것 해야 한다. 참 어려운 고비가 또 왔다.

2000년 4월 23일 일요일 맑음

오늘, 우리 말 살리는 모임 운영위원들이 여기 와서 회의를 하게 되었다. 내가 서울 못 가고, 더구나 병원에 갔다가 와서, 몸이 아주 좋지 않다는 말을 듣고 이곳에 오기로 한 것이다.

오후 2시쯤, 온 사람은 이렇다.

김경희, 이대로, 노명환, 송현, 김정섭, 고승하, 남기용, 김조년, 신정숙 이렇게 해서 나하고 열 사람이 된 셈이다.

옆방에 둘러앉아서 한참 이런저런 얘기하다가 이대로 선생 사회해서 진행하게 되었는데, 신정숙이 글쓰기회 사무실에서 복사해 온 회원 명부, 회비 납부 현황 따위 자료와 함께 자기가 '운영위원 여러분께 드립니다'는 글도 복사해 나눠 주게 되어, 그것을 읽은 김 사장이 내가 회에서 손을 떼고, 신정숙이 간사 일을 그만두겠다고 일전에 사표를 냈다면서 그 문제를 모두 같이 의논하자고 했다. 신정숙이 나눠 준 글은, 자기가 앞으로 이 일을 하기 어렵다는 사정을 써 놓은 것이었다. 그래 모두 이야기가, 이 선생님이 이름만이라도 그대로 공동대표로 있어야

이 모임이 유지될 수 있다고 모두가 말했다. 그리고 신정숙이 이 일을 하지 않으면 할 사람이 없는데 어떻게 하나 하고 걱정했다. 신정숙이는 내가 손을 떼면 자기 혼자는 못 한다는 것, 재정이 어렵다는 것, 원고 모으기가 힘든다는 것……을 말했다. 나는, 그만 부산이나 대전이나 마산 같은 지방으로 사무실을 옮겨서 그곳에서 회보를 내는 방법도 생각해 볼 만하다고 했지만, 김정섭 선생은 그것이 어렵다고 했다.

그래 생각다 못해서 내가 마지막에 말했다. 꼭 그렇다면 내 이름을 그대로 두겠다. 다만 편집과 교정만은 당분간 안 해도 되도록 해 달라고 했더니, 모두 손뼉을 치고 고맙다고 했다. 그리고 신정숙이한테 좀 어렵더라도 다른 사람이 나와서 이 일을 맡아 줄 때까지 고생해 달라 했다. 그 대신, 사무실을 과천으로 옮겨 지식산업사에는 안 나가도 되도록 하자고 했더니 모두 그게 좋다고 했다. 다만 한 달에 한 번씩 모이는 운영위원 모임만은 지식산업사에서 모이도록 했다. 그리고 회보는 당분간 격월간으로 내기로 의논했다. 이렇게 의논하고 나니 신정숙이도 좀 마음이 놓이는 모양으로 표정이 밝았다. 잘됐구나 싶었다. 회의 마치고 노명환 선생이 건강 운동에 대한 얘기를 한참 했다. 그리고 나서 부산과 마산 분들은 먼저 나가고, 남은 사람들만 앉아 또 얘기했다. 그때, 내가 이대로 선생을 내 방으로 불러서, 지난번 안경값을 7만 원 드렸더니, 그것을 또 그대로 우리 말 모임의 후원금으로 내었다. 그리고 한글전용법지

126

키기천만인서명운동본부 책임도 나는 앞으로 할 수 없고, 이대로 선생이 맡아 하도록 부탁했더니, 그렇게 하겠다고 하고, 다른 사람들도 찬성해서 그렇게 결정했다. 이래서 내 짐이 좀 가벼워졌다는 느낌이 들어 기분이 좋았다.

마치고 모두 나갈 때 김 사장이 나를 끌어안으면서 눈물을 흘렸다. 참 다정다감한 분이구나 싶었다.

모두 보내고 나니 7시가 되었다.

2000년 5월 6일 토요일 맑음

문학상 응모 작품을 읽었다. 신문의 신춘문예 응모 작품보다 수준이 나아서 재미도 있었지만, 그것만 읽으니 아무래도 싫증이 나서, 신문을 보기도 하고 하니 하루에 얼마 읽지 못하겠다. 그래도 할 수 없다. 쉬어 가면서 하는 수밖에.

숨이 답답하고 증세가 좋지 않아서 오늘부터 낮 음식을 좀 바꿨다. 감자는 안 먹고 팥 삶은 것을 먹기로 했다. 팥, 검은콩을 먹고, 고구마 한 개 먹었더니, 오후에는 좀 지내기가 좋았다.

저녁때 밖에 나갔더니, 모란이 봉오리가 막 터져 나오고 있었다. 그 빨간 봉오리가 터져 나오는 것을 나 혼자 보기가 아까웠다. 내일쯤이면 봉오리 하나가 활짝 꽃잎을 열어 보일 것 같다.

지난번 방송국에서 가져갔던 사진 가운데 현우가 복사한다고 가져갔다가 어제 갖다 놓은 것 중에, 해방 직후 화목학교에서 찍은 사진 한 장이 있는데, 바로 교무실 앞에 있는 겹살구꽃이 활짝 핀 그 앞에서 찍은 사진이다.

그 사진에 나온 사람이 모두 열둘인데, 그중 윤태선 교장, 조현수, 정해봉 세 사람은 세상을 떠났다. 그 밖에는 생사를 모르겠는데, 이렇게 죽은 사람 중 조현수는 6·25 난리 때 산으로 숨어 피난하다가 국군에 잡혀 학살당했다는 소문을 들었다. 유병환, 이종훈, 신옥균, 오정희, 오영수, 김배운, 김두섭 그리고 이름이 생각 안 나는, 춘산서 통근한 선생, 이 사람들은 소식을 모르겠다. 김배운이는 그때 학교 사환으로 있었는데, 지금은 오랜 교직에서 퇴임해서 고향서 지낸다고 언젠가 소식을 들었지만 확실한 것은 모르겠다. 다만 그중 내가 아직 이렇게 살아 있는 것만은 분명하다.

그런데, 사진 뒤쪽에 찍은 날짜가 적혀 있는데, 46. 5. 6. 이렇게 적혔다. 아, 바로 오늘이구나 싶었다. 그때 그 겹살구꽃이 너무나 아름답게 피어서 날씨도 참 따뜻하고 좋았다고 생각되는데, 오늘은 여기 바깥에 나가니 그렇게 따뜻하지는 않고, 날씨도 맑은 날이란 것이 하늘에 엷은 구름이 깔리고, 내 몸이 허약해서 그런지 바람기가 찼다. 생각해 보니 1946년이면 54년 전인 것이다. 이 가운데 몇 사람이 살아 있을까? 아마도 반쯤은 세상을 떠났을 것 같다. 저세상 가면 모두 만날 수 있겠지. 그리운 고향, 그리운 벗들! 보고 싶구나, 가고 싶구나!

2000년 5월 12일 금요일 구름

　낮에 이광자 선생이 세 사람을 데리고 와서, 가게에서 점심을
먹고 왔다. 모두 한국초능력학회의 회원이라 했고, 이광자 선
생은 그 학회 이사장이 됐다고 했다. 같이 온 셋 중 한 사람은
남자였다. 방 안에서 한참 얘기하다가 앞뜰에 나가서 사진도
찍고, 얘기하던 중에, 그 남자분이, 자기가 어렸을 때 죽음을
체험한 뒤로 앞날에 일어나는 일을 미리 보게 되는 능력을 가
지게 되었다는 얘기를 했다. 이광자 선생은, 앉아서 죽음 저쪽
에서 들려오는 아름다운 소리를 듣는데, 그것을 녹음해 놓을
수 없는 것이 안타깝다고 했다. 이 일행이 온 것은 바로 여기
있는 산, 부용산에서 기도드리려고 온 것이라 해서, 산꼭대기
에 올라가 밤을 새우는가 싶었더니, 이광자 선생 말이 "산에
안 올라가고 여기 어디 회관이 있다는데, 거기 마당에도 좋고
집 안에도 좋아요" 했다. 그래서 글쓰기회관을 말하는구나 싶
어, 전화했더니 노광훈 씨가 "지금 음성우체국에 왔다가 돌아
가는 길인데, 곧 거기 가서 같이 들어가도록 하겠습니다" 했
다. 그래서 노 선생이 와서 네 사람을 안내해 갔는데, 두어 시
간 동안 밥을 짓고 해서 기도를 드리고는 대구로 간다고 했다.
　그리고 나서 곧 또 이현주 목사가 와서 한참 얘기를 했다. 이
목사는 오랜만에 만났다. 최근에 낸 것이라면서 동화책 두 권
을 주었다. 원주(나는 제천이라 들었는데, 정우가 원주라 했

다)로 가는 길이라면서, 그동안 지낸 일, 아이들 소식도 들려주었다. 그리고 참 재미있고 희한한 애기를 들었다. 좋은 책인가 좋지 않은 책인가를 읽지 않아도 사람의 몸이 그것을 느끼고 판단한다는 것인데, 이 목사 자신도 그것을 실험해 보니 정말 그렇게 되더라 했다. 참 신기했고, 그 사실로 여러 가지 중요한 일들을 함께 깨우칠 수 있었다. 그것을 쓴 책이 있는데 꼭 한번 읽어 보라면서 적어 주는 책 이름이 다음과 같다. 데이비드 호킨스, 《의식 혁명》. 꼭 사 봐야겠다.

이 목사가 가고, 곧 또 회관에서 온 이광자 씨 일행이 지나가고, 그래서 오늘은 또 다 갔다. 저녁을 같이 먹을 때 정우, 현우한테 초능력 애기와 이현주 목사의 책 애기를 들려주었더니, 정우는 믿는데, 현우는 믿는 것 같지 않았다. 이광자 선생 애기 중에, 나이 일흔 살 되는 사람인데 40년 동안 물만 먹고 사는 이가 있고, 40대 되는 처녀가 또 몇십 년 동안 물만 마시며 사는 이도 있다고 했다. 그분들이 모두 초능력학회 회원이라는 것이다. 오늘은 참 재미있고 희한한 애기를 많이 들었다.

지금은 밤 10시 16분이다. 소쩍새 소리가 자꾸 들려온다. 저 소리 들을 적마다 시를 한 편 써야지, 하면서 아직도 못 쓰고 있다. 긴 세월 저편에서 들려오는 소리, 잊었던 내 지난날, 잃어버린 내 지난날 모든 것이 살아나 울려오는 소리, 내 모든 슬픔, 내 모든 그리움이 다시 살아나 가슴에 안겨 오는 소리……
저 소쩍새 소리를 꼭 시로 쓰고 싶다.

2000년 5월 24일 수요일 맑음

정우가 가끔 음성에 가면 팥빵을 사 온다. 가게에서 파는 양과자나 빵은 안 먹는데, 이 빵은 잘 먹는다. 그래서 내가 "나는 그런 거 먹기보다 우리 밀 가루가 있으니 부풀리는 것만 있으면 내가 한번 만들어 먹고 싶다. 단것도 안 넣고 팥하고 콩만 넣어서 만들면 되겠는데" 했더니 어제 우리 밀 가루하고 막걸리를 갖다 놓았다. 그걸로 오늘은 빵을 만들어 보았다.

막걸리로 밀가루를 개어서 볕에 세 시간쯤 놓아두었다. 그동안 콩하고 팥을 삶았다. 그런데 술로 개어 놓았던 것을 보니 아주 찰떡죽처럼 되어 손에 붙어 만들 수가 없었다. 그래서 숟가락으로 떠서 다른 그릇에 옮겨 밀가루를 뿌려 겨우 그 속에 콩하고 팥 같은 것을 넣고 대강 빵 모양으로 뭉쳐 다시 밀가루를 뿌려 겨우 찜통에 깔아 놓은 베 보자기로 옮겼다. 이렇게 네 개 만들고 나머지는 그만 모두 또 베 보자기 위에 그냥 한데 옮겨 한 벌 깔아서 그 위에 콩과 팥을 깔고, 다시 위에 밀가루 반죽한 것을 덮고, 이래서 쪘다. 찐 것을 먹어 보니 빵집에서 만든 것처럼 부드럽지 않았다. 그래도 내가 먹기에는 그만이었다. 나중에 생각해 보니, 그렇게 죽같이 된 것을 그대로 만들 것이 아니고 거기 밀가루를 더 뿌려 좀 단단하게 되도록, 빵 모양을 만들기 좋을 만큼 개어서 만들어야 했는데, 왜 그 생각을 못 했나 싶었다. 다음에는 잘 만들 것 같다.

저녁에 정우와 현우한테 주었더니 맛있다고 했다.

오늘은 좀 힘이 없어서 《일하는 아이들》 원고 교정도 조금밖에 못 했다.

배가 자꾸 구굴구굴한다. 낮에 그 빵을 너무 먹은 탓인가? 빵이 몸에 나쁜 것일까? 밀가루, 팥, 콩 모두 먹어도 된다고(8체질 식품 이론) 해서 마음 놓고 먹었는데 왜 이런가?

2000년 5월 29일 월요일 맑음

오늘 정우는 새로 정지한 큰 논에 모를 심었다. 워낙 넓은 논이라 온종일 했는데도 3분의 2 정도 심었다고 했다. 내일이면 다 심겠지.

저녁밥을 먹고 난 다음 정우가 "아버지, 배가 많이 부르네요" 했다. 전에는 겉에 덮이는 옷을 입어서 몰랐는데, 오늘은 그 옷을 안 입었더니 배가 나와 보인 것이다. 그래서 "좀 봅시다" 해서 옷을 벗어 보였더니, 배를 만져 보고는 "숙변은 아닌데요" 하고는 배에 물이 찼거나 부종이 속으로 들어갔을 수도 있다면서 "내일 병원에 갑시다"고 했다. 모내기도 하다가 병원에 가다니, 어디 그럴 수 있나. 가더라도 6월 들어서서 그 8체질 한의원에도 가 보고 하자고 했더니, 8체질 한의원은 뒤로 미루고 병원에 가서 빨리 치료해야 합니다, 한다. 한참 이야기하다가 결국 내가 "그러면 이번 주 안으로 가기로 하자"고 했다. 한 이틀 지나 보고 안 되면 아무래도 병원에 가 봐야겠구나 싶다. 가면 역시 지난해 갔던 신촌 세브란스로 가는 것이 좋겠지. 전에 검사한 것이 있으니까 다시 검사는 안 하니 그만큼 편할 것이다.

2000년 6월 14일 수요일 맑음

오전에 알부민 주사를 맞았다. 주삿바늘을 꽂아 놓고 앉아 있는 세 시간 반 동안 글쓰기회보를 읽었다.

오후에는 도서출판 우리글의 김소양 씨와 그 출판사에서 문집을 내게 되어 있는 보민이 엄마가 와서, 책 이야기, 아이가 쓴 글 이야기 같은 것을 나누느라고 2시부터 5시까지 보냈다. 두 사람이 다 좋은 마음씨와 살아가는 태도를 가지고 있는 것 같아 반가웠고, 그래서 나도 좋은 이야기를 해 주고 싶었다. 보민이 엄마는 차를 끓이는 도자기 주전자와 찻잔을 선물로 가져왔고, 김소양 씨는 매실 효소를 갖다 놓고 갔다. 그리고 또 보민이 엄마가 돈 봉투를 두고 가려고 해서 "그런 것 받을 수 없습니다. 이 책 소개문이나 해설문을 쓴 다음이라면 또 모르지만, 쓰기 전에는 그런 것 받을 수 없습니다" 하고 도로 주어 보냈다.

두 분 보낸 다음에 우체함에서 신문을 꺼내 와 읽었는데, 어제 오늘 김대중 대통령과 김정일 위원장이 만나는 이야기가 온통 가득했다. 우리 나라 7천만 남북 전 국민뿐 아니라 온 세계 사람들의 관심이 온통 평양에 쏠려 있는 모양이다. 김정일 이란 사람이 말도 잘하고 예의도 잘 차리고 하는 모습을 보고 남쪽의 사람들이 거의 모두 놀라고, 또 두 사람의 만남에 감동 하고 감탄하는 것 같아 참으로 이번에 큰일을 해냈구나 싶었 다. 두 사람이 한자리에 앉아 말을 주고받는 모습을 모두 사람 들이 지켜보고, 지금까지 김정일이란 사람에 대해 가지고 있 던 잘못된 생각을 한순간에 싹 걷어치우게 되었고, 따라서 북 녘 사회에 대한 적대감 같은 것도 많이 사라졌으리라고 생각 되었다.

생전 텔레비전을 보고 싶지 않았는데, 어제 오늘만은 한번 보 고 싶다는 생각이 났다.

저녁때 〈고딘 21〉에서 전화가 왔다. 3회째 원고가 다 됐는가 하는 것이다. 써 놓았다고 했더니 곧 부쳐 달라 했다. 첫 회 보 낸 것도 실린 인쇄물(창간호)을 보내 주지 않고, 그게 나왔는 지도 모르는데…… 했더니, 부쳤는데 안 받았습니까, 했다. 내 일 다시 부쳐 준다고 해서 나도 원고를 내일 보내겠다고 했다.

2000년 7월 6일 목요일 맑지도 흐리지도 않음

오늘 오전에 서울 요한한의원에 다녀왔다. 한의원장이 "권 선생님이 금음으로 판단하셨고 하니 금음으로 당분간 치료해 봅시다" 했다. 침을 놓는데, 역시 제한의원의 권도홍 선생처럼 발가락 끝 같은 데도 놓았고, 오른쪽 발가락 끝에 놓은 것은 지금 오후 3시 반이 지났는데도 약간 아픈 울림이 남아 있다. 금음은 금양과 거의 같은 음식으로 하면 된다고 해서 내가 겨자, 후추, 복숭아가 다르던데요, 했더니 "잘 보셨네요. 그 세 가지가 다릅니다" 했다. 금음은 복숭아가 좋지 않다. 그런데 겨자, 후추는 좋은데 어째서 고추는 나쁜가 물었더니, 그렇게 되어 있다고 했다.

오늘도 참 많이 더웠다. 해가 나기는 했는데 안개인지 구름인지 희부옇게 온 산천을 덮어 가까운 산도 안 보였다. 갈 때 고속도로를 달려가는데 정우가 자꾸 농약 냄새가 난다고 했다. 내 코에도 농약 냄새가 났다. 올 때는 일반 도로를 왔는데, 농약 냄새도 그렇고 무더워서 땀이 났다. 서울 시내를 지날 때는 자꾸 차가 막히고, 더워서 숨이 막힐 것 같았다. 무너미 와서 여기 느티나무 밑으로 들어오자 비로소 살았구나 싶었다. 지옥을 빠져나온 기분이다. 사람들은 모두 지옥에 산다. 지옥인데도 천당인 줄 알고 사니 다행인가, 더 불행한 꼴인가 모르겠다.

지금 3시 46분. 앞 숲에서 보리매미가 한창 숨가쁘게 운다. 보리매미가 웬일인지 이제 와서 한창이다. 아침마다 뒷간에 가 앉았으면 뒷산에서 온통 보리매미 소리가 가득 들려온다. 그런데 그 소리가 죄다 이상한 소리다. 지금 앞에서 들려오는 소리도 "이초강, 이초강……" 하고 《일하는 아이들》에서 어느 아이가 잘 적어 놓은 그 옛날의 보리매미와는 아주 다르다. 우는 꼴이 대체로 같은데 영 맛이 없고 재미가 없고 생기가 없다. "이초강"이 아니라 기이일, 기이일, 기이일…… 하다가 마지막에 나오는 소리도 아주 맥이 없는 소리로 즈즈즈즈 하고 그친다. 그렇게 그쳤는가 하면 어느새 또 시작하기는 하는데, 여전히 또 기일, 기일…… 하는 목쉰 소리, 재미없는 소리를 낸다. 그런 소리가 여기저기 들려오는 것이 참 서글프다.

무슨 일을 하면서도 그다지 신이 안 난다. 이걸 해서 뭘 하겠나 하는 생각이 가끔 나니 에이, 하고 그만 손을 놓고 멍하니 앉아 있다. 희망이 어디 있나? 세상이 다 끝나 간다는 느낌, 이걸 어찌할 수가 없다.

2000년 7월 18일 화요일 흐리고 무더움

간밤에는 2시 반쯤 깨어나서는 그만 잠이 안 왔다. 코코아를 먹어서 그런가 하는 생각이 들었다. 포도당과 실크 아미노산, 이 두 가지는 좋은 것이 분명한데, 코코아는 모르겠다.

오전에 〈고딘 21〉 연재 원고를 써 두고, 오후에는 보민이 일기, 아직 안 읽은 것 마저 읽어 둔다고 읽다가 그만두고 신문을 보았다.

내일은 마주이야기 시 해설 원고 교정을 다 마쳐 두어야 한다. 모레는 오전에 한의원에 갔다가 오후에 박문희 선생하고 우리글 사장이 온다고 했으니 그 전에 다 준비해 두어야 하는 것이다.

요즘은 정우하고 현우하고 셋이서 그림 이야기를 자주 한다. 역시 고흐, 밀레 같은 훌륭한 화가가 우리에게는 없다. 고흐의 〈감자 먹는 사람들〉이나 밤하늘 그림, 밀레의 〈이삭 줍는 사람들〉이나 〈저녁 종소리만종〉 같은 그림을 구해서 벽에 걸어 두고 싶다.

2000년 7월 22일 토요일 흐리고 저녁때 이슬비

글을 쓸 것이 많은데 맥이 빠져서 가만히 앉아 있다가 누웠다가 했다. 이래서는 안 되지, 어디 전화라도 걸어서 힘을 내야지 싶어서 권정생 선생한테 걸었다. 그림 이야기부터 해서 그럭저럭 40분쯤 얘기를 하고 나니 뭔가 쓸 기운이 났다. 그런데 그때 뜻밖에도 서울대학교의 이애주 교수가 전화를 했다. 이 교수는 이름만 듣고, 또 신문에서만 기사로 읽었지, 이 교수의 춤을 본 적은 없다. 그런데 이 교수는 내 책을 읽었다고 했고 "우리 말을 바로 쓰고 싶은데, 마음만 가지고는 잘 안 되니 그런 모임이 있으면 알려 주세요. 가서 좀 배우겠습니다" 했다. 참 놀랍고 고맙구나 하는 생각이 들었다. 그래서 그런 우리 말 공부만 하는 자리는 못 만들었고, 널리 글 쓰는 태도나 살아가는 길을 걱정하고 의논하는 일과 함께 우리 말 바로 쓰기 문제도 공부하는 자리는 다달이 글쓰기회에서 열고 있는데, 다음 8

월에는 1년에 두 번씩 있는 회원 전체 연수회가 5~7일에 있으니 그때 오시면 많은 회원들과 이야기를 나눌 수도 있고, 또 선생님 말씀 들을 기회도 되어 반갑겠습니다고 했더니 "제가 뭐할 말은 없고, 다만 배우러 가고 싶은데, 8월 5~7일은 일본 공연이 있어 갈 수 없습니다. 그다음은 언제입니까" 했다. 그래서 "그다음 다달이 있는 공부 모임과 우리 말 살리는 모임에서 매월 하순마다 모이는 것은 날짜를 그때그때 정하니 다음 제가 전화로 알리겠습니다"고 했다. 참 생각이 훌륭한 분이구나 하고, 이런 분을 어떻게 해서든지 우리와 같은 뜻으로 살아가도록 가까이 해야 되겠구나 싶었다.

오전에 전화하다 보니 그만 점심때가 다 되었다. 오후에는 또 한참 누워 있다가 4시가 지나서야 겨우 글을 좀 썼다.

오늘 낮에 처음으로 참매미 소리를 들었다. 참매미 소리는 올해 처음 들었는데, 아주 기운차게 시원스럽게 울었다. 참매미와 함께 보리매미도 울었다. 서울서는 말매미 소리만 났는데……

2000년 8월 10일 목요일 맑음

오늘은 서울서 오후 2시가 지나 돌아왔다. 한의원에서 마치고 교보문고로 가서 책도 사고, 그림도 볼 만한 것 있을까 싶어 간 것이다. 책은 두 권 샀다. 《스콧 니어링 자서전》과 《전생 가기

참 쉽다》이 두 권이다. 그림은 고흐의 것 큰 것 한 장하고, 조그만 것 한 장을 샀다. 교보까지 갈 자신이 없어 그냥 가자고 했더니 정우가 한번 가 보고 싶은 듯해서 큰 맘 먹고 갔던 것인데, 역시 탈장 증세가 나타나 좀 애를 먹었지만 견딜 수 있었다.

집에 와서는 점심을 먹고 누워 있다가 일어나서도 몸이 좀 고달파 쉬었다.

고흐 그림 중 큰 것은 두 농사꾼 부부가 어린애 걸음마 시키는 그림이다. 조그만 것은 두 농사꾼 부부가 일하다가 점심 먹고 짚북데기 위에 누워 자는 그림이다. 고흐의 농민 그림은 그대로 우리 옛날 농민들의 삶을 보여 주는 느낌이고, 따뜻한 정이 넘쳐 있다. 어째서 우리 화가들은 이런 그림 한 장 그릴 줄 몰랐나.

오늘 서울 갈 때, 서울 가까이서 소낙비가 한 차례 쏟아지더니, 서울에 들어서자 다시 하늘에 뭉게구름이 보였고, 올 때도 사방에 푸른 하늘이 보이고 뭉게구름이 눈부셔서 기분이 좋았다.

2000년 8월 23일 수요일 맑음?

오늘은 시를 쓴다고 두 편을 써 놓았는데, 그게 되는지 모르겠다. 며칠 뒤 다시 봐야지.

오후에 노광훈 씨가 왔다 갔다. 〈글쓰기〉에 연재하던 일본 아이들의 시, 이번에는 중학생 것 좀 싣게 해 달라 했다. 이번 주 안으로만 하면 된다고 하는데, 그러겠다고 대답은 했지만 시간이 날는지 모르겠다.

노광훈 씨는, 지난봄 음성 장에서 작두콩 모종 두 포기를 사다가 심었는데, 줄기가 잘 뻗어 올라 잘 자라고 있다고 했다. 저녁에 정우가 왔을 때 작두콩 얘기를 했더니, "그때 포트에 심었던 것은 죄다 안 되고 말았지만, 차 안에 두었던 씨 몇 개 그냥 하우스 안에 심은 것은 지금 잘 자라고 있어요" 했다. 씨를 다 없애지는 않았구나, 다행이다. 간밤에 노루가 또 논에 와서 나락을 짓밟았고, 돼지는 아직도 못 잡았다고 했다.

지금은 밤 10시. 이제 막 변소에 갔는데, 변소에 앉았으니 뒷산에서 소쩍새 한 마리가 자꾸 울고 있는데, 그 울음소리가 좀 이상했다. 목이 쉰 소리도 아니고, 구슬픈 울림으로 우는 소리도 아니고, 목소리가 떨리면서 겨우 울음을 이어 가는 소리, 목메어 겨우 소리를 내는 울음이었다. 소쩍새가 왜 저렇게 울까? 그 소리는 듣기만 해도 저절로 울음을 따라 울게 될 것 같았다. 남북에 헤어졌던 식구들이 5년 만에 만나서 터져 나온 울음소리도 저러했을까 하는 생각이 들었다.

내일은 또 서울 한의원에 가야 한다. 오늘 저녁에는 좀 일찍 자야지. 10시 10분이 넘었구나.

2000년 9월 3일 일요일 맑음

어젯밤에는 10시가 좀 지나서 자리에 누웠다. 보통은 11시가 지나서 자는데, 좀 일찍 잔 셈이다. 새벽 4시가 지나 깨어서, 4시 40분쯤에 일어나 온살돌이를 10분쯤 하고 화장실에 가서 오줌을 누니 겨우 100cc밖에 안 나왔다. 다른 날에는 140~150 정도 나왔던 것이고, 이것도 시간을 따져 보면 너무 적은 양이라 걱정되었던 것이다. 그런데 배가 편하고, 행기를 해 보니 숨쉬기가 좋았다. 오줌 양만으로 걱정할 것 아니고, 역시 음식을 적게 먹고 우선 배를 편하게 해야겠구나 싶었다. 속이 편하면 오줌도 차츰 잘 나오겠지. 그래 행기를 약 40분 하고 난 다음 이뇨제를 한 알 먹고 한참 잡지 〈우리교육〉을 보다가 실크아미노산을 한 찻숟갈 먹고 또 책을 보다가, 책도 덮고 의자에 기대어 있다가 졸음이 와서 자리에 누워 9시가 지나도록 있었다.

누워 있으니 가장 편하다. 9시가 지나도 일어나기가 싫다. 이렇게 누워서 내가 죽음을 맞을 수 있으면 참 좋겠구나 하는 생각이 들었다. 먹는 것을 끊고, 이런 가을날 춥지도 덥지도 않은 날에 혼자 누워서, 바깥이 좀 보이도록 창문이라도 열어 놓고서 가을 하늘을 쳐다보아도 좋고, 저녁때라면 벌레 소리를 들으면서도 좋고, 이렇게 누워 하루고 이틀이고 지나다가, 한 시간, 두 시간 지나다가 그만 촛불이 사그라지듯이 이 세상을 떠난다면…… 참 재미있을 것 같다. 얼마나 행복한 마지막이 되겠는가 싶다. 이러고 보니 이제 나는 죽을 자리와 때와 길을 봐 두었구나 싶어 참 기쁘다. 반드시 이렇게 나는 죽어야 되겠구나 싶다.

지금은 9시 40분이 지난 때다. 아침 햇빛이 창문 가득 비친다. 아, 좋은 날씨다. 아직 나는 죽을 수가 없고 죽어서도 안 된다. 오늘 할 일을 해야지. 오늘은 점심을 아주 조금만 먹기로 하고, 저녁도 그렇게 할 것이다. 그리고 글 한 편을 써야겠다.

쓴다 쓴다 하던 글은 오후에야 시작했지만 겨우 조금밖에 못 썼다. 그것도 써 놓고 보니 별로 쓸데없는 이야기라, 다시 써야겠다는 생각이 들었다. 그래 그만두고 〈우리교육〉 이달 치 온 것 읽는다고 저녁 시간을 다 보냈다.

현우가 저녁에 왔다. 내일 동해시에 채집하러 간다고 했다. 요즘은 보통 밤 3시나 4시에 자고 아침에 일어나는 시간은 8시쯤이라 했다. 12월에 논문을 발표한다나. 그래도 얼굴이 밝아 보여 마음이 놓였다.

오늘도 오줌은 아주 적게 나왔다. 아무래도 걱정이 된다. 단식을 해야 될 것 같다.

2000년 10월 31일 화요일 맑음

벌써 오늘로 10월이 다 가고 내일부터 11월이다. 이제 두 달이 지나면 다시 또 새해. 저녁에 정우가 "새 천 년이 왔다고 떠들썩했던 것이 어제 같은데, 어느새 또 한 해가 다 가고 새해가 눈앞에 왔네요" 했다. 참 세월이 이렇게 빠르다. 그런데도 나는 아직 할 일을 제대로 시작하지도 못하고 병하고 씨름하면서 하루하루를 보내고 있으니 애가 탄다.

오늘도 강신무 씨 원고 읽고 다듬는 일로 하루를 보냈다. 강 씨는 역시 훌륭하다. 글을 전문으로 쓰는 사람이 아닌데도 읽으니 재미가 있고 감동하게 된다. 워낙 그가 한 일이 놀랍기 때문이다.

〈주간 기독교〉에서 창간 30주년 축하 글 독촉이 왔다. 이런 글 때문에 시간 빼앗기는 것이 아깝지만 할 수 없구나 싶다.

정우는 드디어 오늘 벽돌을 다 찍었다고 했다. 나는, 내가 자고, 앉아 있는 방만 흙벽돌로 조그마하게 짓고, 부엌, 목욕실, 화장실 따위는 그만 시멘 벽돌로 딴 채로 만들고 난방도 하지 말고 짓는데, 두 채를 연결해 그 사이를 덮어서 나들간으로 하는 모양으로 한번 지어 보라고 했더니, 한참 궁리하면서 도면도 그려 보고 했다. 그리고는 여러 가지 문제가 있으니 더 두고 생각해 보겠다고 했다.

어제 정우가 음성 시장에서 커다란 골덴 바지를 사다 놓았다. 그걸 오늘 입어 보았더니 허리 품도 넉넉하고 바지 길이도 충분해서 참 입기가 편했다. 내가 이런 것 있으면 사 와 달라 했던 것인데, 서울이나 과천에서도 이런 것 못 구했다. 시골 시장에 오히려 내가 입고 싶어 하는 옷이 잘 나오고, 값도 헐하다는 것을 알게 되었다. 시골이 이래서 내게는 살기 좋은 곳이구나 싶다.

2000년 11월 1일 수요일 흐림

여러 날 전에 온 몇 가지 우편물에 대한 회답을 쓰느라고 오
전 시간을 보냈다.

첫째는 창비사에서 온 것인데, 거기서 나온 내 책(펴낸 저서
모두)의 전자책 제작과 2차 사용에 대한 계약 체결을 창비에
위임하는 동의서를 보내 달라고 해서 그대로 이름을 적고 도
장을 찍었다.

다음은 고려대학교 민족문화연구원 전자텍스트연구소(소장
김흥규)가 보낸 것인데, 《이오덕 교육일기》와 《이사 가던 날》
두 책을 공익을 위한 연구에 쓸 수 있게(어휘 문장 단위의 국
어 연구에 활용되도록) 해 달라는 부탁이었다. 이것은 책 장사
를 하는 것이 아니라고 판단되었기에 그렇게 하겠다고 역시
도장을 찍었다.

이 두 가지를 오전에 정우가 음성 가는 편에 봉투로 우체국에
갖다 부치라고 주어 보냈다.

그다음은 어린이도서연구회에서 내는 〈동화읽는 어른〉 백 호
를 축하하는 글을 썼다. 이것은 오늘 저녁이나 내일 아침에 전
송으로 보낼 것이다.

또 하나, 〈주간 기독교〉 창간 30주년을 축하하는 글을 썼다.
내일까지 부치면 된다. 사진도 한 장 보내 달라고 해서 봉투에
넣어 준비해 두었다. 귀찮지만 어쩔 수 없이 이런 일까지 해야

144

되었다.

오후에는 강신무 씨 원고를 읽고 다듬었다.

2000년 11월 6일 월요일 맑음

아침 일찍 준비해서, 서울 와서 입원했다. 한남동에 있는 순천향대학병원 552호실. 담당의사 이희발 교수는 내 몸을 살펴보고, 지난해 봄 세브란스병원에서 진찰한 내용을 적은 것도 보고 하더니 몇 가지를 물었다. 내가 지금까지 집에서 치료하고 그 경과가 어떠하다는 것을 그대로 얘기했더니, 너무 그렇게 혼자 집에서 치료하는 것은 아주 위험하니 이제부터 여기서 진료한 결과 보아서 잘할 테니 믿고 따라 달라고 했다. 아마도 배광준 교수가 내 얘기를 하면서 "병원이나 의사를 그다지 안 믿는 사람"이라고 소개했던 것이 틀림없었다. 오늘 하루 동안 혈압, 체온을 세 번쯤 재었고, 피검사도 두어 번 했다. 그리고 엑스레이 사진도 찍었다. 심전도 검사도 했다.

그런데 입원이 좀 늦어서 점심 식사가 안 들어왔다. 정우가 홍시와 고구마를 사 와서 먹었다.

저녁에는 밥을 가져왔는데, 반찬이 모두 짜고 맵고 했다. 밥이 다른 병실 것과 바뀌었는가, 아니면 일부러 일반 환자 것과 같은 것을 먹으려고 하는가 알 수 없었다. 아무튼 한번 병원에 왔으니 어찌 되었든 병원에서 하는 대로 따라 봐야겠다고 그대로 먹었다.

낮에는 소변이 괜찮게 나왔는데, 밤중과 새벽에 나오는 소변은 양이 아주 싹 줄었다. 한 시간에 겨우 10cc, 또는 그 이후로 줄었다. 온몸이 가려웠다. 걱정이 되었다.

입원 절차를 밟을 때부터 배광준 교수와 한지흔 씨가 와서 걱정해 주었다. 두 분은 점심을 정우하고 같이 밖에 나가서 먹고 갔다. 이번 입원은 두 분, 더구나 배 교수가 걱정해 주고 애써 준 덕분으로 잘할 수 있었다. 이 병원서는 의사고 보조하는 간호원들이 모두 친절하고, 무엇보다도 검사나 진료 경과를 자세하게 알려 주어서 좋다. 지난해의 세브란스병원보다는 훨씬 낫다. 시설도 거기보다 낫구나 싶다. 다만 한 가지 식사가 왜 이런가?

2000년 11월 9일 목요일 맑음

어제는 10시 반에 갔다. 그리고 밤중 3시쯤 되어 깨어났는데, 정우도 일어나서 "이젠 잠이 안 와요" 했다. 그래 둘이서 얘기하다가 정우가 "여기 온 김에 남대문 새벽 시장에 가 볼랍니다. 잠바 같은 것을 거기서 아주 헐하게 살 수 있어요. 그 새벽 시장은 보통 3시에서 5시까지 보는데, 지방 사람들이 밤중에 와서 물건을 도맷값으로 사서 갑니다" 했다. 그러더니 정우는 나갔다가 6시에 돌아왔다. 현우가 입을 잠바 같은 것 하나밖에 살 것이 없더라 했다.

정우가 나간 동안 숨쉬기를 했다. 배가 약간 아프다 싶더니 곧 가라앉았다. 어제저녁 먹은 피디엘(PDL)의 부작용이 더 없구나 싶어 마음이 놓였다.

아침밥 들어온 것을 정우가 먹고 나갔다. 내가 "그만 집에 가거라. 여긴 별일이 없을 것 같으니 걱정 마라" 했다. 그래 정우가 간호사 책임자한테 가서 알아보더니 "오늘은 주사고 검사고 아무것도 없답니다" 했다. 그래서 마음 놓고 간 것이다. 정우는 밖에 나가더니 오늘 신문을 사다 놓고 나갔다. 오늘은 아침부터 하늘에 매연이 대강 걷히었고, 좀 파란 하늘에 햇빛이 환하게 나서 건너편 아파트며 건물들이 눈부시게 빛났다. 아, 좋은 날씨구나!

낮 식사는 나 혼자 했는데, 밥 한 그릇을 다 먹고, 반찬으로 들어온 고기도 다 먹고, 아침에 남겨 둔 고기도 다 먹었다. 다만 국만 남겼다. 그랬더니 목이 말라 물을 한 모금 마시고, 밥과 함께 들어온 요구르트도 마셨다.

오후 1시 20분부터 알부민을 맞고 있는데 1시 반쯤에 한지흔 씨가 왔다. 들풀차란 것을 가져왔는데, 어느 스님이 권하는 것이라면서 "신장염에 좋답니다. 이것을 물에 타 먹어도 좋고, 이대로 입에 넣어 녹여 먹으면 목마른 증세가 없어지는데, 물을 조금 입에 넣어도 좋다고 해요" 했다. 그래 그걸 입에 넣으니 풀 향기, 약 향내가 나서 좋았다. 그래도 한지흔 씨하고 같이 자꾸 얘기를 하니 목이 말라 물도 입에 조금씩 넣었다. 그래도 곧 입이 말라, 이거 아무래도 밥은 반 그릇만 먹어야 되겠구나 생각했다. 그런데 포도당을 조금씩 입에 털어 넣으니 침이 생기고 괜찮았다. 한지훈 씨는 3시에 갔다.

5시 15분쯤에 이희발 선생이 왔다. 이 선생은 다음과 같은 말을 해 주었다.

"소변검사를 해 보니 단백질이 엄청나게 많이 나옵니다. 단백질 결핍 상태인데, 그렇게 또 많이 빠져나오니, 빈혈도 그렇게 생기는 것 같고, 몸에 힘이 아주 없지요. 그런데 알부민을 이렇게 두 병씩 맞는 것은, 이것이 이뇨 효과를 얻기 위해 하는 것이지, 이것이 바로 몸에 들어가 있는 것은 아니고, 넣는 대로 자꾸 소변으로 빠지는 겁니다. 그런데 빠져도 자꾸 넣어야 이뇨가 됩니다.

그래서 이뇨제로 부종과 복수, 늑막 물 고인 것도 없애고 몸의 단백질 보충은 식사로 하는 수밖에 없어요. 아침도 조금씩 먹는 것이 좋겠습니다. 알부민은 보통 의료보험 혜택을 못 받지만, 소변에 단백뇨가 많이 나오는 환자한테는 혜택을 줍니다. 그 혜택을 받도록 하겠습니다. 빈혈 원인을 좀 더 알아보고, 그 치료를 하려면 골수에서 ○○알아볼수없음을 뽑아내는 검사를 해야 될지도 모르는데, 그런 계획도 세우고 있습니다. 피디엘 잘 드시고 계시지요? 그걸로 단백뇨가 안 나오게 하는 것인데, 이틀에 한 번씩 20알을 먹으면 부작용이 없습니다. 두

148

달쯤 드셔야 할 겁니다."

나는 듣기만 했고, 모든 것을 믿고 잘 따르겠다고 했다.

그런데, 아침밥을 어떻게 먹나? 안 먹다가 먹으면 배가 아프고 속이 아주 좋지 않다. 의사는 조금씩 먹으라 하지만, 조금씩 먹어도 그렇다. 고기만 먹을까? 또 워낙 배가 꽉 부풀어 올라 먹고 싶지도 않고, 무엇을 먹으면 배가 더 부풀어 괴롭다. 어떻게 하나?

잘 시간이 되어 누우려고 하는데, 정우 내외가 왔다. 오늘 있었던 일을 말해 주고, 여기 있을 필요가 없으니 집으로 가라고 했다. 자고 내일 아침에 간다고 하는 것을 여러 번 말해서 11시 반쯤에 가게 되었다.

2000년 11월 16일 목요일 비

아침에 보조 의사가 와서, 오늘 퇴원한 다음 집에서 먹게 되는 약에 대해 얘기해 주었다. 그리고 다음 22일에 한 번 진찰받으러 오라고 했다. 가슴에 물이 찬 것은 이뇨제로 빼 보도록 하는데, 만약 집에서 견디기 힘들면 언제든지 병원에 와서 바로 물을 빼도록 하자고 했다. 내가 어젯밤 몸살이 나고 숨이 차고 기침까지 났다고 하니, 수혈하면 그런 부작용이 좀 날 수 있는데 차츰 나아질 것이라 했다. 그리고 의사가 나간 뒤 이희발 교수가 전화를 해 왔다. 오늘은 병원 밖에 있어서 퇴원 때 만날 수 없으니 잘 가시라면서 22일 만나자고 했다. 그래서 정우가 내려가 입원비를 다 치르니, 6일부터 오늘 16일 아침까지 11일 동안 비용이 모두 260몇만 원이더라 했다. 정우가 계산해 보더니 지난해 세브란스 입원비에 대면 반밖에 안 된다고 말했다.

병원을 나와서 빗길에 차를 몰고 덕수궁에서 열고 있는 인상파 미술전을 보러 갔다. 덕수궁 뒤쪽 길에 차를 세워 두고 휠체어를 타고 가는데, 나는 우산을 받았지만 정우는 비를 맞으면서 휠체어를 뒤에서 밀고 갔다. 그런데 미술 전시회 건물에 설치해 놓은 장애자가 쓰는 승강기가 제대로 작동이 안 되었다. 그곳 일하는 사람들이 여럿 와서 아무리 해도 안 되어 할 수 없이 네 사람이 나를 태운 휠체어를 들어서 2층까지 올려 주었다. 내릴 때는 어찌어찌해서 승강기가 작동이 되도록 해서 내렸다. 지금까지 몇 달 동안 이 승강기를 써먹은 것이 두 번밖에 안 되다 보니, 자주 손보지도 않아서 이렇다면서 미안하다고 했다.

전시장은 인상파 그림 두 군데(방), 그리고 3층에 고야 판화 전시장 이렇게 세 군데 있는데, 1시부터 2시 반까지 약 두 시간 반 동안 보았다. 내가 가장 감명 깊게 본 것은 역시 밀레의 그림 〈이삭 줍는 사람들〉과 〈그레빌의 성당〉 그림이었다. 인상파 그림은 〈파도〉가 아직도 머리에 남아 있다. 고야 판화는 전쟁의 참화를 연작으로 한 것이 가장 많았는데, 고야는 이렇게 인간의 악마성을 용서하지 않고 철저하게 파헤쳐 놓은 화가였구나 싶어, 밀레와는 또 달리 놀라운 정신을 가진 사람임을 깨닫게 되었다. 그런데 그 판화가 너무 작고, 또 양이 많은 데다가 하나하나 그 내용에 대한 설명이 좀 있어야 이해할 것 같은 작품이 되어서, 그만 그대로 한 차례 구경하듯이 지나가기만 했다. 그리고 설명이 있고, 그 주제를 그림 제목으로 적어 놓은 것도 많았지만 어려운 말과 외국 말법으로 괴상하게 써 놓아서 읽다가도 그만 화가 나서 그냥 두고 지나가고 했다. 나올 때 〈이삭 줍는 사람들〉과 〈저녁 종소리〉 두 그림 복제한 것 각각 2만 원씩 주고 사고, 또 고흐 그림으로 된 내년도 달력도 만 원 주고 샀다.

올 때는 비가 많이 왔다. 빗길을 차로 오면서, 어제 사 두었던 감자떡을 정우하고 점심으로 먹으면서 왔다. 4시 반이 되어 집에 오니 비로소 마음이 확 풀어지고 놓였다. 아무튼 이번 순천향에 입원한 것이 잘했구나 싶다. 이제는 치료의 방향과 방법이 더욱 확실해지고, 치료의 목표도 머지않아 이룰 수 있을 것으로 크게 기대되어 여간 기쁘지 않다.

내일부터 새 치료, 요양법으로 살아갈 것이다.

2000년 11월 30일 목요일 맑음

간밤에 또 잠을 못 잤다. 1시 반쯤에 자리에 누웠으니 11시쯤

에 잠들었을 것이다. 그런데 12시 10분 전에 깨어나서 그만 못
잤으니 한 시간쯤밖에 못 잤다. 다시 잠이 안 오고, 더구나 어
제저녁 정우가 오리고기를 갖다 놓아서, 밥 다 먹고 나서 또 그
걸 더 먹고는, 아직도 위 속에 그 고기가 남아 있는 듯 시원스
럽게 내려가지 않아 자꾸 마음에 걸린다. 그대로 한참 누워 있
다가 그만 일어나 숨쉬기를 한 시간쯤 하고 나니 배가 좀 편했
다. 그리고 다시 좀 누워 있다가 4시 반에 일어나 옷을 입고 불
을 켰다. 오늘은 한 시간밖에 못 잤지만, 할 일을 하면서 잘 보
낼 것 같다. 정말 잠을 자는 시간이 아깝다. 잠을 자지 않고 밤
에도 할 일을 하고 낮에도 일하고 해서 날을 보내면 얼마나 좋
겠나. 이제부터 밤에 한두 시간 자고 눈이 뜨이면 곧 일어나야
겠다고 생각한다. 다행히 행기(숨쉬기)를 하니 잠을 한두 시간
만 자도 된다. 아, 참 나는 요즘 행복하다. 이렇게 나날이 귀하
고 기쁜 시간을 보낸 때가 지난날 그 어느 때도 없었다. 그래
가만히 생각해 보니 이게 내 병 때문이다. 신장염 덕택으로 내
가 행복해졌다. 만약 신장염이 없었더라면 지금도 온갖 세상
일에 끌려다니면서 정작 내 할 일은 손도 못 대고, 손댈 엄두도
못 낼 것 아닌가. 더구나 조용히 내 앞길을 생각해 보는 시간도
갖지 못할 것이다. 또 있다. 신장염 덕분으로 먹는 즐거움, 밥
과 나물, 오리고기, 된장, 감자, 고구마…… 이런 온갖 먹을거
리의 참맛을 정말 알게 되었다는 생각이 든다. 현우가 제 길을
가게 된 것, 정우가 늘 내 곁에 있어 아들 노릇뿐 아니라 친구

노릇까지 너무나 잘해 주는 것도 모두가 신장염 덕택이구나 하는 생각이 든다. 신장염 만세! 병이란 것도 사람에게는 더러 참 소중한 것이 되는구나 싶다. 하나님이 내게 이렇게 소중한 병을 주신 뜻을 이제사 깨달았다. 그리고 이 병으로 얻을 것을 다 얻게 되었으니 이제 앞으로는 이 병 없이 내 일을 잘하면서 이 행복을 지켜 나갈 수 있도록 해야겠다. 하나님은 꼭 그렇게 나를 이끌어 주시고 내 앞길을 틔워 주실 것이다(아침 5시 25분).

강신무 씨 원고 다듬고, 신문도 읽고 하면서 하루를 보냈다. 오리고기, 오리 알, 고구마, 감자, 홍시 같은 것 맛있게 먹었다. 한두 번 자리에 누워 쉬기도 했다. 허리 아픈 것이 어제보다 덜하다. 정우는 오늘 세금 내고 와서, 흙집에 서까래를 올렸다고 한다. 오늘이 그러고 보니 이 달의 마지막이다. 내일이 벌써 2000년의 마지막 달 12월이구나!

2000년 12월 8일 금요일 맑음

자리를 옮겨, 나무 침대에 잤더니 아주 편하고 잠도 잘 왔다. 진작 이렇게 할 것을, 하고 뉘우쳤다. 무엇이든지 잘못되었다 싶고, 더 좋은 길이 있다 싶으면 주저하지 말고 새 길로 찾아가야 하는 것임을 새삼 깨닫는다. 이제, 병풍 너머로 지난 내 죽은 몸을 장사 지내고, 오늘부터 새사람으로 태어나 새 인생을 살아야겠구나 하는 생각이 들었다.

11시쯤 되어 정우가 왔기에 흙집 짓는 데 가 보자 해서 같이 갔다. 집이 앉은 자리도 방향도 좋고, 아주 튼튼해 보였다. 다만 창문 높이가 높아서, 좀 낮추는 게 좋겠다고 했다.

어서 그 흙집으로 가서 살고 싶다. 그 집에 들어가면 내 병도 곧 씻은 듯이 나을 것 같다. 그런데, 아마도 거기로 가기 전에 내 병이 다 나아 있을 것 아닌가 싶다. 그렇게 되면 나는 그 흙집을 새 삶을 시작하는 자리로 삼으리라. 거기서는 순전한 무공해의 삶이 나를 기다리고 있을 것이다.

2000년 12월 13일 수요일 맑음

오전에 주덕치과에 다녀왔는데, 오늘 치료로 우선 끝냈다. 앞으로 또 거기가 아프면 오고, 그렇잖으면 안 와도 된다고 했다. 신경 치료를 한 이는 갈라지기 쉬운데, 이대로 두었다가 아프지 않으면 그 이를 덮어씌워야 되니 그때 가서 오라고 했다. 치료가 뜻밖에 쉽게 끝나서 마음이 놓였다. 오늘 치료할 때 처음 좀 파내더니 사진을 찍었다. 그런 다음 또 한참 동안 파고 긁어내고 하더니 뭔가 때우는 것 같았다. 그래서 끝났던 것이다. 나올 때 원장님이 "차 한잔하시지 않겠습니까" 하는 것을 "다음에 오지요" 하고 나왔다. 원장은 인사로 그렇게 한 것이지만, 환자들 치료하는 시간에 내가 원장님 붙잡고 차를 마신다는 것은 도리가 아니고, 또 이 치료로 소독 냄새 나는데 무슨 차고 뭐고 마실 기분은 아주 없었던 것이다.

오후에 기아 사보 편집실에서 김문수 실장이 사진기자 한 사람과 또 한 사람을 데리고 인터뷰를 하러 왔다. 참 귀찮게 됐구나 싶었지만 두어 시간 앉아서 이야기해 보니, 이 김문수 씨는 사람을 참 편하게 했고, 또 생각이 참 좋은 것 같아서 마음이 놓였다. 기사를 어떻게 쓸는지, 녹음을 하는 것도 아니고 열심히 받아 적지도 않았지만 믿음이 갔다.

김문수 씨 일행이 나간 다음 송현 씨가 전화를 했다. 오늘도 동화를 한 편 썼다고 하면서 "동화를 쓰는 시간이 아주 행복하다고 느꼈어요" 하면서 이런 말을 했다.

"오늘은 청개구리 이야기를 썼는데, 거 왜 말 안 듣는 청개구리 있잖아요. 그 얘기를 쓰고 그 뒷이야기를 또 쓰면서 제 어머니 생각이 나서 울었어요. 눈물이 나데요. 그래 실컷 울고 나서 마음이 시원해요. 그리고 내가 참 행복하구나 하고 느꼈지요. 동화 쓰는 시간만은 깨끗한 아이 마음으로 돌아가니 그럴 수 없이 좋아요."

송현 씨 얘기 듣고 보니, 동화는 아이들 위해 쓰는 것이지만, 한편 또 자신을 위해 쓰는 것이 되겠구나, 아이들 위한다는 것이 결국은 자신을 위하는 것이 되기도 하는구나 하고 생각되었다. 나는 "정말 그렇게 되어야 좋은 동화를 쓸 수 있겠어요. 저도 다른 것 다 제쳐 놓고 내 어릴 때 이야기를 쓰고 싶어요. 우선 내가 행복해지기 위해서도 동화를 쓰고 싶어요. 송 선생은 이준연 씨 만나서 자극을 받았다고 했지만, 이번에는 제가 송현 씨한테 자극을 받았어요" 했더니 송현 씨도 기뻐하면서 꼭 쓰시도록 하라고 했다.

저녁에 정우가 와서, 오늘 흙집 일은 창문을 다 달고, 조그만 난로도 놓아서 불을 피웠더니 방 안이 따뜻했다고 했다.

2000년 12월 25일 월요일 맑음(간밤에 눈 오고)

어제저녁에는 고단하고 몸살도 나고 해서 9시가 좀 지나서 자리에 누웠다. 그런데 한숨 자고 깨어났더니(보통날은 10시가 지나서 눕는데, 다음 깨어나는 것이 11시 50분쯤이다) 바로 앞에서 크리스마스 찬송가 소리가 났다. 어느 교회에서 왔는가? 상준이 방문 앞에서 부르는 것 같다. 상준이 댁이 요즘 교회에 나가는가? 그래 누워서 찬송가 소리를 듣고 있는데, 찬송 소리가 다 끝나더니 이번에는 '개구리 소리'를 부르는 것 아닌가! 이거 참 희한하다. 교회 사람들이 어째서 내가 지은 노래를 여기 와서 부르나? 아마도 목사나 장로나 신도들 가운데 나를 아는 사람들이 있는 모양이다. 그렇다면 여기 이렇게 찾아온 것은 나를 위해 온 것이겠다. 그러니 이렇게 누워 있을 것이 아니라, 나가서 인사라도 하는 게 옳겠다. 이래서 그제야 옷을 대강 입고 나갔더니, 내가 옷을 입는 사이에 노래는 다 끝나서, 찾아온 사람들은 도랑 건너 느티나무 밑으로 가 버린 모양이다. 내가 나가서 "어디서 오셨습니까?" 하고 소리를 질렀더니 그 사람들이 모두 되돌아 올라오는데, 거뭇거뭇 사람들의 그림자만 보일 뿐 얼굴은 알 수 없다. 겨우 전깃불이 비치는 곳에 와서야 맨 앞장선 사람의 얼굴이 보이는데 약간 익은 얼굴이라 느껴진다. 어디서 본 사람인데? 하고는 역시 내가 아는 사람이 이 근처 어느 교회에 있었구나 싶은데, 그때 올라오던 이들의 입에서 한꺼번에 "글쓰기 교회에서 왔습니다" 하는 것 아닌가! 그제야 모든 것을 알아차렸다. 어제 글쓰기회 이사회 마치고, 나한테 와서 떠난다고 인사까지 했는데, 모두 가지 않고 그대로 있었던 것이다. 부산 사람들도 속초 사람들도 모두 그대로 가지 않았다. "저녁에 놀다가 선생님 보고 싶어서 왔습니다" 했다. 그래 한바탕 웃고 떠들고 해서, 보내고 들어와 시계를 보니 그제야 11시 50분이었다. 올해 크리스마스는 좀 기분 좋게 맞이했구나 하는 생각을 하면서 다시 자리에 누웠다.

오랜만에 잠을 실컷 자고 일어났다. 밖을 보니 새하얀 눈 천지다. 밤중에 눈이 내렸던 것이다. 눈이 하얗게 덮인 크리스마스. 올해는 크리스마스다운 날씨가 되었구나 싶다.

오늘 크리스마스 날에도 정우는 외딴집 노인네 일을 하러 간다고 했다. 얼기 전에 포클레인으로 땅을 파고 고르고 하여, 내년 농사지을 땅을 천 평쯤 만들어 주는데, 오늘 내일 중으로 다 해 두어야 한다고 했다. 크리스마스 날도 쉬지 않는 것이 어떤가 생각되지만, 달리 또 생각해 보면 이런 날일수록 열심히 땀

흘려 일하는 것이 예수님의 뜻을 따르는 참된 삶이 아닐까 싶기도 한 것이다.

저녁때까지 걸려 '독수리와 까마귀'란 제목의 글을 다 썼다. 내일은 다시 읽어서 다듬어 놓아야 되겠다.

그저께 주 선생이 갖다 놓은 케이크를 어제도 먹고 오늘도 먹었는데, 그게 조금만 먹었다 싶은데도 열량이 아주 많았던 것 같다. 설탕도 조금밖에 안 넣었다는데 속이 달아 자꾸 물이 먹고 싶었다. 그래서 시원한 찬물을 조금씩 마셨더니 그게 탈이 었던 모양으로, 설사 같은 똥을 자주 누게 되었다. 그래 저녁 먹고 난 다음에는 물을 끓여 먹었다. 찬물 먹는 일은 없도록 해야겠다. 지금 내 몸을 좀 따뜻하게 할 필요가 있다.

2000년 12월 31일 일요일 맑음

이 해 마지막 날이다. 낮에 뜻밖에도 정완영 선생이 전화를 걸어 왔다. 참 반가웠다. 내가 전화를 하려고 했는데, 어제도 오늘도 전화가 안 되던 터에 걸어 온 것이다. 어디 여기저기 행사에 나가느라 여행하고 돌아왔다 했다. 그래 한참 동안 얘기했다. 시 얘기, 시조 얘기, 아동문학과 동시 얘기. 정 선생도 퍽 반가워했다. 지금 연세가 83세라니 나보다도 일곱이나 여덟 위다. 그런데 마음 터놓고 얘기할 사람이 없어 쓸쓸한 모양이다. 또 이런 말을 했다. 일제시대에 우리 말로 시를 써 놓은 것이 경찰에 들켜, 끌려가 고초를 당하고부터 건강을 해쳐 지금은 손을 제대로 쓸 수 없어 글을 쓰지 못해서, 일전에 편지를 그렇게 컴퓨터로 쳐서 보낸 것이 예의가 아니고 서운했는지 모르지만 자기로서는 어쩔 수 없이 그랬는데, 입으로 말하고 아이들이 그것을 기계로 쳤는데, 그렇게 친 것을 보고 쉼표를 찍는다든가 하는 것을 다시 말해 주어서 고쳐 보낸 것이라 했다. "하도 반가운 분이라 그렇게 해서 편지를 보냈어요" 했다. 나는 정 선생님의 작품을 어떻게 해서라도 아이들이 읽을 수 있도록 해 보겠다고 했고, 또 정 선생님의 작품에 대한 내 생각을 좀 정리해서 꼭 쓰겠다고 했다. 한 해가 다 지나는 마지막 날에 참 반가운 전화를 했구나 싶다.

송현 씨가 또 전화를 해 왔다. 새해 초에 어느 출판사에서 자기 동시집 세 권과 동화집 한 권이 나오게 되어, 어린애같이 가슴이 부풀어 기다리고 있다고 했다. 송현 씨와 정완영 선생은 하는 일이나 살아가는 세계가 아주 다르지만, 두 사람에게 공통되는 것은 어린애 같은 마음을 가졌다는 것이다. 아동문학은 이래서 우리 어른들로서도 '구원의 문학'이 되는구나 싶다.

오늘 오후에 권태응 동요론을 쓰기 시작했다. 앞으로 며칠 동안 이 일에 정성을 기울여 꼭 완성할 작정이다.

생각하니 지난 한 해 동안 몸이 좋지 않아 참 허송세월을 했구나 싶다. 그래도 이제 건강을 온전히 찾을 수 있게 되어 여간 기쁘지 않다. 올해 초에, 이 한 해 동안 무엇을 하겠다고 여러 가지 계획을 했는데, 그중 제대로 한 것은 거의 없다. 다만 병치료가 늦게나마 순조롭게 되어 간다는 것과 권태응 동요론을 이제 마지막 날에사 다시 쓰기 시작했다는 것은 참 다행한 일이다. 이래서 새해는 첫날부터 보람 있고 충만한 날들이 될 것으로 믿는다.

송현 씨에 이어, 서울 가 있는 강신무 씨가 또 전화를 걸어 왔다. 책 만드는 일로 식구들 모두 열심히 하고 있다면서, 새해 들어 한번 찾아오겠다고 했다. 새해에는 이 젊은이하고도 아주 귀한 일을 함께 손잡고 하게 될 것이 크게 기대된다. 아직은 무어라 확실히 말할 수 없지만 강신무 씨가 펼치는 그 일이 이 나라 이 사회를 살리는 엄청난 힘으로 될 수 있지 않을까 하는 느낌이 드는 것이다. 제발 그랬으면 좋겠다. 그리고 내가 하는 일도 그렇게 되기를 바란다.

2001년 1월 1일 월요일 맑음

새해 새 출발

어젯밤에는 겨우 한 시간 반쯤 잤다. 12시가 되어 깨어나서
는 그만 이것저것 생각이 자꾸 나서 잠이 들지 않았다. 할 수
없이 일어나 숨쉬기운동을 한 시간 넘게 하고, 모관 운동도 하
고 나서 불을 켜고 옷을 입고 의자에 앉아 하루를 시작하게 되
었다. 잠을 짧게 자더라도 숨쉬기운동으로 이겨 내기로 마음
먹었다.

권태응 동요론에서 동요의 자수율을 분석하는데, 뜻밖에 시
간이 많이 걸렸다. 앞으로 며칠 동안 걸려야 이 대문을 다 쓸
것 같다. 잠을 자지 않아서 머리가 좀 가볍지 않고 몸이 나른했
지만, 몸살은 안 났고, 머리도 아플 정도는 아니어서 종일 쓸
수 있었다. 이렇게 2001년의 첫날을 오랫동안 해야지 해야지
하고 마음으로만 바라던 일을 시작하게 된 것이 여간 기쁘지
않다. 내가 늘 "제가 맡은 일을 잘할 수 있게 해 주소서" 하고
기도를 드린 보람이 이렇게 새해 첫날부터 나타났으니 올해는

내가 정말 다시 새 인생으로 살아나 새 출발을 하게 된 것이다.

아침에 대구에서 김상문 선생이, 그리고 서울서 김경희 사장이 새해 인사와 안부 전화를 걸어 왔다.

설날에도 못 쉬는 며느리

어제저녁에는 현우가 와서 한참 얘기했다. 현우는 옆방에 자고, 오늘 아침 먹고 서울로 갔다. 갈 때, 어제 가게에서 보내온 강냉이튀김을 커다란 비닐 자루에 반쯤 나눠 담아 주었다. 어제저녁에 그걸 내놓았더니 맛이 있다면서 잘 먹었다. 강냉이튀김을 잘 먹는 현우가 믿음직스럽게 생각되었다.

8시쯤에 며느리가 전화를 했다. 아침을 가져가겠다고 했다. 내가 "아침은 7시에 먹었으니 가져오지 마라. 그리고 오늘 아침만이라도 좀 쉬어라. 제발 그 밥 심부름, 입 심부름, 오늘 잠시만이라도 그만두고 좀 쉬어라" 하고 전화를 끊었다. 정말 며느리는 한 해 내내 하루도 쉴 날이 없다. 오늘 같은 날도 사람들이 찾아와서 밥을 해 달라고 하면 해 줘야 하니 얼마나 고달픈가. 날마다 밤 1시가 지나 행기를 하고 자면 새벽 5시에 일어나야 하니 겨우 세 시간쯤 자는 셈이다. 그러고도 쓰러지지 않고 버티는 것이 놀랍다. 그 행기 덕분이라고 한다. 나도 숨쉬기를 더 열심히 공들여 해야겠구나 싶다.

정우는 며칠째 안 보인다. 토, 일요일에는 가게가 바쁠 테니 오지 말라고 해서 안 오게 되어 있지만, 그래도 지나는 길에 들르기도 하는데, 더구나 어제는 현우가 와서, 저녁 먹고 같이 올 줄 알았는데 안 왔고, 오늘도 소식이 없다. 어디를 갔나? 아니면 오늘도 일하러 갔나? 포클레인 가지고 어느 집 논 땅 고르기를 여러 날 전부터 하고 있는데, 땅이 아주 많이 얼기 전에, 오늘 같은 푸근한 날에 어서 해야 한다고 그 일을 하러 간 것 아닌가 싶기도 하지만 모르겠다. 지금은 저녁 5시 26분이다. 전깃불을 켜지 않고 있으니 글자가 잘 안 보여 겨우 쓰겠다.

6시 반쯤 되어 저녁밥을 가져왔는데, 정우 내외하고 지선손녀 이까지 다 왔다. 손님이 없어 가게 문을 일찍 닫아 놓고 왔단다. 오늘이 양력설이고, 내일은 휴일이 아니어서, 서울로 돌아가는 사람들이 저녁밥 먹으러 찾아오는 줄 알았는데 웬일인가? 아마도 양력설 쉬러 고향 가는 사람이 별로 없는 모양이다. 밥을 먹고 난 다음 지선이가 몽골 여행했던 이야기를 해서 재미있게 한참 들었다. 몽골이란 나라 참 좋은 나라구나 싶었다.

강아지 네 마리

정우는 오늘 가게에 있었는데, 개집(울타리) 고치는 일을 했단다. 풍산개 새끼 네 마리가 저마다 성격이 다르다는 이야기가 재미있었다. 그중에서도 성격이 아주 강해서 야성이 그대로 살아 있는 강아지 한 마리 이야기가 마음을 끌었다. 그놈은 절대로 사람 가까이 오지 않고, 목에 끈을 달아 붙들어 놓으면 입에 피가 나도록 그 쇠사슬을 물어뜯는다고 했다. "가만히 두면 그걸 물어뜯다가 죽겠어요. 그래 할 수 없이 풀어 주었어요" 하면서, 그 강아지를 앞으로 어떻게 키울 수 있나, 어떻게 살릴 수 있나, 하고 걱정했다. 한 마리는 사람만 보면 마구 달라붙고, 또 한 마리는 사람 가까이 오지만 결코 사람한테 안기지는 않고, 다른 또 한 마리는 저를 쓰다듬어 주지 않고 다른 놈을 쓰다듬으면 시기를 해서 저를 안아 달라는 몸짓을 하는데, 앞에서 말한 그 강아지는 한사코 사람을 경계하고 멀리한다는 것이다. 그래 그놈들이 이제는 울타리를 죄다 뛰어넘어 돌아다녀서 할 수 없이 그 울타리를 아주 높게 치는 일을 오늘 했다는 것이다.

그놈 강아지들을 보러 가야겠다.

2001년 1월 5일 금요일 맑음

아픔을 느끼고 아파 주는 것

밤중에 잠이 깨어 두어 가지 생각한 것을, 새벽 3시에 일어나 발 목욕하고 발에 크림(병원서 사 온 것) 바르고 그대로 의자에 앉아(손발에 묻은 크림이 대강 살갗에 스며들어 가기를 기다려) 숨쉬기를 10여 분 하고 나서, 이렇게 적어 둔다.

그중 하나는 강신무 씨가 말한 "아픈 것을 찾아내어 같이 아파 준다"는 말에 관한 것인데, 그것이 참 그렇구나 하고 내 몸으로 크게 느낀 것이다. 밤에 잠을 못 자면 나는 곧 일어나 행기를 한다. 그래서 잠을 못 자도 무사히 그날을 버틸 수 있다. 그런데, 어쩌다가 잠을 푹 자고 나면(몸이 아주 가볍고 아픈 데가 없어야 할 것인데) 도리어 지긋지긋 몸살이 나고 또 자꾸 눕고 싶고 잠도 자꾸 온다. 잠을 못 자면 더 잠이 안 오고, 잠을 잘 자면 더 잠이 오고 몸이 고단한 것이다. 그 까닭은 잠을 못 자면 신경이 날카로워져서 잠이 안 오고, 또 그렇게 되어 아픈 데를 못 느낀다. 잠을 잘 자면 몸이 정상으로 돌아가서 아픈 데를 바로 느낀다. 그래서 잠도 몸이 그렇게 되기를 요구해서 오는 것이다. 나는 그걸 깨닫지 못하고, 숨쉬기 덕분으로 잠을 안 자도 된다고 생각했던 것이다. 알고 보니 몸과 마음이 따로 나뉘어 몸의 상태를 마음(신경)이 알지 못했던 것이다. 여기서 강신무 씨가 글에서 여러 번 강조하고 만나면 자주 말로 한 것을 비로소 아, 그렇구나, 정말 그렇다, 하고 깨닫게 되었다. 나자신의 몸이 쉬기를 바라고, 잠자 주기를 바라는데, 내 마음(혼, 얼)은 이를 몰라 주고 몸을 혹사하니, 이래서는 될 수 없다. 밤중에 깨어났다가 다시 자려고 누워 있으면 몸이 지긋지긋한 것을 한순간 느낀다. 그때가 중요하다. 그 아픔을 발견하고 그 아픔을 함께 느껴야 한다. 그러면 자꾸 아파서 아이고 아이고 하고 앓는다. 내 마음이 내 몸을 끌어안고 함께 아파 주는 것이다. 그러면 어느새 잠이 든다. 그런데 어느 한순간 아프구나, 하고 아픔을 하소연하는 몸의 요구를, 그 순간 그만 무시하거나 놓쳐 버리면(그러기가 일쑤지만) 그만 그 아픔은 사라지고 머리만 날카로워져서 이것저것 생각에 잠긴다. 이래서 잠이 안 오는 것이다. 아픈 몸은 버림을 받고, 더욱더 그 몸이 잘 못되어 가지만 그것을 느끼지 못하니……. 이러니 내 병이 들었구나, 병이 낫지 않았구나 하고 비로소 깨달았다. 아픈 것을 찾아내자. 아픈 것을 같이 아파 주자. 내 나이가 지금 일흔일곱이다. 이렇게 오랫동안 내 혼을 담아 주고 버티어 오면서, 그토록 혹사당하면서도 아직도 살아 있는 이 몸이 너무나 고맙다. 내 몸을 가엾게 여기고 고맙게 여기고 아끼고 아껴서 소중히 대접하자. 같이 아파 주고 앓아 주자.

밤중 생각 4·4조와 7·5조

또 하나는 지금 내가 쓰고 있는 권태응 동요론에서, 우리 시가 3·4조와, 일본의 시가 7·5조와 어떤 관계가 있을까 하고 생각하다가 깨닫게 된 한 가지다. 우리 민요가 동요나 옛 가사는 3·4로 나가고 5는 어쩌다가 나오는데, 일본은 5가 자주 나온다. 그 까닭의 하나는 일본 말, 일본 글은 명사를 늘어놓고 그 명사를 잇는 "노(の, 의)"를 붙이면 된다. 그러자니 그 명사와 여기에 붙는 "노"가 흔히 다섯 자로 된다. 또 한 가지는, 우리나 일본이나 한문 글자를 많이 썼는데, 우리는 한문 글자를 음독하기 때문에 한 낱말의 소리마디가 두셋밖에 안 되는 것이 많지만, 일본 말, 일본 글은 한문 글자를 써 놓고 그것을 자기들 말로 읽으니 길어져 흔히 넉 자, 다섯 자로 된다. 이래서

다섯 자가 시가에서 자주 나올 수밖에 없는 것이다.

일본의 7·5조

이시카와 다쿠보쿠 작품에 "도오가이노고지마노이소노시루수나(東海の小島の磯の白砂に)" 하고 시작하는 단가가 있는데, 이 경우 우리 글일 경우 동해(東海)를 동해라고 읽고, 일본 글에서도 같은 음독을 하지만 가나로 적으면 "도오가이"가 되어 그다음에 오는 노(の)와 함께 다섯 자로 되는 것이다. 소도노(小島の)도 우리는 "소도"지만 일본 사람들은 "작은 섬의"로 읽는다. 기(磯)도 일본 사람들은 "물가", "바닷가"라고 읽는다. 아니 "바닷가", "물가"란 말을 쓸 때 이렇게 한문 글자로 적었던 것이다. 또 그다음 나오는 백사(白砂)는 우리들은 "백사", "백사장"이라 읽지만, 일본 사람들은 시루수나(しろすな) 곧 "하얀 모래"라 읽는다. 하얀 모래 또는 흰 모래란 말을 이렇게 백사(白砂)로 적는 것이다. 이러니까 일본 글 일본에는 소리마디가 다섯 자로 된 낱말이나 소리걸음(음보, 音步)이 자주 나올 수밖에 없구나 싶다.

이것을 달리 말하면, 일본은 자기네들 말로 하니까 다섯 자가 자주 나오고, 우리는 우리 말이 아닌 한문 글자 음으로 말을 하니까 다섯 자가 드물다. 또 우리는 아주 우리 말을 하게 되면 한문 글자와는 상관이 없고, 그리고 움직씨를 많이 써서, 일본 말처럼 한문 글자 말로 된 이름씨에 다시 "노(の)"를 붙여서 이

어 가는 일이 없기에 석 자나 넉 자가 되기 쉬운 것이다.

자다가 이런저런 생각이 자꾸 떠올라 그만 잠을 못 자는 것이 이렇다. 좋은 생각을 하게 되는 것은 다행인데, 잠을 못 자는 것이 문제다.

오늘은, 간밤에 잠을 잘 못 잤지만 동요론을 온종일 썼다. 물론 초안이다.

저녁때 김규필이 전화로 안부를 물었다. 규필이도 가끔 병원에 간다고 했다. 지난번(유방암이라고 들었다) 수술한 결과가 아주 좋다고 했다. 참 다행이다. 대곡분교장에서 가르친 아이들 중에 지금도 전화를 해 오는 사람은 규필이뿐이다.

2001년 1월 10일 수요일 맑음

3시 반에 깨어나 4시에 일어났다. 이만하면 넉넉하게 잔 것이다. 오늘은 참 기쁘고 행복한 하루가 될 것이다.

잠을 잘 자고 나니 팔다리가 기분이 좋을 정도로 지긋지긋하고, 따끔따끔 아프기도 하다. 그래서 일어나지 않고 그 몸 아픔을 느껴 보고 싶어 더 누워 있고 싶었지만 그만 일어났다. 일어나 의자에 앉아서 아픔을 느낄 수도 있겠다 싶어서다.

그래서 오늘 새벽에는 행기도 그만두고, 정체 운동, 발 운동 다 그만두었다. 그런 것 하면 아픈 것이 간곳없이 사라진다. 그래서 그만두었다. 다만 온살돌이만 10분 했다. 온살돌이는 해

168

도 아픈 것이 그대로 있다. 그래서 온살돌이가 더 좋은 것인지도 모른다.

화장실에 갔다가 와서, 옷을 많이 껴입고 의자에 비스듬히 앉아서 발을 뻗고, 지긋지긋한 몸을 안고 누워 있는 듯 있으니 참 좋다. 배 속에서 자꾸 소리가 난다. 이게 뭐 이제사 배가 정상으로 돌아가느라고 좌르르, 꾸르르…… 하는 것 아닌가 싶다. 그러니 그저께 잘못 먹은 것이 이제 와서 겨우 회복되는 것이다.

그렇게 잘못 먹는 것을 왜 깨닫지 못했던가? 몸을 너무 혹사해서 몸이 마비가 되어 그만 몸의 상태를 느끼지 못하게 된 것이다. 마음이 몸을 떠나고, 몸과 마음이 따로 떨어져 있었기 때문이다. 사실 내 건강 문제, 내 몸의 문제는 모든 것이 이렇게 몸과 마음이 따로 갈라져 있는 데서 온 것이 분명하다.

몸과 마음을 하나로!

내 목숨을 이어 가기 위한 목표다.

그래 오늘은 동요론을 좀 낫게 쓰겠다 싶어 아침부터 시작하고 있는데, 보리출판사 신옥희 씨가 전화로, 며칠 전 부탁했던 백창우 씨가 작곡하기 위해 동요 시를 노랫말로 고친 것 검토해 보셨는가 물어 왔다. 아직 못 보았다고 했더니 백 씨가 작곡을 하려고 하니 좀 빨리 보아주었으면 좋겠다고 해서, 그럼 오늘 중으로 보겠다고 대답했다. 보고 나서 오후에 연락하고 싶다고 했더니, 자기는 밖에 나갔다가 오후 3시에 돌아오니 그때 전화해 달라고 했다. 그래서 그만 오늘은 동요론을 더 못 쓰고 백창우 씨가 복사해 보낸 아이들 시를 원문과 작곡용으로 더러 고친 노랫말을 대조하면서 보아 나가는데 오후 3시까지 걸려 겨우 마쳤다. 그리고 나서 보리에 전화를 거니 신옥희 씨는 안 들어왔고, 다른 사람이 받는데 "돌아오면 전화를 하라고 전해 주세요" 하고 끊었다.

저녁때는 신문을 보고, 저녁을 먹을 때야 신옥희 씨가 전화를 했다. 그래서 "이걸 전화로 할라면 시간이 무척 걸리는데, 백창우 씨한테 바로 내가 전화해서 이야기 하겠습니다"고 했더니 그렇게 해 달라면서 "백창우 씨한테 연락해서 그쪽에서 선생님께 전화하도록 주선해 놓겠습니다" 했다.

저녁을 먹고 나서 8시가 좀 지나 백창우 씨가 전화를 했다. 한 시간 넘게 작품 하나하나 짚어 가면서 내 의견을 말해 주었다. 백 씨는 아이들 시에 대해서도 감수성이 있어 잘 이해를 했다. 그래서 내가 말한 것을 모두 잘 받아들였다. 나는 아이들 시를 노랫말로 고치는 문제를 다 의논한 다음 정완영 선생의 시조 시도 좋은 것이 있으니 한번 작곡을 해 보는 것이 좋지 않나 하고 권했더니 그렇게 하겠다고 했다. 내가 정 선생의 작품을 가려 뽑아 보내겠다고 했다.

벌써 밤 10시다. 오늘은 동요론을 못 썼지만 참 열심히 할 일을 했고 몸도 든든한 상태로 즐겁게 보냈다. 며칠 전 잘못 먹은 음식의 해독도 이제 다 풀린 것 같다.

가만히 생각해 보니 이렇게 나이 많으니 무엇을 잘못 먹거나 잘못 행동을 해도 몸의 모든 기관이 노쇠해져 그것을 얼른 느끼도록 하지 못하고 마는 것이 분명하다. 그래 그런 위험 상태를 느끼지 못하고 그대로 넘어가 자꾸 그렇게 하니 그만 돌이킬 수 없는 상태가 되어 큰 병통으로 위험한 지경에 빠지는 것이다. 그래서 오늘 크게 깨달은 것은 아픔을 느낄 것, 조금이라도 지나친 음식이나 잘못된 음식, 행동…… 같은 것을 날카롭게 느끼고 붙잡는 마음, 태도, 능력을 기를 것, 이것이 내 목숨을 지키는 열쇠로 될 수밖에 없구나 싶다. 아픔을 느끼고 잘못된 것을 아주 조그마한 것이라도 놓치지 말 것.

2001년 1월 27일 토요일 오전에 눈 오후 흐림, 가끔 해가 남

1시가 안 되어 잠이 깨어, 이것저것 생각하다가 2시 40분쯤 일어나 옷을 입었다. 허리는 여전히 아프다. 어젯밤에 고구마를 두 개나 먹었더니 그게 많았다. 소변도 적게 나오고, 왼쪽 발목 위가 자꾸 가려웠다. 잘 때 목이 말라 물을 마셨는데, 밤중에는 갈증이 안 나고, 일어나서도 괜찮았지만, 발목이 가려운 것은 아무래도 나쁜 증세다.

일어나 앉아 잠시 허리를 안정시키고, 만년필에 잉크를 넣고, 공책 하나를 꺼내었다. 오늘부터 날마다 한 편씩 시를 쓰자고 마음먹었다. 되든지 안 되든지 한 편씩 쓰기로 했다. 이제 내가 할 일은, 그 여러 가지 할 일 가운데 꼭 해야 할 어느 한 가지만

을 골라서 하라고 하느님이 말씀하신다면, 나는 이 세상에서 살았던 표적을 남기는 일이고, 그렇게 대답할 것이다. 이것은 정우가 어제 토끼 이야기를 해 주어서, 그것을 아까 깨어나서도 자꾸 생각하다가 이렇게 날마다 한 편씩 시로 쓰자고 작정한 것이다. 물론 나는 송현 씨같이 하루 한 편씩 안 쓰면 밥을 안 먹겠다고 할 만큼 그렇게 하고 싶어 하는 것은 아니다. 때로는 못 쓰는 날이 있겠지. 또 하루 두 편을 쓸 수도 있을 것이다. 아무튼 한 달 치고 적어도 열 편에서 스무 편이나 서른 편쯤은 써야 되지 않겠나, 그래야 내 정신을 긴장시켜서 제대로 기록을 남길 수 있지 않겠나 싶다.

이는 괜찮은데 이 뿌리 있는 데가 부어서 아프다. 잇몸과 허리가 상관이 있는지 안 낫는다. 그래 오후에는 또 편자황을 갈아서 먹었다.

시 한 편을 쓰고 나니 오후 3시가 됐다. 3시 반에 택배가 왔는데, 대통령과 그 부인 이름으로 보낸 설날 선물이다. 지난번 전화로 연락을 받았는데, 배달해 온 사람도 "과천으로 간 것이 이쪽으로 와서 늦었습니다" 했다. 뜯어보니 좀 큰 통에 작은 통 두 개가 들어 있고, 그 안에 다시 밀봉된 조그만 봉투가 들어 있는데, 겉 포장지에 "건과 세트"라 했으니 그런 것이겠지.

건과 세트 순번 532라고 포장에 적혔다. 아마 몇천 명 앞으로 보냈을 것이다. 받는 사람이야 돈으로 쳐서 얼마 안 되지만 전체를 값으로 치면 이것도 많은 돈이 들었을 텐데, 내가 대통령에게 무슨 도움을 주었다고 이런 선물을 보냈나? 상자에는 "대통령 김대중, 이희호 드림"이라고 되어 있지만 겉 포장에는 보내는 사람에 "대통령 김대중"이라 해 놓고 전화번호가 적혀 있다. 02-770-0057로 되어 있으니 잘 받았다는 인사라도 해야지. 지난번 전화를 해 왔으니까, 아마 그 비서실이겠다.

4시, 전화를 하니 곧 받는다. 선물 잘 받았다고 했더니 네, 네, 하기만 했다. 그리고 안녕히 계십시오만 했다. 그 이상 무슨 말을 하겠는가, 그 수많은 사람들을 상대로.

2001년 2월 1일 목요일 맑음

자다가 깼는데 갑자기 쭈르르 물똥이 나왔다. 깜짝 놀라 일어나 우선 신문지로 축축한 데를 쑤셔 넣고 뒷간에 갔다. 앉아 있으니 그래도 안 나오고 한참 기다려 힘을 쓰니 그제야 물똥이 좀 나왔다. 그러고는 안 나오는데, 이래서는 안 되겠다고 그대로 앉아 한참 애를 쓰니 다시 물똥과 함께 좀 굵게 뭉쳐진 둥근 느낌이 드는 똥 덩어리가 여러 개 쏟아져 나왔다. 물똥과 둥그런 덩어리 똥, 왜 이렇게 나오는가?

나와서 옷을 벗고 신문지로 몸을 닦고, 팬티와 아래 운동복을 갈아입고, 벗어 놓은 것은 목욕실 물통에 담가 놓았다. 그 물통에는 며칠 전에 또 그렇게 해서 담가 둔 팬티가 그대로 있는 것이다.

뒷간에서 나온 때가 12시 45분쯤 되었을 것이고, 지금은 1시 10분이다. 아, 내가 무슨 전생에 죄를 많이 지어서 이 꼴을 당하나 하는 생각이다.

자다가 깨어나니 또 쏟아져 나올 것 같아 뒷간에 갔다. 변기에 앉으니 안 나온다. 한참 떨고 앉아 애쓰니 그때야 물똥만 쏟아져 나왔다. 제법 많이 나왔다. 나와서 시간을 보니 2시가 되었다. 한 시간 가까이 잔 것 같다.

다시 누웠다가 깨니 뒤가 좀 이상하다. 또 일이 터졌는가 싶어 손으로 더듬어 봤더니 괜찮았다. 뒷간에 가야겠구나 싶어, 조금 있다가 일어나야지, 하고 잠시 누워 있다가 일어났다. 그래 아픈 허리를 의자에 기대고 안정시키는 동안, 이대로는 아무래도 나오지 않을 것 같아 그만 참기로 했다.

그래서 이 일을 어떻게 하나 생각하다가, 노인들도 기저귀를 찬다는 말을 들은 기억이 났다. 그래 기저귀를 만들면 되겠구나 싶었다. 뭘 가지고 어떻게 만들까 하다가, 수건이 많이 있으니 수건 가지고 만들면 되지 않겠나 해서 수건을 접어서 대어 보니 될 것 같았다. 그래서 처음에는 긴 끈을 넣어 맬 수 있게 하려다가 그만두고 옆에 고무 밴드를 대어 좀 늘어질 수 있게 해서 그렇게 하니 아주 간단하고 좋았다. 그래도 한참 걸렸다. 운동복 못 쓰는 고무 밴드 떼 놓은 것 버리지 않고 요긴하게 썼구나 싶다. 옷을 다 입어서 벗기 싫어 안 입어 보고 두었지만 아마 잘 맞을 것이다. 오늘 밤에는 차고 자야겠다.

이것 다 끝내고 골덴 겉옷(위) 단추 하나 달고 나니 7시 가까이 됐다. 이 골덴 보랏빛 겉옷은 거의 30년 전 안동서 산 것인데, 내가 지금도 겨울마다 가장 많이 입는 옷으로 나한테 효자 노릇 한다. 내가 아까 일어났던 시간이 5시쯤 되었는데, 그때 다시 누워 자려다가, 바느질하느라고 두 시간 걸리고 나니 벌써 아침이 되어 바깥이 훤하게 밝아 온다. 간밤에는 네 시간쯤 잔 것 같다.

내 손으로 내가 쓸 기저귀를 만들다니, 사람 사는 것이 이것이구나 깨닫게 된다. 그렇다. 이것은 부끄러워할 일도 자랑할 일도 아니다. 가장 절실한 사람의 행동인 것이다. 마치 밥을 먹는 것과 같이.

오늘은 밤중에 두 번, 아침에 한 번, 세 번이나 설사 똥을 눴다. 더구나 아침 한 번은 아주 시원스럽게 많이 눴다. 그러고 나서는 온종일 배에 소리도 안 나고 뒤가 마렵지도 않고 허리 아픈 것도 그다지 느끼지 못하겠다. 아마도 어제 오후부터 먹은 장 치료제가 효과를 거두었구나 싶다. 그래도 오전에는 무엇을 읽으면 몇 줄 안 가서 자꾸 꾸벅꾸벅 졸리고 해서, 그럴 때마다 읽던 것을 놓고 잠시 눈을 감고 있다가 또 읽었다. 그런데 오후에는 아무리 읽어도 괜찮았다.

오늘 받은 전화—송현 씨, 안부해 왔다. 진주 김수업 선생, 인사 전화, 안부했다. 신정숙 씨, 전주서 어제 왔다던가, 내일인가 인사하러 오겠다고 했다. 굴렁쇠 김찬곤 대표, 〈굴렁쇠〉

에 글 좀 써 주었으면 했다. 나는 선물로 보내 준 배를 맛있게 먹고 있다고 인사했다. 하현철 선생, 보내 준 글 재미있게 읽었다고, 내가 전화를 했다. 강신무 씨, 여기도 내가 전화했다. 보내 준 비닐 서류 보관 가방 고맙다고.

2001년 2월 17일 토요일 흐림

 종일 동요론 '넉넉한 우리 말'을 썼다. 이제 앞으로 며칠만 쓰면 끝날 것 같다.

 저녁때 만년필에 잉크를 채워서 뚜껑을 찾으니 없다. 아무리 찾아도 안 나온다. 의자를 옮겨서 그 밑을 들여다봐도 없어서 잠시 앉았다가, 이럴 때는 마음을 가라앉혀 한쪽부터 차근차근 뒤져 봐야 한다고 그렇게 한참 애써 했지만 그래도 안 보였다. 그러다가 우연히 수첩을 꽂아 놓은 그 위를 보니 그놈이 거기 엎드려 있는 것 아닌가! 화가 나서 그놈을 책상 위에 태기를 치니 챙그랑 쇳소리가 났다. 챙그랑! 그러고 보니 혹시 이게 깨졌는가 싶어 주워 보니 다행히 우그러지거나 깨지는 않았다. 미안하다. 미안하다. 내가 잘못했구나, 내가 거기 분명 내 손으로 얹어 놓고 화를 내다니! 참 우습다. 꼭 내가 어린애 같다는 생각이 들어 부끄러웠다. 이래 가지고 내가 무슨 변변한 일을 한다고 하겠는가?

2001년 3월 11일 일요일 맑음

잠을 많이 자고 나니 역시 몸이 지근지근하고 자꾸 누워 있고 싶었다. 그래도 창문을 열어 놓고 찬바람을 쇠어 가며 자료 정리를 했다. '~적'의 보기 글을 대강 모두 모아 적는데, 어제부터 하던 것을 오늘 저녁때야 겨우 마쳤다. 내일은 이것을 가지고 우리 말법으로 죄다 다듬어 쓰는 일을 해야 한다.

오늘은 아침에 해 뜨는 시간에 그대로 해가 떠서 창문에 햇살이 들어왔다. 참 오랜만에 아침 햇빛을 볼 수 있었다.

해가 뜨고, 햇빛 속에 내가 할 일을 하고, 병도 나아서 건강하고…… 나는 지금 이렇게 건강하구나 싶어 여간 기쁘지 않다. 그까짓 세상일이야 내가 걱정해 무엇하랴. 어차피 될 대로 되는 것, 나는 나 혼자 하는 일만으로 만족해야지. 내가 하고 싶은 것을 하면 그뿐이지. 그 이상 아무것도 욕심내지 말고, 바라지 말아야겠다.

2001년 3월 12일 월요일 맑음

'~적'이 든 글 보기를 137점 옮겨 적었다. 이것을 하나하나 우리 말로 바꿔 적었다. 그리고 이렇게 고쳐 놓은 것을 몇 가지로 분류해서 그 대표될 만한 것을 뽑아서 누구든지 잘 알 수 있게 보여 주기로 하는 것이다. 이렇게 해서 잘못 쓰는 중요한 말을 누구든지 보면 쉽게 바로 쓸 수 있도록 하고 싶다. 여남은 가지는 이렇게 자세히 하고, 또 몇십 가지는 좀 더 간단히 해서, 우리 말 바로 쓰기 사전을 만들기로 했다. 어제 오늘은 '~적'을 다듬는 데 몇 가지 보기로 나누는 일을 했는데, 다 못 하고 내일까지 걸려야 될 것 같다.

오후에 윤기현 씨가 전화를 해서, 내일 오겠다고 했다. 박상규 씨도 온다고 했다.

4시에서 5시까지 목욕을 했다.

오늘은 날씨가 맑았다. 어제부터 햇빛을 볼 수 있어 이제 사는가 싶다.

2001년 3월 13일 화요일 맑음

오후 3시쯤에 윤기현 씨가 오고, 4시 가까이에 박상규 씨가 와서 6시가 지나도록 주로 아동문학 문제를 얘기했다. 저녁은, 돌베개 출판사 사장이 온다고 해서 모두 가게에 가서 먹고 나만 안 가고 정우가 가져온 것을 먹었다.

저녁 먹고, 이정옥 씨한테 전화를 걸어서, 이원수 전집에 있는 '아동문학 입문'을 따로 낱권 책으로 내면 좋겠다고 했더니, "좋지만 그걸 내 줄 데가 있겠어요?" 했다. 그래서 내가 알아보기로 하고, 작품 편집도 내가 맡아서 하겠다고 했다. 지금 생각하니 우리 아동문학 이론에서 이원수 선생의 문학론을 널리 읽도록 하는 일이 시급하다고 느낀다. 내가 왜 진작 이런 일을 못 했나 싶다.

밤에는 박상규 씨는 가고 윤기현 씨와 돌베개 사장과 나 셋이서 9시 40분까지, 주로 윤기현 씨가 이야기해서 시간을 보냈다.

2001년 3월 14일 수요일 흐림

어젯밤에는 윤기현 씨가 자꾸 얘기를 해서 10시가 지나서 자리에 눕게 되었다. 그리고서 몇 번 깨고 잠들고 하다가 4시에 일어났는데, 귀울림이 심하고 몸이 아주 고단했다. 오늘은 온종일 고달퍼서 다른 일을 못 했다.

윤기현 씨와 돌베개 사장은 10시쯤에 떠났다. 윤 씨는 권정생 선생한테 간다고 했다.

오전에 한길사 김언호 사장이 전화를 했다. 실크아미노산(얘기를 그때 김 사장이 왔을 때 했던 것)을 노인들에게 주어도 좋은가 물었다. 자기 어머님께 사 드리고 싶다고 했다. 그래서 아주 좋다고 했더니 그것을 구하는 방법을 알려 달라고 하기에 김동주 씨 전화번호를 알려 주었다. 그러고 나서, 이원수 선생의 평론집을 내 줄 수 없는가 물었더니 쉽게 대답을 해 주었다. 내겠다고. 한길사에서 내면, 지금 전집에 나와 있는 그대로, 더 손댈 것 없이 낼 수 있어 더욱 잘됐다. 여러 가지 일이 아주 순조롭게 풀리는 것 같다. 그리고 김 사장은 또 내 평론집을 정리해서 다시 새 책으로 내자고 했다. 나는 우선 그래 보지요, 해 놓고 전화를 끊었다. 그리고《어린이를 지키는 문학》을 찾아내어 살펴보니 앞쪽에 전래 동화의 전통 계승 문제를 논한 원고가 상당히 많은 분량으로 나와 있다. 그것을 한참 읽어 보니, 여기에 좀 더 써 보태면 옛이야기와 노래에 대한 내 생각을 어느 정도 온전히 보여 줄 수 있을 것 같다. 그래서 우선 이것부터 해야 되겠구나 생각했다. 이 논문이 다 되면 문학사 시대 구분도 새로 해서, 전래 동화 몇 편에 대한 내 풀이도 붙이면 어느 정도 개론의 모습을 갖출 것 같다. 다른 것 제쳐 두고 이것부터 해야 되겠다.

사과를 식사 끝나면 한 개씩이나 먹는다. 그래도 아무 탈이 없는 것이 신기하다. 약 때문인가? 그런데 힘이 빠진다. 사과 때문인 것 같다. 아무래도 사과는 조심해야겠다.

저녁에 현우가 왔다.

2001년 3월 28일 수요일 맑음 눈

산새 죽음과 살림

아침에 창문을 열었더니 온 천지가 새하얀 눈으로 덮여 있었다. 간밤에 밤새도록 눈이 온 것이다.

오늘 서울 가야 하는데, 옷을 어떻게 입나, 날씨가 어떤가 싶어 문간 문을 열고 보려는데, 발밑에 조그만 산새 두 마리가 죽어 있었다. 또 약 먹고 죽었구나 싶어, 그중 한 마리를 살펴보니 입에서 피가 나왔고 코에서도 나왔다. 핏덩이가 콘크리트 바닥에 쏟아져 있다. 조그만 새가 피를 이렇게 쏟고 죽은 것이다. 그런데 또 다른 한 마리는 아직 죽지 않았다. 가슴이 발랑발랑하고, 눈도 조금 떴다. 손으로 잡고 있어도 가만히 있다. 오른손 바닥으로 안고 왼 손가락으로 머리를 자꾸 쓰다듬어 주니 그대로 가만히 있다. 이것은 아직 피를 토하지 않았다. 무엇을 먹었는지 가슴쯤이 아주 볼록하다. 그대로 방에 와서 가만히 잡고 머리를 쓰다듬으면서 약 한 시간쯤 있었다. 9시 조금 지나서부터 10시 지나도록. 그래도 죽지 않았다. 어쩌면 살아날는지 모른다 싶어 컵에 물을 떠서 부리를 담가 보았더니 머리를 흔들면서 입부리를 다셨다. 몸에 힘이 있어 보였다. 이 새가 내 몸의 기를 받아 살아날는지 모른다 싶었다. 조그만 새가 입은 독을 내 몸의 기가 뽑아내어 버릴 것 같기도 했다. 그래 조그만 조롱박에 좁쌀을 조금 담아서 그 안에 새를 넣어 손으로 못 날도록 위를 덮었다. 날아가면 방 안에서 이리저리 날다가 유리창에 부딪쳐 죽을 수도 있기 때문이다. 그랬더니 마구 달아나려고 입부리로 내 손가락을 쪼고 파닥거렸다. 이만하면, 이제 날아가겠구나 싶어 밖에 나갔다. 조롱박에서 덮었던 손을 떼었더니 새는 단박에 포로로 날아 앞집 지붕 위로 해서 멀리 날아가 버렸다. 이래서 오늘 아침엔 새 한 마리를 살려서 참 기분이 좋았다. 조롱박 안을 보니 그새 새가 똥을 누었다.

서울은 10시 40분쯤에 나섰다. 서울 가는 길에서 보이는 산 응달에는 눈이 허옇게 덮였지만, 길에는 어느새 다 녹았다. 12시 반쯤에 낙성대 역 근처에서 현우를 만나 〈감자 먹는 사람들〉 고흐 그림을 받았다. 내가 그 그림을 구하고 싶다 했더니 현우가 미국에 주문했던 것이다. 그 값이 5만 원인데 송료가 3만 원이라나. 그러니 8만 원. 참 비싸구나 싶었다.

병원에 가서 한참 기다리는 사이 차에서 고구마로 점심을 먹고, 2시 10분 예약한 시간에 신장내과실에 가서 이희발 선생의 얘기를 들으니, 소변에서 단백질이 다시 많이 나오게 되었다고 했다. 내가 발에 부종이 나타나고 몸이 가렵다고 했다. 체중도 3킬로그램 가까이 붙었다. 단백뇨는 11월—7.4, 12월—1.3, 1월—0.8, 2월—0.5, 지금—6.2 이렇게 도로, 퇴원할 때와 같은 정도로 나오게 되었다. 내가 "음식을 잘못 먹어서 그런 것 아닙니까? 달걀, 오리 알을 하루 두 개씩 먹고 해서요" 했더니 그렇지 않다면서 피디엘을 세 알씩 줄였는데, 그걸 이제 다시 많이 먹을 수도 없고, "내가 새로 다른 약을 처방해 주겠습니다" 했다. 그 약은 임프란타란 것인데 무슨 작용을 한다든가 했고 부작용도 별로 없다고 했다. 그래서 그 약을 40일분사 가지고 왔다. 이 약을 지금까지 먹고 있는 피디엘과 같이 먹는데, 부종이 더하게 되면 이뇨제 라식스도 먹으라고 했다.

병원에서 올 때는 워낙 날이 포근해서 산과 들에 눈이 보이지 않았다. 다만 우리가 살고 있는 이 부용산만은 중턱 위로 허옇게 눈이 덮여 있어, 역시 부용산은 높은 산이구나 싶었다.

　이제부터 다시 또 투병을 시작하게 되었다. 이희발 선생은 약으로만 치료하려고 하고, 음식 먹는 문제는 아주 관심이 없고 무시하는 것이 좀 미덥지 않다. 내 경험으로는 무엇을 어떻게 먹는가에 따라 분명히 몸의 상태가 달라지는데, 그런 사실을 아주 무시하는 것이니 이런 의사를 어디까지 믿고 따라야 하나 싶다.

　한숨 자고 깼는데, 항문 있는 데가 아주 따갑고 아팠다. 한참 참고 있다가 일어나 옷을 입고 변소에 갔지만 똥은 안 나왔다. 아픈 것은 멎었지만, 왜 거기가 아팠는지 알 수 없다. 병원서 가지고 온 약 임프란타를 저녁 먹고 나서 처음으로 한 알 먹었는데, 먹고 나서 트림이 나오는데 고약한 소독 냄새가 났다. 그 약 때문에 항문이 아팠는가? 그 밖에는 원인을 생각할 수 없다.

　2001년 4월 1일 일요일 맑음

　이뇨제를 아침(식전)마다 한 알씩 먹은 지가 오늘로 나흘째다. 그래서 몸 부은 것이 많이 빠졌다. 그런데 오늘은 몸이 나른하고 무엇을 하고 싶은 마음이 안 났다. 오전에도 의자에 누워 있다가 점심을 먹었다. 오후에도 누워 있다가, 이래서는 안 되겠다고 일어나, 언젠가 이현주 목사가 보낸 책《호랑이를 뒤집어라》를 읽었다. 오늘 한 것은 그 책 읽은 것뿐이다.

이 목사 책 보니, 옛이야기 한 편씩 들어 놓고, 그것을 풀이하면서 성경 이야기를 곁들여 놓았다. 꼭 며칠 전에 내가 옛이야기 열 편을 가려서, 내 생각을 적은 것과 비슷하다. 그런데 이 목사가 성경 이야기와 함께 풀이한 것은, 내가 쓴 것보다 훨씬 많고, 좀 지루하게 읽혔다. 좋은 말도 많지만, 공연히 말이 많고, 이론을 지루하게 늘어놓다 보니 때로는 그 이론이 자꾸 말을 낳아 엉뚱하게 빗나가기도 했다. 그런 느낌이 들었다. 남들이 읽으면 참 유식하게 썼구나 하고 느낄 것 같다. 대신 내 글은 아주 쉽지만 별로 깊이가 없어 보일 것 같다. 그러나 그럴수록 내가 꼭 할 일을 내가 하는 모양으로 해 보여야겠구나 하고 생각했다.

아무튼 옛날이야기를 아주 귀한 것으로 보는 데는 이 목사도 나와 같은 생각이니, 한번 기회 있으면 만나서 이 문제를 가지고 생각을 나누고 싶다.

2001년 4월 15일 일요일 맑음

우리 말 살리는 모임 운영위원회를 연다고 해서 서울, 마산, 진주, 부산 같은 데서 10여 명이 와서 점심을 가게에서 먹고 오후에 회관 방에 모여 앉아 회의를 했다. 사회는 부산서 온 김정섭 선생이 했다. 회의가 전보다는 짜임새 있게 진행되었다. 모두 마치고 6시 가까이 되어 떠났다.

회의 가운데 교육인적자원부라는 정부의 한 부서 이름이 잘못되었으니 이것을 헌법재판소에 소원하자는 의견이 나와서, 아무튼 이 문제를 회보에서 논의하자고 했다. 그렇잖아도 내가 얼마 전부터 대체 그 교육인적자원부가 무슨 말인가 알 수 없어서 누구한테 물어보려고 하던 참인데, 그게 어찌 된 말입니까, 했더니 모두 웃었다. 참으로 이렇게 무식한 것들이 모인 정부니 무슨 정치고 교육이 제대로 되겠는가. 어이가 없다.

어젯밤에는 잠을 제대로 못 잤지만 오늘 그럭저럭 견디었다. 회관 있는 골짜기 산에는 진달래꽃이 한창 피었고, 산벚꽃은 내일이나 모레면 활짝 필 것 같았다.

2001년 4월 24일 화요일 맑음

한길사 서애경 씨가 10시쯤에 왔다. 권태응 동요 이야기,《농사꾼 아이들의 노래》책에서 내가 인용한 작품이 또 많이 다르다면서 그것을 대조해 보려고 온 것이다. 그래서 곧 시작해서 1시가 지나 겨우 마쳤다. 몇 군데 인용한 것이 좀 다르다고 해서 그렇게 알뜰히 바로잡으려고 하는 태도가 아주 성실하구나 싶어 참 고맙고 반가웠다. 다 마치고 나갈 때, 식당에서 점심을 먹고 가라고 했더니, 한참 뒤 정우가 와서 아직 식당에 안 왔다고 했다. 점심을 안 먹고 바로 간 모양이었다. 그걸 오늘 중으로 끝내어 내일은 인쇄소로 넘겨야 한다면서 나가더니 그렇게 시간이 바빴던 모양이다. 우리 나라 관공서 사무직원이나 학교 선생들이 출판사의 서애경 씨만큼 아니라도 그 반 정도라도 성실하게 일한다면 아마도 우리 나라는 엄청나게 발전할 것이라 생각되었다.

오후에 윤기현 씨가 전화를 걸어 왔다. 이것저것 많은 얘기를 했다. 요즘 각 대학에서 문예창작과가 아주 인기를 모으고 있는데, 그중에서도 아동문학과에는 학생들의 수강 신청이 아주 크게 집중하고 있다고 한다. 그런데 그 아동문학과에서 강의 자료로 쓸 책이 이재철 씨 것밖에 없어, 지금 우리가 시급하게 해야 할 일이 아동문학사를 우리들 관점으로 쓰는 일이라 했다.

그래서 어린이문학협의회에서 이 일을 여러 사람이 나누어서 했으면 좋겠다고 했다. 그렇잖아도 그 일을 내가 하려고 시작했더니 자꾸 급한 다른 일이 생겨 언제 다 할지 알 수 없이 답답해하던 중, 이 일을 여러 사람이 나누어 하면 어떨까 한번 의논해 봐야겠다고 생각했는데, 똑같은 생각을 윤 선생이 하고 있었구나 싶어 참 반가웠다. 그래 여름 연수회 때 이 일을 의논하기로 했다. 전체 흐름을 잡는 일은 내가 맡아서 해야 된다고 윤 선생이 말해서 그렇게 하겠다고 대답했다.

오늘은 날씨가 좀 쌀쌀했다. 저녁에 온 정우는 "온종일 하늘이 뿌옇게 덮였어요" 했다. 해가 났는 줄 아는데 뿌옇게 덮였다니……?

2001년 4월 29일 일요일 비

　오늘은 〈일한교육포럼(日韓敎育フォ-ラム)〉 8, 9호 '오쓰키 다케시 선생 추도 특집(大槻健 先生 追悼 特輯)'을 읽으면서 하루를 보냈다. 오쓰키 선생이 살아간 길을 비로소 잘 알게 되었다. 참 좋은 분이었구나 싶었다. 그리고 우리 나라와 일본의 뜻있는 이들이 아이들 교육을 위해 함께 공부하면서 힘을 모아 간다는 일이 얼마나 중요한 일인가를 더욱 잘 깨닫게 되었다. 그래서 우선 이 책에 나온 오쓰키 선생의 글부터 번역을 해서 우리 젊은이들에게 읽도록 해야 되겠구나 하고 생각했다.

　아침에 일어나 밖을 보니 땅이 좀 젖어 있었다. 밤중에 이슬비가 좀 내렸구나 싶었는데 비는 오지 않았다. 구름이 끼어 온종일 비가 올 듯했지만, 겨우 낮에 이슬비가 조금 올 듯 말 듯 하고는 흐리기만 했다. 오후에는 뒷집 은행나무가 많이 흔들렸는데, 바람이 그렇게 불어서 비를 쫓아 버린 모양이다.

2001년 5월 12일 토요일 맑음

　몸이 지긋지긋하고 고단해서 오전에 한참 누워 있었다.
　낮에 노광훈 씨가 일본 아이들의 시를 쳐 왔기에 오후에는 그것을 교정하느라 시간을 보냈다. 6시까지 해서 1, 2, 3학년 것 겨우 마쳤다.

저녁에 글쓰기회 이사회가 있다고 해서 이사회 하기 전에 잠깐 만나 얘기한다고 회관에 갔더니, 모두 문간에서 나를 손뼉을 치며 맞이하더니 방에 들어서는 또 꿇어앉아 절을 하고, 다시 일어나 스승의 노랜가 하는 것을 불렀다. 또 꽃다발을 주었다. 내가 좀 어리둥절해서 "왜 이런 짓을 하나. 글쓰기회답지 않다. 그리고 나는 꿈에도 남의 스승이 된다고 생각한 적이 없다. 도무지 어울리지 않는 자리가 됐다"고 했다. 그리고 나서 내 책 《농사꾼 아이들의 노래》를 한 권씩 나누어 주고, 책에 얽힌 이야기를 해 주었다. 또 그다음에 일본 아이들의 시 책 내는 문제를 얘기하고 오쓰키 다케시 선생 얘기와 한일 교육 교류 문제도 좀 얘기했다. 그다음에 회원들이 가지고 온 술과 안주로 잠시 얘기하다가 10시 반이 지나서 나왔다.

오늘 저녁에는 잠을 늦게 자게 되었다. 방에 갖다 놓은 꽃에서 향기가 어찌 많이 나는지, 오늘 밤에는 꽃향기에 취해 잠을 잘 자게 될는지 모르겠다.

2001년 5월 14일 월요일 강신무 씨 부고 전화 옴

저녁을 먹고 있는데 전화가 와서 정우가 받더니 "강신무 씨가 죽었답니다" 했다. 이게 무슨 날벼락인가!

전화가 올 때가 됐는데, 마지막 원고 가지고 올 때가 됐는데, 이번에는 늦구나, 이번에 오면 몇 가지 알아볼 것도 있고, 내가

도움이 된다 싶은 생각도 말하고 싶었는데, 그래서 오늘은 오늘은 하고 기다렸는데, 이 무슨 괴변인가! 아, 사람이 살고 죽고 하는 것이 이렇게 덧없고 이렇게 허무하구나. 그 젊은 나이에 그토록 엄청난 일을 하고, 앞으로는 더욱 크게 그 일을 이뤄 나가려고 했는데, 그만 도중에 쓰러지다니, 참으로 하늘도 너무 무심하다.

그러나 강신무 씨, 그대는 너무 죽음에 대해 자신을 가졌던 것이 탈이었다. 너무 오만했던 것 아닌가? 지난번에 여기 왔다가 갈 때도 사람의 몸이란 아무리 자연치료가 된다 하더라도 한도가 있으니 부디 몸을 아끼고 돌보면서 일하라고 했는데, 그것을 안 지켰던 것이 틀림없다. 다른 것은 다 그처럼 완벽하게 지키고 검증해서 틀림없이 하는데, 어째서 자기 몸이 그렇게 약하다는 것을 모르는가? 참 안타깝고 애달프기 그지없구나. 사람이 넓고 넓은 우주에서 얼마나 작고 보잘것없는 존재인가, 사람이 알고 있다는 것이 엄청나다 한들 그게 얼마나 조그마한 것이겠는가. 사람이 무엇을 하겠다고 한들 그게 대관절 얼마나 되는 것이겠는가. 그래서 좀 겸손해야 하고, 조심해야 하고, 자기 몸이 벌레 한 마리, 정말 강신무 씨 당신 말마따나 바퀴벌레 한 마리 정도밖에 안 되는 것인데, 그걸 생각하지 않고 있었던 것 아닌가?

그러나 이런 내 생각조차 하도 답답해서 하는 소리가 되었다. 이 캄캄 어두운 시대에 한 가닥 희망의 빛이 보이기에 너무나 반갑고 기뻤는데, 그 기대조차 이제는 다 허물어졌으니 이 일을 어찌할까.

아, 사람 하나 죽어서 이토록 힘이 빠진 일이 내게는 없었다. 강신무 씨, 그대는 내게 희망을 주었고, 그리고 다시 절망을 안겨 주었구나. 이 절망을 어찌할까. 이 절망을, 이 어둠을! 아이구, 아이구, 아이구, 아이, 아이, 아, 아이구…….

2001년 5월 17일 목요일 맑음

아침에 탁동철 씨의 학급 문집을 보다가 《농사꾼 아이들의 노래》 기증본을 우송하려고 헌 봉투로 포장을 했다. 열 권을 포장하는데 점심때까지도 다 못 해 오후에도 잠시 했다. 그리고 나서 다시 탁동철 씨 문집을 보고, 또 〈글쓰기〉 5월 호도 읽었다. 탁동철 씨는 시 쓰기 지도를 제대로 하는 것 같아 반가웠다.

저녁밥을 가지고 온 정우가, 비가 안 와서 논에 물을 댈 수 없고 강냉이고 뭐고 시들시들 곯아서 안 된다고 했다. 지난겨울 눈이 그렇게 온 뒤로 비라고는 한 번도 비같이 온 적이 없으니 무슨 곡식이 되겠는가.

어제저녁에 고등어를 먹었더니 아주 좋지 않았다. 식품 영양 분석표를 보았더니 고등어는 지방이 아주 많은 고기다. 이제부터 고등어는 절대로 안 먹어야 되겠다고 생각했다. 내 신장염도 어쩌면 당뇨병 때문에 생겨난 것인지도 모른다.

2001년 5월 28일 월요일 맑음

오전에, 현우가 어제 갖다 놓은 《일하는 아이들》 원고를 다시
차례대로 살펴보고, 그림을 넣을 자리와 그림의 크기 같은 것
을 좀 고쳤다. 그림이 더 있어야 하겠기에 언젠가 챙겨 둔 그림
을 찾았더니 안 나왔다. 한참 찾다가 그만두었다.

낮에 서울 근처(군포라든가)에서 백승인이란 여자분이 전화
를 했다. 오늘 〈한겨레신문〉에서 《농사꾼 아이들의 노래》 책
광고가 나와서 너무 반가워 전화를 건다고 했다. 자기소개를
하는데, 올해 73세이고, 권태응 선생을 생전에 잘 알고 지낸
사람이라 했다. 충주시 가금 출신이라 했고, 출판사에 전화로
물어 내 전화번호를 알았다고 해서, 한번 고향 가는 길에 찾아
와 달라고 했다. 참 반가웠다.

또 배종렬이란 목사가 전화를 했는데, 이분은 어느 신학교에
서 교수로 지내다가 지금은 성경 연구를 하는데, '수단'이란
말과 '방법'이란 말의 개념을 정리해야 할 일이 있어, 평소에
내 책을 읽고 크게 공감했기에 전화로 묻고 싶어 이렇게 건다
고 했다. 나는 "그 두 가지 말이 어떻게 다른지 생각해 본 적이
없는데, 지금 잠깐 느껴지기로는 수단이라면 뭔가 머리로, 꾀
를 써서 일을 하는 것 같고, 실제로 그렇게 모두 쓰는 것 아닌
가 싶다"고 했다. 그리고 전화를 끊고 나서 점심을 먹으면서
잘 생각해 보니, 수단은 머리로 생각해 낸 길이고, 방법은 몸으

로, 삶으로 깨닫고 알게 된 길이구나 싶었다. 가령 "목수는 집을 짓는 방법을 잘 알고 있다"고 하지 "목수는 집을 짓는 수단을 알고 있다"고 하지는 않는다. 또 "저 사람은 살아가는 수단이 참 용하다"고 하면 되지만, "저 사람은 살아가는 방법이 용하다"고 하는 말을 잘 안 한다. 그래서 아까 그 배 목사한테 내 생각을 말해 주려고 전화를 걸려고 했더니 아차, 전화번호를 물어 두지 않았구나 싶어 그만 어쩔 수 없었다.

오후에 우편물이 왔는데, 〈한겨레신문〉을 보니 내 책 광고가 나온 것이 없었다. 아마도 지방판에는 내지 않았구나 싶었다.

신문을 보다가 4시가 좀 지나서 산책을 나갔다. 고든박골 새 논에 가니, 네 다락에 물을 대강 다 잡아 놓고 논도 골라 놓았다. 회관에 들어가 한참 누웠다가 내려오는데, 정우가 논 고르는 기계를 운전해서 올라왔다. 아직 못 다 고른 곳을 다 끝내려고 하는 것이다. 주머니에 넣어 온 포도당을 꺼내서 한 줌 손바닥에 털어 주고서 "앞으로 일하다가 가끔 이거 한 입 털어 넣고서 해라. 이거 참 좋은 거다" 하고 내려왔다. 집 앞 느티나무 밑에 오니 승용차 안에서 두 아가씨가 나와서 인사를 했다. "서울 있는데요, 지성이 친구래요. 놀러 왔다가 가는 길이에요" 했다. "이 바쁜 때에 놀러 와?" 했더니 "지성이는 일하러 가고 없고, 그래서 아기만 보고 가는 길이래요" 했다. 철없는 것들!

참 오늘 점심 먹은 뒤에 집 뒤 감나무 밑에서 넝쿨딸기를 아주 많이 따 먹었다.

2001년 6월 2일 토요일 맑음

 오늘은, 어린 시절 이야기를 쓰는 준비로 내가 나서 자란 구석들 마을 그림을 그려 보았다. 집과 골목, 길, 냇물, 논밭……. 그런데 집마다 있는 택호가 죄다 생각이 안 났다. 반쯤은 잊어버렸다. 두고두고 생각하면 다시 머리에 떠오를는지 모르겠다.
 오늘 한 것은 그것밖에 없다. 이래서는 안 되는데, 자꾸 시간만 가고 날만 보내게 되는 것이 안타깝다.
 저녁때 나가니 정우는 아래 논에서 모를 심고 있었다. 외딴집노인네 못까지 갔더니 흰 염소가 매여서 자꾸 우는데, 보니 줄이 나무에 칭칭 감겨서 꼼짝도 못 하고 있었다. 그걸 풀어서 못둑 편편한 데 갖다 매어 주었다. 이제는 풀을 이것저것 뜯어 먹기는 하는데 역시 아직은 조금씩 억지로 맛보는 모양으로 먹고 있었다. 염소를 그대로 두고 왔지만 한두 번 울다가 울지 않았다. 차츰 이곳 생활에 익숙해졌구나 싶었다.

2001년 6월 18일 월요일 12시부터 비가 옴

 아침부터 구름이 끼었더니 12시쯤 되어 더욱 어두워 밤이 온듯했다. 또 이런 꼴로 괴상하게 비 올 모양만 내는구나 싶었다.

조금 있으니 갑자기 천둥소리가 한번 터졌다. 하늘이 또 장난치는구나 했는데, 조금 있다가 목욕실에 갔더니 웬일로 빗소리가 나고, 바깥을 보니 빗방울이 떨어졌다. 그래도 믿지 않았다. 곧 또 그치겠지 했는데 뜻밖에 희한하게도 그대로 비가 잇달아 왔다. 방에 앉았다가 몇 번이나 바깥을 내다보았는데 비는 그대로 내렸고, 저녁때가 되니 감나무 앞 땅에 물이 흥건히 고이기도 했다. 이제사 농사일이 되겠구나 싶었다. 봄부터 지금까지 비가 한 번도 안 오다가 이제사 오는 것이다.

가게에 전화를 걸었더니 정우가 벌써 어디 가서 모를 구해 놓았다고 했다. 모를 아주 못 심게 되는 줄 알고 모두 내버려 말려 버렸고, 더러 있더라도 너무 자라서 심지 못하게 되어서 이제는 모 구하기가 문제구나 싶었는데 다행히 구해 놓았다니 마음이 놓인다. 지금 6시 반이 되었는데도 아직도 비는 오고 있다. 정말 다행이다.

현우는 어젯밤 흙집에서 자고 아침에 갔다. 춥지 않더냐고 물었더니 안 추웠다고 했고, 모기가 조금 있더라 했다.

점심을 먹고 나니 연우가 전화를 했다. 거기는 가물지는 않았지만, 벌써 여름이 되어 덥다고 했다. 내가, 요즘 1킬로미터쯤 되는 곳을 날마다 걷기를 한다고 했더니 기뻐했다.

저녁때 권태응 시인의 동생 권태윤 씨 전화번호를 알아서 전화를 했다. 권태응 시인이 일제시대 감옥살이를 그렇게 했으니 독립 유공자로 신청하면 충분히 그 자격을 인정받을 수 있을 것이니 그렇게 해 보라고 했더니, 전에도 그렇게 말하는 사람이 있어 신청했지만 무슨 조건이 또 잘 안 되어 되지 못했다면서, 뭐 그런 일은 우리 국민으로서 당연히 할 일을 한 것이니 유공자고 뭐고 특별 대우를 받고 싶은 생각도 없다고 했다. 그렇지만 모처럼 그렇게 걱정해 주시니 미국에 가 있는 조카(권태응 선생 아들)들한테 다시 한번 말해 두기는 하겠다면서 고맙다고 했다. 그리고 권태응 시인의 유작이 아직도 발표 안 된 것으로 동요집만 해도 네 권이 더 있는데, 그것은 그 아들이, 자기가 언젠가 아버지의 전집을 내거나 책을 내게 될 때, 벌써 다 발표해 버리면 그때는 별로 주목될 만한 것도 남지 않아서 제대로 책이 안 될 것이니, 그 일을 생각해서 죄다 발표 안 하고 가지고 있다고 했다. 그래서 내가 "그런 생각은 잘못입니다. 지금까지 50년을 넘게 그 원고를 가지고 있으면서 발표하지 않는 것만 해도 큰 잘못을 저질렀어요. 이제는 그런 원고 발표해도 읽어 줄 아이들이 없어요. 농촌에 아이들이 있었던 1950년대나 1960년대, 적어도 1970년대까지는 그걸 발표해서 아이들에게 읽혀야 했습니다. 그런데 이제 발표해도 별 소용이 없어요. 아드님이 아버지 작품을 다 죽여 버린 것입니다. 죽은 작품 발표하면 뭣합니까? 참 딱합니다" 이랬더니 "저도 아이들에게 권하지만 마음대로 안 돼요" 했다. 참으로 무지하고, 속이 좁고, 돈이나 이름 내는 것밖에 모르는 못난 후손들이구나 싶다.

권태윤 씨한테 전화를 걸기 전에 전화번호를 알려고 백승인 씨한테 전화를 걸었더니 역시 나이 좀 많은 여자분이 받는데, 아침부터 나갔는데, 오늘은 좀 일찍 돌아오실는지 모른다고 했다. "날마다 나가셔요?" 했더니 그렇다고 하면서 "하이고 젊은이들같이 나가서 사람들 만나고 온갖 일 다 합니다" 했다. 그랬는데 몇 시간 뒤에 백승인 씨가 전화를 걸어 왔다. 어디 가셨어요? 하니 수영하러 갔다가 온 길이라 했다. 젊은이들하고 같이 하는데, 자기는 지금 초보로 배우는 것이라 했다. 73세 되는 노인이 수영을 배우러 다닌다니 참 놀랍다. 그러니 동시 쓰는 모임이고 어디고 열심히 나가겠구나 싶었다. 참 부럽게 살아가는 사람이다. 나도 그렇게 살고 싶었다.

2001년 7월 3일 화요일 맑음

간밤에 꿈을 꾸었는데 내가 어느 학교 교장으로 근무하는 중 교장들이 모두 어느 외국으로 가서 연수회인가 하게 되어 넓은 들판에 각 시, 군별로 모여 있었다. 그런데 그 연수에서 내가 발표를 하게 되어 있어서 그 준비를 하느라고 나는 분주했다. 그래서 모두 모여서 나만 오기를 기다리고 있는 참이었다. 그런데도 나는 느긋하게, '뭐, 내가 안 가면 모두 꼼짝도 못 하고 기다릴 테니까, 잘 준비해서 가야지" 하고 당황하지도 않고 이것저것 자료며 가져갈 것을 찾고 챙기는 판이었던 것 같다.

그래서 그 벌판에서 모든 시, 군의 교장들이 오랫동안 기다리는데 드디어 내가 거기 가서 그 많은 교장들 앞에 나가 엎드려 절을 했더니 온통 박수 소리가 요란했다. 나를 그처럼 환영하는 것이었다. 그리고는 어찌 되었는지 곧 깨어났는데, 아무튼 그 꿈이 근래에는 좀처럼 꾼 적이 없는 아주 상쾌한 꿈이어서 잊히지 않는다. 그리고, 내가 아직도 꿈에 종종 학교에 있는 꿈을 꾸는구나 싶고, 그만큼 내 40년 교직 생활이 내 평생을 어떤 뜻으로든지 결정했구나 하고 깨달아졌다.

아침에 일어나 소변을 보니, 간밤 동안의 소변 양이 근래에 와서 가장 적었다. 아마도 어제 그 솔 효소를 먹은 것이 나빴구나 생각되었다. 어느 스님이, 몇 해 동안 공들여 만든 솔잎이며 솔뿌리 소나무 등치를 가지고 어떻게 만들었는지 모르지만 만들었다면서 신장염에 아주 좋다고 갖다 주더란 것인데 그걸 먹으니 맛은 솔향기가 나서 좋았지만, 술같이 얼큰하게 취하는 느낌이 들었다. 효소가 술 같은 작용을 하는 모양인데, 이 술이 내 몸에는 아주 좋지 않다. 어떤 술이든지 다 그렇다. 그래서 그만 간밤에는 오줌도 적게 나온 것이라 판단된다. 그런데 검사해 보니 단백질은 다른 날보다 좀 진하게 나왔지만 당은 안 나왔고, 산도도 5가 되어 가장 좋았다. 이상하다. 오줌이 적고 색깔이 나쁘고 하면 산도가 낮거나 알칼리로 나타나거나 중성이 되는 경향이 있는 것 같으니 왜 이럴까? 알 수 없다.

아침을 먹고 있으니 현우가 왔다. 대구 집 관계로 또 온 것이다. 정우가 "인감증명 해서 줘도 됩니다. 나중에 이전 서류 만들 때 아무래도 도장이고 인감증명이 또 있어야 하니까요" 해서 그럼 그렇게 하도록 해라고 했더니 또 온 것이다. 그래 인감 도장하고 내 주민등록증을 내주어서 제 형하고 같이 가서 인감증명 떼어 가라고 말해 보냈다.

현우와 정우를 보내고 나서, 이제 이현주 목사 그림 얘기를 읽을까 하다가 권정생 선생한테 전화를 걸었다. 어제 읽은《비나리 달이네 집》얘기를 하고 싶어서다. 그게 요즘 쓴 작품이지요? 했더니 3년쯤 전에 쓴 것이라 했다. 그때 대구 근처에 있는 장애를 입은 아이들이 모여 있는 집에서 조그만 책을 소식지처럼 내고 있는데, 거기 뭐 하나 써 달라고 해서 써 준 것인데, 그때는 좀 더 짧았던 글을 이번에 내면서 좀 더 늘여서 썼다고 했다. 이거 읽으니 봉화 정호경 신부 생각이 나는데요, 하니까, 모델은 역시 정 신부인데 정 신부는 아닙니다, 했다. 정 신부도 봉화서 나무로 집을 짓고, 그렇게 집 짓는 것을 책으로도 지어 내었던 것이다. 나는 그 권 선생 동화가 지금 우리 사람 사회에서 가장 중대한 문제를 아주 쉽게 어린아이들까지도 잘 느끼고 알 수 있게 쓴 아주 좋은 동화라고 했다. 그리고 나서 또 아동문학 얘기를 자꾸 하다 보니 권 선생도 말이 많이 나와서 아마도 한 시간쯤은 전화를 한 것 같다.

낮에 우편물이 왔는데, 권정생 선생이 보낸 편지가 들어 있었다.《농사꾼 아이들의 노래》를 다 읽었다면서, 이런 좋은 작품을 왜 1960년대쯤에 책으로 내지 못했을까, 그때 권태응 동요를 우리 아이들에게 읽혔더라면 우리 아이들이 얼마나 반갑게 받아들였을까, 그랬다면 우리 아동문학도 많이 달라졌을 것이라고 했다. 그리고 해방 직후의 그 곤궁하던 시절에 어렵게 살아가던 아이들의 모습을 좀 더 잘 쓸 수는 없었나 하고 쓰기도 했다. 그러나 권태응 씨는 병으로 요양을 하면서 살았기에 어디 나가 다니면서 아이들이 살아가는 실상을 제대로 볼 수 없었던 것이다. 지금 우리가 살고 있는 시대에 만약에 그때 농촌 아이들의 삶에서 배울 것을 찾는다면, 그 무렵 굶주리고 헐벗었던 그 어두운 면보다 차라리 자연 속에서 깨끗하게 살던 일을 다시 찾아내어 보여 주는 것이 더 뜻이 있지 않겠나 하는 생각도 든다.

오후 3시 가까이 되어 고든박골 갔더니 정우가 굴착기로 못 둑을 높이고 있었다. 오늘 오전에 앞 공장에서 돌과 흙을 수십 차 실어 내는데, 그것을 죄다 못 둑과 못 둑으로 가는 길 들머리 낮은 곳에 부려 놓도록 한 모양이다. 한 시간쯤 흙집에 누웠다가 내려가 보았더니 이제 못 둑이 1미터쯤 더 높아졌다. 그래 놓으니까 못이 훨씬 커졌다.

일하는 것을 보고, 올 때는 며느리가 참을 가지고 온 차를 타고 돌아왔다. 내가 고든박골 가고 오는 데 차를 타기는 오늘 돌아오는 길에 탄 이것뿐이다. 차가 있어도 안 탄다 하고 일부러 걸었던 것인데, 오늘은 몸이 고단해서 그만 타고 말았다.

2001년 7월 8일 일요일 맑음

청리 출신 젊은이들이 12명 왔다. 그래서 점심은 오랜만에 가게에 가서 같이 먹었다. 거의 모두 보리밥을 먹고, 우리 밀국수도 먹고 했다. 나는 보리밥을 거의 한 그릇 다 먹고, 감자를 쪄서 내놓아서 그것도 세 개나 먹었다. 자주감자가 나와서 모두 신기하게 여겨 잘 먹었다. 다 먹고 난 다음 고든박골 큰방에 가서 잠시 얘기를 했다. 오늘 왔다가 오늘 가더라도 저녁때까지 있을 줄 알았는데, 서울서 온 사람들이 무슨 회사 차를 빌려 와서 3시까지 돌아오겠다고 약속했다면서 30분 정도 앉았다가 일어서는 바람에, 그만 모두 일어나서 떠나게 되었다. 내가 《허수아비도 깍꿀로 덕새를 넘고》 책 인세, 얼마 전에 나온 것 43만 원을, "이것은 동창 모임에서 필요한 일에 쓰든지 해라"고 선용이한테 억지로 주었더니, 갈 때 기어코 그것을 도로 내놓고 갔다. 또 서울 박선희(근임이)는 오자마자 "이것은 지난번 우리가 모였을 때 나눠 가진 접는 우산이고, 이것은(봉투를 가리키며) 선생님께 무슨 약이라도 사 드리고 싶었지만 무슨 약이 좋은지 알 수 없어 이렇게 하는 겁니다" 하고 내놓았다. 간 다음에 뜯어보니 돈이 20만 원 들어 있었다.

점심을 먹고 나서 점심값 내놓는 것은 억지로 돌려주었지만, 이 바쁜 세상에 이렇게 찾아오는 것만 해도 고맙고 미안한데 그런 것까지 받으니 참 안됐다. 남경삼이가 이번에 왔는데, 제

200

동생들하고 의논해서 올여름에 한번 꼭 오겠다고 했다. 모두 성실하고 착하게 살아가는 사람들, 부디 앞길이 활짝 열렸으면 얼마나 좋겠나. 그리고 이번에 오지 못했던 사람들은 얼마나 모두 어렵게 지내는지 궁금하고 걱정스럽다.

오늘 온 12명, 이름이 죄다 생각나지 않는다. 박선용, 주형철, 박희복, 박선희, 황용순, 정화자 이렇게 겨우 여섯 사람 이름이 떠오른다. 오늘 갈 때 《한 사람의 목숨》을 한 권씩 선물해 준 것이 겨우 좀 위안이 된다.

2001년 7월 20일 금요일 비온 뒤 갬

낮에 점심을 거의 다 먹었는데, 정우가 와서 "저 외딴집 노인네 집에 갔다가 고구마를 먹었는데, 작은 것 몇 개 얻어 왔어요" 하면서 조그만 것 세 개를 놓고 갔다. 그 고구마가 아주 깨끗하고 고와서 참 씨가 좋은 고구마로구나 싶었다. 그래서 껍질을 벗겨 보니 껍질도 아주 곱게 벗겨졌고, 맛이 또 참 좋았다. 조그만 것이기도 해서 그만 다 먹었다. 물론 누앤원을 먹었다. 감자 세 개에다가 보리밥도 조금이기는 하지만 먹었으니 녹말 식품을 좀 많이 먹어서, 그 결과가 어떨지 소변검사를 해봐야겠다고 생각했다.

오후 5시가 지나서 소변을 검사했더니 역시 당이 +++2000으로 아주 새까맣게 나왔다. 고구마는 이제 먹지 못할 음식이

되었구나 싶었다. 모르지 다른 것 안 먹고 고구마만 먹는다면
어찌 될는지.

　오늘은 여러 날 만에 '스사만 찾기'를 읽고 다듬었다. 그리고
〈녹색평론〉에 나온 글 '정제 설탕, 세상에서 가장 달콤한 독'을
다 읽었다. 설탕이란 얼마나 무서운 독인가를 새삼 알게 되었
다. 그리고, 다른 식품과 함께 먹으면 위에서 그 식품과 같이
썩어서 독이 된다는 것도 알게 되었다. 고기하고 설탕, 빵하고
설탕을 같이 먹으면 위에서 발효가 되고 위장은 발효조가 된
다는 사실도 놀랐다. 내가 지금까지 얼마나 그렇게 먹었던가!
될 수 있는 대로 음식은 섞어 먹지 않는 것이 좋다는 것, 짐승
이나 새들은 그렇게 먹는다는 것도 알게 되었다. 그런데 우리
가 온갖 얘기를 듣고 책을 읽고 하여 먹는 것에 대해 잘 알고
있다고 생각했는데, 이렇게 중요한 사실을 모르고 있었으니!
정신병자들의 거의 모두가 설탕 먹는 버릇과 깊은 관계가 있
다는 것도 놀라운 일이었다. 아이들의 온갖 어른 병은 말할 것
도 없다.

　그런데 이 글이 왜 이렇게 어렵게 씌어 있나. 번역한 글인데
번역한 사람 이름도 밝히지 않았다. 설탕 마구 먹기 좋아하는
사람들이나 어려운 말과 말법 쓰기 좋아하는 사람들이나 그
정신 상태는 같은 것 아닌가. 하나는 병든 육체의 버릇이고, 또
하나는 정신의 버릇이다. 그리고 하나는 육체를 망가뜨리고,
다른 하나는 정신을 망치게 한다. 육체를 병들게 하는 설탕을

먹지 말자고 하는 사람들이 정신을 병들게 말과 글을 이렇게 오염시키니 참 어이가 없다. 글을 읽다가도 화가 나서 견딜 수 없었다. 이래 가지고 무슨 녹색운동인가? 그런 녹색운동의 열매를 제대로 얻을 수 있다고 생각하는가.

오늘, 오전에는 흐렸고, 낮에는 비가 오더니 저녁이 되어 하늘이 개었다.

2001년 8월 5일 일요일 흐렸다가 맑았다가 비 오다가 개이고 함

오전에 글쓰기회에 가서 발표하는 사람들 얘기를 들었다. 그리고 와서 점심을 먹고 누웠더니 다행히 40분쯤 잠이 들었다.

잠에서 깨어났는데, 이게 아침인가 어느 시간인가 어리둥절해서, 시계를 쳐다보면서 생각하니 아하, 내가 점심 먹고 누워 있었지, 하고 깨달았다. 내가 마치 어린애 같구나 싶어서 웃음이 났다. 그리고 오랜만에 이렇게 낮에 푹 자게 되니 머리가 시원하고 맑아져서 오늘 지금 글쓰기회에 가서 이야기하는 것도 자신이 생기고 잘되겠다 싶어 기뻤다.

한 시간쯤 시간이 남았기에 연수 자료에 나온 글 제2부를 읽고 가져갈 것을 봉투에 넣어 회관까지 걸어갔다.

내가 얘기하는 시간이 5시부터 6시까지인데, 저녁밥이 늦게 오고, 또 더 얘기해도 좋다고 해서 7시까지 얘기했다.

주로 평론에 대해, 그중에서도 원종찬 씨 글의 문제점을 들어

애기했다. 어젯밤에는 원 씨 글 가지고 밤새도록 앉아서 토론했다면서 원종찬 씨를 따르는 후배들이 우리가 하여 온 것을 부정하면서 새 길을 가야 한다고 해서 아주 격론을 벌였다고 아침에 윤기현 씨가 와서 애기했다. 그래서, 이건 안 되겠구나, 내가 솔직하게 내 생각을 다 애기해야 되겠구나 싶어서, 원종찬 씨 글의 문제점을 낱낱이 지적했다. 우선 글이 어려운데, 그것은 어려운 말이 나오는 것도 있지만, 그보다도 문학관, 사회관, 역사관이 확고하지 못해서 앞뒤가 안 맞는 말을 하고, 자꾸 논리를 복잡하게 끌어가고 한다고 했다. 그러면서 또 분명하게 강조하는 몇 가지는 꼭 순수문학파들이 우리를 비판하는 말과 조금도 다름이 없다고 했다.

내 말이 다 끝나고 난 뒤 원종찬 씨가 나한테 오더니 "선생님 말이 맞습니다. 제가 사태를 잘 파악하지 못해서 그랬습니다"고 했다. 참 다행이구나 싶었고, 그렇게 말하는 원 씨가 고마웠다. 이것으로 최근에 원 씨 평론집을 둘러싼 여러 가지 문제가 다 풀어지게 되었다.

오늘은 또 한 가지 반가운 일이 있었다. 아침에 글쓰기회에 갔더니 황금성 회장이 윤구병 선생한테서 전송으로 온 편지라면서 주는데, 읽어 보니, 이번 회보에서 내가 윤 선생 책 《까마귀 소년》을 비판한 글을 읽었는데, 거기서 지적한 것이 다 내가 말한 대로 옳다면서 나를 '스승님'이라 했다. 참 윤 선생답고, 정말 믿을 만한 분이구나 하고 확인하게 되었다. 또 어제는

〈한겨레신문〉에 박홍규 선생 글이 실렸는데, 어려운 사회문제를 논해 놓은 그 자리의 글이 뜻밖에도 '~적'이란 말이 단 한 군데만 나와서 얼마나 기뻤는지 모른다. 그 박 선생은 몇 해 전에 글쓰기회원이었고, 종종 좋은 글을 썼는데, 참 내용이 좋았지만 너무 글이 어려워서 아깝다 싶어 한번은 그것을 지적하는 글을 회보에 실었더니, 그만 그 뒤에 회도 탈퇴하고 나오지 않았다. 윤구병 선생도 내가 그렇게 지적해서 그만 그분을 나가게 했다고 해서, 참 말을 바로잡는 일이 어렵구나 싶었다. 그런데 이번에 박 선생이 이런 글을 썼으니, 그동안 '~적'을 안 쓰려고 참 많은 노력을 했구나 싶었다. 보통 그 자리에 나오는 글치고 '~적'이 수십 개가 되고, '~적'이 서너 군데만 나오는 글도 거의 볼 수 없었던 것이다. 우리 회원으로야 있든지 말든지 우리 글쓰기회 정신으로 깨끗한 우리 말로 글을 쓰게 되는 사람이 이렇게 나온다는 것은 얼마나 반갑고 다행한 일인가.

오늘은 참 내가 장한 일을 했구나 싶어 기쁘다. 오늘 밤은 잠도 잘 오겠지. 그리고 지금까지 내가 해 온 일, 앞으로 내가 할 일이 옳고 바르다는 믿음도 더욱 확고하게 되었다. 더욱 열심히 내가 해야 할 일을 해 나가야겠다.

2001년 8월 11일 토요일 오전 맑고, 오후 흐림

연수회 때 이야기한 것을 정리해서 글을 쓰기 시작했다. 아마도 며칠 걸려야 다 쓰게 될 것 같다.

저녁때 노광훈 씨가 왔다. 노 씨가 온 것은 원종찬 선생 편지를 전하기 위해서였다. 원 선생 편지를 보니, 지난번 연수회에서 내가 한 말이 고마웠다는 것, 지금까지 자기가 세상일을 잘못 생각해서 방황했다는 것, 그래서 글도 그 모양으로 되었다는 것, 앞으로 올바르게 살고 바른 글을 쓰겠다는 말이었다. 참 고맙고, 또 놀라웠다. 일전에 전화로 들은 것이었지만, 편지로 또 이렇게 써 보냈으니 참 좋은 사람이고 믿을 만한 사람이구나 싶다. 더구나 원 선생은 노광훈 씨한테, 이 편지를 글쓰기회 회지에 실어도 좋겠다고 했다니, 이만하면 원 선생의 그 깨끗한 마음을 알고도 남겠다. 원 선생 글이 실리면 나도 그 대답을 글로 써서 같이 발표해야겠구나 싶다.

그런데 지금 내가 쓰고 있는 이 글을 어떻게 하나? 이만큼 원선생이 반성하고, 그 심경을 글로 공표하기까지 하는데, 또 내가 한 말을 써서 뭘 하나? 그런데 원 선생 태도를 보니 오히려 내가 써 주기를 바라는 것 같다. 그리고 그날은 원 선생 글이 중심이 되어서 그렇지, 사실은 이재복 씨 글이나 윤기현 씨 글의 문제도 있다. 그러니 아무래도 글로 써서 남기는 것이 좋겠구나 싶다. 쓰자, 써서 깨끗하게 남겨야지.

저녁에 대구서 정차숙이 전화를 했다. 아무래도 시간이 내일밖에 나지 않아 내일 오겠다면서, 아침 9시쯤에 여기 닿도록 하겠다고 했다. 그렇게 하라고 했다.

아, 오늘도 하루가 어느새 지나갔구나!

2001년 8월 25일 토요일 오전 흐리고 오후 맑음

오전에 시를 한 편 썼다. 앞으로 내가 시집을 낸다면 어른 시
고 동시고 구별할 필요가 없이, 아이들도 어른도 함께 읽을 수
있는 시집을 내고 싶다. 더구나 우리 말을 시로 쓴다면 그렇게
할 수 있을 것 같고 그래야 된다고 생각한다. 물론 아이들을 위
해 특별히 쓰는 동시란 것도 있어야 하겠지만, 어른과 아이가
함께 읽을 수 있는 시의 세계, 말법이 더욱 필요하고 이런 시가
나와야 시도 우리 말도 잘 살아나겠다는 생각이 든다.

오후에 신문을 보고 이재복 씨가 보낸 〈이야기 밥〉인가를 읽
었더니, 거기서 또 일본의 아동문학을 이야기했는데, 생활 동
화란 말 가지고 자꾸 쓸데없는 글을 쓰는 것이 참 답답하구나
싶었다.

저녁때 고든박골 갔더니 못물 너미 공사에서 콘크리트를 해
놓았고, 정우는 없었다. 흙집에 가서 한참 누워서 쉬다가 숨쉬
기도 하고 했다. 올 때 강냉이를 몇 개 꺾어 주머니에 넣어 오
는데 길가 산언덕에 개금이 곧 익을 듯했다. 꿀밤들이 아주 통
통하게 굵었다. 어제는 그 길에서 새바우를 따 먹었더니, 벌써
너무 익어서 맛이 없었다. 새바우는 덜 익었을 때 따 먹어야 하
는데……. 보랏빛 칡꽃이 하도 고와 한참 쳐다보다가 왔다.

11시쯤에 한길사에 전화를 걸었더니 서애경 씨가 받았다. 지난번 이곳 연수회에 오신다고 하더니 안 와서, 그 뒤 소식도 없기에 나는 한길사 김 사장이 또 무슨 일 시작하다가 돈벌이가 안 된다 싶으니 그만 아동 문고를 안 내기로 했는가 싶었다고 했더니, 그런 게 아니고 그때는 휴가도 안 되고 해서 못 갔는데, 일은 잘되고 있으니 걱정 마시라 했다. 그래서 또 내가 아동문학 평론 원고는 한 달 안으로 다 정리될 것 같다고 했더니, 그때 연락해 주면 곧 가 뵙겠다고 했다.

오후에 대구 이광자 선생이 전화를 했다. 이달 31일에 온다고 했다.

2001년 8월 31일 금요일 맑음

오전에 시 쓰고, 신문 보고, 오후에는 대구에서 이광자 선생 일행이 와서 한참 얘기하다가 고든박골로 같이 차 타고 가서, 이 선생 일행은 회관 방에서 산신제를 지내고 나는 흙집에 가서 오이 하나 따 먹고 쉬었다. 그러다가 이 선생이 불러서 갔더니, 제사를 다 지내고 음식을 나눠 먹는데 정우도 와 있었다. 나도 거기 앉아 주로 명태와 돼지고기를 먹었다. 그리고 배를 또 먹었다. 어제 오늘, 고기 안 먹었더니 배가 편하고 설사도 안 났는데, 그래서 오늘 고든박골 가면 그 위 골짜기로 올라가서 작은 못 만들어 놓은 것도 보고 밤알도 주워 와야지 하고 왔는데, 웬일로 다리에 힘이 더 없다. 역시 고기를 조금씩 먹어야 되겠구나 싶어 그렇게 먹은 것이다.

이 선생 일행은 4시쯤에 떠났다.

정우는 여전히 혼자 못 둑 안쪽의 콘크리트 공사를 하고 있었다.

4시 반쯤에 권오삼 선생이 어린이문학협의회를 걱정하는 전화를 한참 해 왔다. 어린이문학협의회와 〈어린이문학〉지를 그래도 가장 걱정하는 사람이 권오삼 선생이구나 싶었다.

저녁에 정우가 오리고기를 가져와서, 그것을 또 먹었다. 고기 안 먹겠다고 생각했는데, 고기 먹고 설사하는 것보다, 고기 안 먹고 설사 안 하니 더 힘이 빠진다. 그래 조금씩 먹자고 했는데, 오늘 오후와 저녁에는 아무래도 너무 많이 먹었다.

저녁 먹고 정우 보내고 앉았다가 〈요가입문(ヨガ入門)〉에서 텔레파시 얘기가 생각나자 문득 이런 생각이 났다. '이 세상에서 내가 누구를 가장 많이 생각하나?' 그리고 '이 세상에서 누가 나를 가장 많이 생각할까?', '또 저세상에서는…….' 이런 생각이 나자 그 답을 내어 보았다.

첫째, 이 세상에서 나는 누구를 가장 많이 생각하나?

정우, 그다음은 현우(아, 혈육이구나. 그 밖에는, 혈육이 아니고는 별로 없다. 차라리 풀과 나무, 벌레와 짐승들이 내게 가깝다).

둘째, 이 세상에서 누가 나를 가장 많이 생각해 줄까?

정우(역시 혈육이다. 그 밖에 다른 사람들은 거의 모두 겉으로만 생각한다).

셋째, 저세상에서는 누구를 가장 많이 생각하나?

아버지 어머니 누님들, 이원수 선생님, 우영창 선생, 보통학교 때 같이 자랐던 아이 박수천 외……

넷째, 저세상에서는 누가 나를 가장 많이 생각해 줄까?

아버지 어머니 누님들, 이원수 선생님, 우영창 선생, 수천이와 그 밖에 어렸을 때 친구들.

고든박골서 이광자 선생 일행이 산제 지내고 나서 음식을 같이 먹을 때, 내 옆에 앉았던 남자분이 하던 말이 생각난다. "한국 사람이 성급한 것은 고추를 많이 먹기 때문입니다." 정말 그렇겠다는 생각이 들었다. 세계에서 매운 고추를 가장 많이 먹는 사람이 바로 한국 사람이다. 그리고 세계에서 가장 성급한 사람이 또 한국 사람이다. 그러니까 고춧가루와 성급한 성격은 아주 밀접한 관계가 있다고 느껴진다. 참, 고추란 것이 문제다.

2001년 9월 12일 수요일 맑음

며칠 전 정우하고 산에서 본 그것이 날다람쥐인가, 하늘다람쥐인가, 또는 다른 이름인가 싶어 사전을 이것저것 찾아보고 옮겨 적고 하다 보니 오전 시간이 다 가 버렸다. 사전마다 하늘다람쥐, 날다람쥐가 나오는데, 또 사전마다 다르게 적어 놓았다. 그 색깔이며 크기, 또 나뭇가지를 타고 나는 거리도 다 달랐다. 나무와 나무 사이를 8미터쯤 날아 뛴다고 해 놓은 사전, 10미터 날아 뛴다고 해 놓은 사전, 20~30미터라 해 놓은 사전, 백 미터 이상이라 해 놓은 사전, 이렇게 달랐다. 몸길이도 달리 적혔다. 우리가 본 그놈은 한 나뭇가지 끝에서 다른 나뭇가지 끝까지 날아 뛰는데, 그 사이가 1미터 남짓 되었다. 물론 그보다 더 멀리 있는 가지까지도 날아 뛰는지도 모르지만, 설마 백 미터까지야 날겠나. 백 미터라면 그야말로 날아가는 것이다. 아무튼 그렇게 고심했지만, 이 근처 산에 있는 그것이 날다람쥐인지, 하늘다람쥐인지 모르겠다. 사전마다 올라 있는 동물이라면 옛날부터 우리 나라 어디든지 아주 흔한 동물일 텐데, 이렇게 이름 하나 제대로 알지 못하고, 그 모양이며 생태조차 제대로 잡지 못하고 있으니 참 너무 한심하다. 이래서 우리가 무슨 과학이고 문학이고 하는 것을 올바르게 하겠나 싶다.

오후 3시 반쯤에 고든박골 가는데, 햇빛이 덥지 않고 따뜻하게 느껴졌다. 벌써 가을이구나 싶었다. 흙집에서 두 시간 남짓 있으면서 숨쉬기도 하고 누워 쉬다가 강냉이 마지막 것 몇 송이 꺾어 가지고 왔다. 이제는 아주 늦게 심어 놓은 강냉이가 남았는데, 그것이 알이 차려면 앞으로 여러 날 기다려야 한다. 고구마밭에 심어 놓은 것이다.

오늘은 날이 아주 맑았다. 그래도 저녁노을은 아주 안 보였다.

저녁을 가져온 정우가 "오늘 텔레비전에 나온 것 신문에 안 났지요? 하루 종일 그것만 나와서 모두가 보았는데, 미국서 큰 소동이 났어요" 했다. 무슨 일이 났나? 했더니 "자살 공격 비행기 몇 대가 뉴욕에 있는 백여 층 건물 두 개를 폭파해서 아주 폭삭 무너지게 했어요. 무역센터 건물인가 하고 또 하나 그 건물과 마주 보고 있는 건물인데, 비행기가 날아와 건물에 들이받는 거며 무너져 내려앉는 것 그대로 나왔어요. 그 비행기가 미국 것인데, 그걸 납치해서 그렇게 했답니다" 하고 말했다. 그래서 지금 미국은 온 나라가 발칵 뒤집어진 모양이다. 그렇게 큰 건물이 그 모양 됐으니 사람이 얼마나 죽었을까? 미국은 벌써 중동 어느 나라를 폭격하기 시작했고, 그 나라는 어째서 우리를 공격하나 하고 항의했다고 한다.

미국이 온 세계에 무기를 만들어 팔아먹고, 기회만 있으면 온갖 구실을 달아 전쟁을 일으키면서, 남의 나라 불행은 모른 척하더니 이제야 "우리도 이렇게 당할 수 있구나" 하고 깨닫게 되었겠다는 생각이 들고, 전 세계 인구 가운데 미국이 그 꼴로 당한 것을 시원스럽게 여기는 인구가 훨씬 더 많겠다는 생각이 들었다. 이번 일에서 미국이 반성한다면 다행이겠는데, 정말 그렇게 해서 앞으로 세계가 평화롭게 함께 살아가는 길로 나갈 수 있을지, 아니면 더욱 비참한 전쟁이 일어나 무시무시한 재앙이 온 세계에 내릴지 알 수 없다. 문제는 미국의 태도에 달렸는데, 지금 봐서 미국이란 나라는 도무지 믿기지 않는다.

내일 신문이 기다려진다. 텔레비전이고 라디오고 안 보고 안 들으니, 어디서 무슨 일이 벌어져도 모른다. 어쩌면 그런 것 안 보는 것이 참 편하고 다행이구나 싶지만, 또 마땅히 알아야 할 것을 모르는 것도 문제가 되는구나 싶다.

이러다가 이 세상의 종말조차 모르고 넘어가겠다는 생각이 든다. 제발 그렇게 되었으면 좋겠다.

2001년 10월 3일 수요일 흐림

아침에 일어나니 여전히 몸이 지긋지긋하고 몸살기가 있었지만 아침 방 안 운동을 늘 하는 대로 했다. 그리고 오늘은 아침을 안 먹고 누워 있어야지 했는데, 감 홍시 주워 버리고 절대로 안 먹는다고 밖에 나갔다가, 홍시가 많이 떨어져 있어 그것을 버리기가 아까워 그만 또 여러 개 먹었다. 그리고 기왕 먹었으니 할 수 없다고 밥도 먹고 조기, 오리 알도 먹어 버렸다. 내 마음이 이렇게 굳지 못해서 무엇을 하겠나 또 뉘우쳐졌다.

그런데 낮에 나가서 또 홍시를 몇 개 주워 먹었다. 저녁에도 그랬다. 밤에 자기 전에 보니, 방에 둔 홍시가 이제는 곧 시어 빠지게 되었다. 그래서 또 두 개 먹었다. 오늘 아마도 여나믄 개 먹었을 것이다. 그래서 밥도 아침에 조금 먹은 것 말고는 더 못 먹었다. 오리 알과 조기, 명태만 먹었다. 홍시를 그렇게 많이 먹었지만 입에 자꾸 침이 생기는 것은 다행이구나 싶다. 그런데 오줌 양이 도리어 적어지고 다리와 아랫배가 가려운 것이 걱정이다. 내일은 정말 홍시를 다 갖다 버리든지 해야겠다고 마음먹었다.

오늘 한 것은 일본 책 《약초(藥草)》에 나온 사진을 보고 우리말 이름을 적어 넣는 것인데, 처음에 몇 가지만 식물학 사전을 찾아보고 적어 넣기로 한 것이 자꾸 욕심이 나서 하다 보니 그 책에서 일본서만 있는 약초 말고는 다 찾아내어 적었다. 이런 일을 내가 젊었을 때 해 놓아야 되었는데, 이제사 이런 일을 하게 되니 참 한심하다. 그러나 지금이라도 이런 일을 한다는 것은 매우 소중하고 기쁜 일이라 생각했다. 죽을 때까지 나는 이 세상에 있는 풀이름 한 가지라도 더 알아보는 것을 귀한 일로 삼고 싶다.

2001년 10월 6일 토요일 맑음

오늘도 아침, 낮, 저녁 세 차례로 집 뒤에 가서 홍시를 주워 먹었다. 그리고 낮에는 또 지붕 위에 올라가서 감 족집게로 감을 땄다.

김이구 씨 글*은 오늘 겨우 다 읽었다. 전체 글의 줄거리가 시원스럽게 되어 있지 않고 공연히 자기가 알고 있는 것을 내보이려고 이것저것 남의 작품을 인용해서 읽는 사람을 어리둥

* 〈아침햇살〉 1998년 가을 호에 실린 '아동문학을 보는 시각─일하는 아이들 이후의 길'을 말한다.

214

절하게 해 놓은 데가 몇 군데나 있고, 그러다 보니 앞뒤의 논리가 맞지 않기도 하여 무척 읽기가 거북스러웠지만 전체로 보아서 하고 싶어 하는 주장이 있기는 하다.

그것은 "일하는 아이들"이 이제는 쓸모없는 관념이 되었으니 거기서 벗어나야 된다는 것이다. 그렇게 벗어나는 길이 어디 있나? 결론에서 채인선이란 작가의 "역할 바꾸기"에 있다고 했다. 이런 "일하는 아이들"의 길에서 벗어나는 것을 일본의 가라타니 고진이란 평론가가 말한 "전도"의 논리에서 발견한 모양이니 참 어처구니가 없다. 정말 한심스럽다는 생각이 들었다. 귀찮지만 어쩔 수 없이 여기에 대한 글 한 편을 써야겠다고 마음먹었다. 원종찬 씨도 김이구 씨와 똑같은 태도로 쓴 것이구나 깨달아진다. 누가 먼저 "전도"를 신봉했는지 모르지만 아무튼 두 사람이 같은 창비에서 일하고 책 내고 했으니 같은 생각을 하기도 쉬웠으리라.

오늘은 몇 군데 전화를 걸고, 또 받기도 했다. 먼저 송현 씨가 전화를 했다. 병원에 입원해서 수술도 하고 치료도 했다고 한다. 위 안에 조그만 혹이 생겨서 그것을 없애는 수술을 하러 가다가 교통사고가 나서 다리를 다쳤는데, 수술을 먼저 하고, 다리 다친 것을 또 치료해서 이제는 걸어 다니게 되었다고 해서 천만다행이구나 싶었다.

다음은 이대로 선생한테서 전화가 왔다. 올해 우리 말 지킴이와 훼방꾼 뽑은 이야기를 했다. 들으니까 잘 선정했구나 싶어 잘했다고 반가워했다. 그리고 한글학회에서 해마다 주는 상을 신정숙 씨가 받게 되었는데, 자기가 추천해서 받도록 했다고 해서 잘되었구나 싶었다. 고맙다고 했다.

다음 하현철 선생한테는 내가 걸었다. 모친을 요양소에 보냈다고 하면서, 한밤중 1시나 2시쯤에 깨여 잠을 잘 수가 없어 어쩔 수 없이 그런 데 보내고 보니 자식 된 도리를 못하는 것 같아 괴로워 견딜 수가 없다고 했다. 그래도 그런 곳에서 더 알뜰히 보살펴 주니 다행이지만 나이 백 세 가까운 분을 자식이 돌보지 못하고 그렇게 하니 사람의 도리가 아니라고 했다. 아들따님들이 한 주에 한 번씩 모두 가서 만나니 아마도 거의 날마다 자식들을 만나시는 모양인데, 그래도 요즘은 너무 외로우신지 목에 가래가 생긴다든가, 그렇게 되면 오래 견디지 못하신다면서 무척 괴로워했다. 나는 "살아 있는 사람이 살길도 생각해야 하니 너무 괴로워 마시라" 했다.

권정생 선생하고 전우익 형한테는 저녁에 걸었다. 권 선생한테 걸었더니 대뜸 "미국 테러 사건, 어떻게 생각합니까?" 하고 물어서 그 얘기를 한참 했다. 전 형한테는 밤 줍고 까고 먹는 얘기를 하면서 시를 써 보라고 권했다. 그랬더니 그런 것 쓰는 것보다 손으로 만들고 하는 것이 더 편하다고 했다. 편한 것만 찾지 말라고 했더니 웃었다. 정말이지 글 쓰는 것은 힘들고 괴롭다. 내일부터는 김이구 씨 글을 비판하는 글을 써야 하는데, 정말 쓰기 싫은 글이다. 쓰기 싫지만 어쩔 수 없이 써야겠다. 이것이 바로 내가 지고 가야 할 십자가란 생각이 든다.

2001년 10월 19일 금요일 맑음

'아동문학과 글쓰기, 어떻게 할 것인가'를 이제 겨우 다 보고 고치고 다듬었다. 지금 시간이 밤 10시 반이 지났다.

주중식 선생 내외분이 아까 5시쯤에 와서 한참 이야기하다가 나갔다. 내일 일찍 대전 간다고 했다. 나가면서 다른 원고 준비한 것도 입력하겠으니 달라고 했다. 이쯤 되면 내가 자꾸 쫓길 판이다. 그 원고 주면 또 곧 쳐서 보내올 것인데, 그걸 볼 틈이 없다. 아직 내가 새로 쓰려고 하는 원고가 있어 그것 쓰는 데 정신을 다 기울여야 하는데, 이렇게 되고 보니 그 컴퓨터란 기계 때문에 내가 쫓겨서 불안하게 됐다. 내일 아침 주 선생 내외가 오면 그런 말을 해야겠다.

후유! 오늘은 내가 쫓겨서 살았구나 싶다. 까짓것 일 좀 덜하더라도 천천히 여유 있게 살아야지.

2001년 10월 30일 화요일 맑음

오늘은 논문 쓴 것 중에 다시 보충할 것이 있어 그것을 쓰다 보니 더 나가지 못했다. 오후에 정우가 와서 감을 딴다고 해서 같이 따다 보니 그만 저녁이 되어 버렸고, 밤에는 그 감을 깎는다고 지금까지 매달렸다. 모두 60개 깎았다. 지금은 10시 35 분이다. 오늘은 좀 늦게 자게 되었다.

감을 깎는 일은 글을 쓰는 일보다 더 재미있고 마음도 편안하다. 전우익 형은 이래서 나무토막으로 늘 무엇을 만들고, 부들로 자리를 매는구나 싶다. 나도 글을 안 쓰고 농사일이나 하고 살았으면 몸도 훨씬 건강했을 것인데 하는 생각이 든다. 그까짓 글 써서 뭘 하겠나. 교육이고 문학이고 정치고 뭐고 결국 제멋대로 갈 것인데 내가 거기 무슨 일을 할 수 있겠는가. 다 헛되고 또 헛된 것일 뿐이다.

2001년 11월 7일 수요일 맑음

논문 쓰고, 신문 읽고, 더러 누워 쉬고, 그러다 보니 하루가 어느새 지나갔다.

어제 〈한겨레신문〉에서 김규항이란 사람이 쓴 '얼치기 도사들'이란 글을 읽었는데, 그 내용은 김지하, 박노해, 이현주 같은 지식인의 문제점을 지적한 것으로 이들을 "얼치기 도사"라고 한 것이다. 나는 그 글을 읽고 좀처럼 이런 사람들의 문제점을 글로 쓰는 이가 없는 터에 내가 보는 견해와 같은 생각을 시원하게 썼다는 느낌이 들어 무척 반가웠다. 이것은 좀 전에 인권 운동을 하는 서준식 씨가 김지하와 작가회의가 화해를 했다는 것을 비판한 글을 읽고 반가웠던 그 느낌이 또 한번 오게 되었구나 싶었다. 그래서 오늘은 그 글을 쓴 젊은이에게 반가움을 전하려고 오후에 한겨레신문 여론매체부에 전화를 걸어 김규항이란 사람이 출판인으로 되어 있는데 어느 출판사입니까, 물었더니 아웃사이더란 격월간지에 있다고 했다. 그래 아웃사이더출판사의 전화번호를 알아보려고 낮은산 출판사 정광호 씨한테 전화로 물어보니 잘 모르는데, 조금 뒤 조사해서 알리겠다고 했다. 조금 뒤 전화가 와서 알았는데, 그곳에 전화를 했더니 어떤 아가씨가 받았고, 김규항 씨가 여기 나오지는 않지만 연락은 된다고 했다. 그래서 내가 전화를 거는 까닭을 말하고 다음 연락이 되면 좋은 글을 써 주어서 참 반갑다는 말을 전해 달라고 하고 끊었다.

오늘도 곶감 내다 말리고, 낮에는 팥 삶아 냉장고에 둔 것 다시 꺼내어, 거기 물을 부어 돌을 일어서 새로 끓이고 하느라고 거의 밖에도 나갈 틈이 없었다. 그런데 오늘이 벌써 입동이구나!

낮에 잠깐, 문 앞에 곶감 말린 것 보러 나갔다가 대추나무 밑에 가 보았더니 어제까지 가지 끝에 달려 있던 그 대추 알 하나가 어느새 떨어졌는지 보이지 않았다. 그 대추 알이 떨어졌을 것 같은 곳을 아무리 보아도 보이지 않았다. 어느 새가 물고 갔는가? 대추 따 먹는 새는 없을 것인데, 어찌 된 건가? 알 수 없었다. 대추가 아무리 끝까지 견딘다고 해도 입동 날까지는 견딜 수 없구나 싶다.

중·고등 학생 문집 원고 읽고, 읽은 데까지 편집과 작품 전체에 대한 내 의견을 전화로 보리출판사에 말해 주었다. 그리고, 앞으로 죄다 읽은 다음에 또 말하겠다고 했다.

오늘 아침에는, 앞으로 사태가 되어 나가는 것 보아서 아동문학 단체를 새로 하나 만들면 좋지 않겠나 하는 생각이 들었다. 어린이문학협의회를 시작했던 중요 멤버들이 중심이 되고, 다시 그동안 동참했던 사람들과 젊은이들, 그리고 전체 아동 문단에서 우리 편에 가담할 사람들을 연락해서 문단의 판도를 새로 짜는 것도 좋겠다는 생각이 든 것이다. 이름은 '어린이를 살리는 문학인협의회'쯤으로 해서 나는 회장이고 다른 임원조차 안 맡고 주선만 해 주고 싶다. 회의 강령과 회칙은 윤기현이한테 미리 만들어 보라고 해서 그 강령에 진심으로 찬동하는 사람만 모이도록 하면 되겠다 싶었다. 잘 생각해 봐야지.

부산의 박선미 선생이 글쓰기회로 단감을 세 상자 보냈는데, 글쓰기회로 한 상자, 노광훈 씨한테 한 상자, 나 앞으로 한 상자 보냈다면서 아침에 노 씨가 가져왔다. 박선미 선생은 밀양이 고향이고, 거기 부모님이 계셔서 감나무가 많이 있다고 한다. 저녁에 깎아 먹어 보니 맛이 좋았다. 정우는 "요새 감값이 아주 헐해요. 네 갠가 다섯 개에 천 원이래요" 해서 놀랐다. 요새는 아이고 어른이고 이런 과실은 잘 안 먹고, 공장서 나오는 이상한 것만 사 먹는다. 더구나 감은 깎기가 귀찮아서도 안 먹을 것 같다. 아무튼 고마워서 인사하려고 전화를 걸었더니 박 선생은 아직 오지 않았다고 해서, "글쓰기회로 보내온 감 잘 받았고, 고맙게 잘 먹겠다고 인사말 전해 주세요" 하고 끊었는데, 받은 사람이 중·고등 학생쯤 되어 보였다.

내가 참 복도 많다. 이렇게 감이고 대추고 밤이고 배고, 좋은 과실을 날마다 먹고 싶은 대로 먹으니까.

참 오늘이 내 생일이다. 내 생일이라고 정우한테 말하지도 않았다. 정우도 저녁에 와서 아무 말이 없이, 오늘 회관 벽에 돌 붙인 일과 단감 이야기만 하다가 가서 마음이 놓였다. 이렇게 모두 나를 잊어버리는 것이 참 마음이 편하고 좋다.

정우가 간 뒤에 광주 윤기현 씨한테 전화를 걸었다. 앞으로 사태 추이를 보아서 아무래도 아동문학의 판도를 다시 짜도록 하는 것이 좋겠다. 어린이문학협의회가 이쪽 희망대로 운영이 된다고 하더라도 새로 창립하여 새 출발을 하는 것이 좋겠는데 윤 선생이 그 일을 추진하는 데 중심이 되어 달라고 했더니, 급한 일 마쳐 놓고 한번 찾아가겠다고 했다.

2001년 11월 18일 일요일 맑음

오전에 보리에 줄 책 머리말을 모두 다시 써서, 오후 2시에 원종찬 씨가 왔을 때 주었다. 뜻밖에 글이 길어져서 2백 자 원고지로 스무 장이 넘을 것 같았다. 원종찬 씨와 같이 글쓰기회 사람들이 여럿 와서 앞뜰 풀밭에 앉아 한참 얘기하다가 갔다. 부산에서 이상석 씨도 같이 왔다.

오후에는 또 〈한겨레〉 출판부에 보낼 책 머리말을 초안 가지고 다시 다듬어 썼다. 쓰다가 중간에 그만 몇 줄 빠뜨렸다. 내일 다시 써야겠다. 아무튼 오늘은 일을 많이 해서 마음이 푸근하다.

오후에 밖에 나가서 글쓰기회 사람들 보내고 나서 구기자를 한참 땄다. 아직도 시퍼런 열매가 달려 있기는 했지만 그것은 안 될 것 같다. 이제 빨갛게 된 열매도 그리 커지지 않고 자칫하면 딸 때 물러 터졌다. 날씨가 추워져서 이제 열매가 제대로 익을 수 없게 된 것이다. 구기자를 다 따고 집 뒤에 가서 쳐다보았더니 아직도 감 하나가 달려 있었다. 그 감 쳐다보러 날마다 한 번씩 집 뒤에 가게 되었다. 언제까지 저렇게 달려 있을까?

참, 오후 2시에 글쓰기회 사람들이 와서 앞뜰에 앉아 이야기할 때, 오늘 이사회에서 겨울 연수회 주제를 정한 것과 발표할 사람 작정한 것을 알려 주었다. 이번 겨울 연수 주제가 농촌 아이들이 읽을 동요 동시의 문제를 가지고 이야기하게 되는데, 내가 쓴 《농사꾼 아이들의 노래》와 임길택 씨의 시집을 가지고 공부한다고 했다. 나는 "그렇게 정했으니 예정한 대로 하면 되겠지요" 했지만 속으로 좀 답답했다. 최근 일어났던 미국 도시 건물 폭파 사건과 아프가니스탄 전쟁 문제를 가지고 전쟁과

평화를 어떻게 아이들에게 가르칠 것인가 하는 자료로 쓸 수 있는 참 좋은 기회인데, 우리 글쓰기회원들이 이렇게 둔감한가 하고 또 한번 놀랐다. 왜 이렇게 모두 답답한가? 이렇게 머리가 안 트이는가? 모두 잘못된 교육, 도무지 자유롭게 생각하는 마음을 길러 가는 교육을 받지 못했기 때문이다. 벽이다. 이게 어쩔 수 없는 벽이구나 싶다. 아니면 모두가 아직도 자기 앞밖에 못 보는 근시안이거나 이기주의자가 아닌가 싶다.

2001년 12월 5일 수요일 흐린 뒤 맑음

간밤에는 자다가 깨어나 아이들이 바로 읽을 수 있는 잡지를 만들어 봐야겠다는 생각이 났다. 어른들 보는 아동문학지가 아니고 정말 아이들의 책이라야 될 것 같다. 책 이름은 '어린이와 문학'이라 하고 싶다. 그래서 글자는 읽기 좋게 큼직하게 하고 그림도 많이 넣어서 보기도 좋게 해야지. 동화 두 편, 시 세 편쯤 싣고, 우리 말 공부도 할 수 있게 하고, 부모와 함께 읽는 문학 이야기도 싣고 싶다. 쓴 사람들에게 고료도 주도록 해야겠다. 편집위원으로 권오삼, 박상규 그리고 대구 있는 서정오, 윤태규, 이호철 세 사람도 함께하도록 하고 싶다.
출판사는 지식산업사나 한길사에 우선 알아봐야겠다.
11시쯤에 권오삼 씨한테 전화로 얘기했더니 할 수 있으면 좋겠다고 찬성했다. 박상규 씨한테도 의논해 봐야겠다.

2001년 12월 15일 토요일 맑음

저녁때 윤기현 씨가 광주에서 전화를 걸었다. 서울 불광동에 방을 얻어 놓고 내일 이사를 한다고 했다. 7백만 원에 월세 25만 원이라 했다. 불광동이면 현우가 일하는 직장이 있는 동네로, 공기가 좀 좋은 곳이다. 잘되었다. 건강에 조심하면서 글도 잘 쓰고 단체 일도 잘해 나가라고 말해 주었다.

밤에 자는데 배가 부글거렸다. 그래도 참고 자다가 2시쯤에 일어나 온살돌이를 5분쯤 하고서 설사라도 나오겠다 싶어 변소에 갔더니 똥은 나오지 않았다. 오줌도 아주 적게 나왔고 갈증이 좀 나서 구기자+대추차 멀건 것을 좀 마셨다. 원인이 어디에 있나? 어제저녁에 정우가 가져온 오리고기에 껍질 붙은 것 좀 먹었는데 기름기가 많이 들어가서 그런가? 어제부터 식후에 한 개씩 먹은 홍삼캔디가 나빴나? 알 수 없다. 홍시는 아주 데워서 먹었다. 6시 가까이 되어서 변소에 갔지만 똥은 여전히 나오지 않았다.

아침을 먹고, 〈한글소식〉지를 좀 보다가 오랜만에 권정생 선생한테 전화를 걸었더니 서로 말이 많이 나와 한 시간도 넘게 이야기했던 것 같다. 수화기를 놓으니 12시가 다 되었다.

이현주 목사에 대해서는 나와 생각이 비슷했다. 그런데 농민들 얘기에서는 생각이 달랐다. 농민들도 할 수 없다. 도시 사람들처럼 살아가려고 하는 것이 당연하다고 하면서 도시 사람

224

들, 지식인들, 돈 많은 사람들이 바뀌어야 한다는 것이 권 선생 의견이었다. 나는 도시 사람이나 농촌 사람이나 똑같다. 도시 사람들, 지식인들, 권력과 돈을 잡고 있는 사람들이 달라지기를 바랄 수 없다. 농민들이 도시 사람들처럼 살아가지 말아야 한다는 것은 그렇게 해서 사회를 고칠 수 있다는 것보다 우선 그렇게 해야 개인이 먹고살아 갈 수도 있다고 보기 때문이라고 했다.

이래서 한참 주고받다가 결론이 안 나서 전화를 끊었는데, 권 선생은 폭력의 문제를 많이 얘기하기도 했다. 내가 폭력이 어째서 생겨난다고 봅니까, 하고 물었더니 폭력은 도시에서 생겨나고, 도시에서 생겨난 폭력의 근원은 서양이라 했다. 서양 사람들이 폭력으로 아프리카 사람, 남북 아메리카 사람, 아시아 사람, 호주 사람들을 그렇게도 많이 죽였다고 했다. 그것도 사실이지만 폭력은 물질이 너무 풍부하고 잘 먹고 잘살게 되면 생긴다고 했다. 먹을 것이 많으니 일도 안 하고, 많이 먹으니 몸에 힘이 넘쳐 자꾸 폭력을 쓰게 된다고 했다. 그런데 그런 폭력으로 살아가는 힘 있는 사람, 넉넉한 사람 따라서 살고 싶어 하는 것이 당연한가요, 했다. 그리고 권 선생 말대로라면 해결 방법이 없잖아요, 힘 가지고 있는 사람 절대로 반성하지 않아요, 대통령이 잘해야 모든 것이 잘된다지만, 그 대통령은 누가 뽑는가요, 하고 물으면 권 선생은 또 "그러니까요……" 하고 다른 말을 해서 자꾸 이야기가 길어진 것이다. 내가 보기로 권 선생은 내 말에 자꾸 반대만 하다가 대답을 제대로 못 하는 것 같았다. 결국 한 가지 "모두가 가난하게 살아야 한다"는 데는 생각이 같았다. 그런데 애기를 해 보면 자꾸 말이 빗나가는 것이 안타까웠다.

2001년 12월 23일 일요일 맑음

8시쯤에 자려고 하는데 글쓰기회 사람들이 왔다. 이상석, 최교진, 황금성 그 밖에 또 세 사람이 와서 30여 분 얘기하다가 갔는데, 모두 오늘 방학했다고 한다. 이상석 씨는 이번에 낸 책《못난 것도 힘이 된다》1, 2권을 가지고 와서 두고 갔다. 오늘 글쓰기회에서 망년회인가 송년회인가 하는 모양이다.

감나무에 감이 한 개도 안 남았다. 26개 남겨 놓았는데 겨우 며칠 사이 늘 오는 새가 다 파먹고 어제는 겨우 두 개 남았더니 오늘은 그것도 없어졌다. 앞으로 긴 겨울 동안 새들은 무엇을 먹고살까?

오전에 글쓰기회에 가 보려고 아침에는 미리 옷도 두껍게 입고 있었지만 그만 가지 않았다. 젊은이들끼리 재미있게 지내는데 내가 괜히 가서 판을 깨게 될 것 같기도 하고, 또 날씨가 추울 텐데 걸어가는 동안 어찌 될까 염려도 되었기 때문이다.

그런데 오후 1시가 지나서 회원 10여 명이, 지금 마치고 내려가는 길이라면서 왔다. 나가 보니 뜻밖에도 날씨가 아주 따뜻해서 뜰에 마른 풀을 깔고 앉아 한참 애기했다. 도서연구회의 이송희 씨가, 조월례 선생이 보낸 선물이라면서 두툼한 한복 윗옷을 내놓아서, 그것을 입으니 참 후끈하고 몸에도 잘 맞고 색깔도 좋았다. 그것을 입고 글쓰기회원들하고 사진도 찍었다. 내가 남에게 해 준 것은 없는데, 이렇게 자꾸 귀한 것을 받기만 하니 어떻게 하겠나 싶다.

글쓰기회원들한테 "무슨 좋은 이야기 나누었습니까?" 했더니 최교진 씨가 "선생님한테 혼나지 않도록 하려면 어떻게 해야 하는가 하는 애기만 했어요" 했다. 내가 그렇게 자꾸 혼만 내는 말을 했나 싶어 반성도 되었다.

모두 보내고 나서도 아침부터 읽던 김우경 동화책 《수일이와 수일이》를 얼른 펴 읽을 마음이 안 돼 한참 앉아 있었다. 무엇보다도 내가 이렇게 따뜻한 옷을 입고 겨울을 행복하게 지내게 되는 기쁨을 어떻게 감당해야 하나 하는 생각을 하지 않을 수 없었다.

글쓰기회 연수회가 1월 5~7일이란다. 그때 내 이야기를 듣고 싶다고 하는데 무슨 이야기를 해야 하나. 지금부터 생각을 해 두어야겠다. 이번에는 너무 모가 나는 애기를 하지 말고 좀 부드러운 애기, 따뜻한 애기를 할 수 없을까, 하는 생각을 해 본다. 오늘 글쓰기회 사람들 말 들으니, 회원들이 나를 경원하는 것이 아니라 내 애기를 듣고 싶어 하는 것 같아서 그것이 도리어 내 어깨를 무겁게 한다.

3부

2002년부터
2003년까지

2002년 1월 17일 목요일 흐림

간밤에 비가 좀 왔던 것 같다. 아침에 바깥을 내다보니 땅이 젖어 있었다. 날씨가 좀 싸늘했지만 그래도 0도까지는 내려가지 않았다.

글쓰기회원들 앞으로 보내는 글 정서한 것을 새벽에 일어나 대지에 붙였다. 오전에는 그것을 다시 읽어서, 잘못 쓴 글자를 종이로 붙여서 새로 썼다. 12시 반이 되어 다 끝냈다. 이제 내일은 충주에 가서 인쇄해 와서 우편으로 띄우면 끝난다.

오후에, 전에 써서 주 선생이 컴퓨터로 쳐 보낸 '아동문학과 글쓰기, 어떻게 할 것인가'를 두 번째로 교정하면서, 지난여름 연수회 때 주제 발표문을 다시 읽어 보았더니, 원종찬, 이재복 씨가 쓴 글이 전에 읽었던 것과는 다른 느낌이 들었다. 모두 잘 썼구나 싶다. 그때는 왜 그렇게 좋지 않게만 읽었나, 참 알 수 없다. 그렇게 좋지 않게 보고 내가 얘기하고 쓴 글을 이대로 발표해야 하나 주저가 된다. 내가 쓴 것을 끝까지 읽어 보고 잘 판단해 봐야겠다.

저녁에 정우가 노인네 집 토끼를 잡았다면서 토끼를 가져왔다. 이걸 또 며칠 동안 먹게 됐다.

2002년 2월 2일 토요일 오전 흐리고 오후 맑음

어제 저녁 먹고 나서 귤 두 개를 먹었더니 밤새도록 배가 끓었고, 변소에 여러 번 가야 했다. 사과는 한 때에 반 개, 귤은 한 개, 그 이상 먹으면 설사가 난다고 알고 있으면서 그만 또 잘못한 것이다. 설마 괜찮겠지, 한 것이 이렇게 되었다.

그런데 오늘 낮에 또 실수했다. 점심을 먹고 나서 사과 반쪽을 먹을까 싶어 사과 상자를 보니 좀 못생긴 것이 빛깔도 약간 거므스리한 데다가 들어 보니 가벼웠다. 이게 틀림없이 속이 병든 것이겠다. 속이 상했으면 그곳을 도려내고 먹으면 되겠다 싶어 한 개를 다 깎았다. 그리고 조각조각 갈라 보았더니 뜻밖에 속이 멀쩡했다. 다 깎아 잘게 썰어 놓고 안 먹을 수가 없어 그만 죄다 먹었다.

천천히 오래 씹어 먹으면 괜찮겠지 했는데 아니었다. 배가 불안하고 아팠다. 몸이 나른해서 자주 졸음이 와서 3시가 지나도록 의자에 기대 앉아 있었다. 참 이래서 내가 자꾸 실패한다.

오전에는 시를 썼다. 저녁때 겨우 원고 교정을 좀 했다. 오늘이 2 자만 네 개 있는 날이다. 2만 있는 이런 날은 내 평생 다시 안 올 것이다.

이호철 씨 '고무신 이야기'를 읽고

저녁때 〈경북아동문학 17집 이상한 허수아비〉에서 이호철 씨의 '고무신 이야기'를 읽었다. 그 글에는 《우리도 크면 농부가 되겠지》에 나오는 아이들 글을 여러 편 인용해 놓았는데, 그 글을 읽다가 문득 한 가지 생각나는 게 있었다.

내가 아주 어렸을 때 마을 앞 냇물에서 새로 산 고무신을 신고 물에 들어갔다가 그만 고무신 한 짝을 냇물에 떠내려 보내고 말았는데, 그때 그 일로 해서 아버지한테 엄청나게 야단을 맞았다. 그런데 내가 유소년 시절 고향에 있을 때 그 뜨거운 여름날에도 냇물에 들어가 목욕을 하지 않았는데, 내가 왜 그렇게 물에 들어가 목욕을 안 했는가, 아무리 생각해도 그 까닭을 알 수 없었다.

그런데 오늘 이호철 씨 '고무신 이야기'를 읽고 나도 고무신을 여울물에 떠내려 보낸 적이 있었다는 생각이 들자 그때 그렇게 심한 꾸중을 들은 것이 큰 충격이 되어 그 뒤로 냇물에서 옷 벗고 목욕하지 못하게 된 것 아닌가 하는 생각이 난 것이다. 70년도 더 지나 이제사 그 일을 깨닫게 되는가 싶어 한 가지 내 지난날의 수수께끼를 풀었구나 싶기도 하다.

좀 더 자라나서 바지를 걷고 들어가 고기는 많이 잡았다. 그런데 옷을 벗고 들어가지는 않았다. 여름날 마을의 모든 아이들이 냇물에 뛰어들어 가 놀 때도 나는 절대로 옷을 벗고 물속에 들어가지 않았던 기괴한 버릇을 가지고 있었다. 나는 지금까지 내가 워낙 부끄럼을 많이 타서 남들 앞에서 옷을 벗지 않으려 했다고 생각했는데, 그게 아니었다는 생각이 든다. 이 문제는 좀 두고두고 생각해 봐야겠다.

이 고무신 이야기는 나도 좀 쓰고 싶어졌다.

2002년 2월 5일 화요일 맑음

'일하는 아이들은 버려야 할 관념인가?' 원고 교정과 다듬기를 밤 8시까지 해서 겨우 다 마쳤다. 오늘은 웬일인지 우체국 집배원이 안 와서 신문도 못 보고, 그래서 원고 교정을 더 많이 할 수 있었다. 그런데 배달원이 또 게으름을 피우는 것일까. 주덕우체국에 전화를 걸었더니 "예, 곧 연락해 보고 알려 드리겠습니다" 하면서 내 전화번호까지 물어 놓고도 아무 소식이 없다. 우리 나라 사람들이 이렇게 하는 일이 불성실하다.

저녁에 정우가 저녁을 같이 먹으면서 오늘 마을 사람들이 삼성카드에 속아 넘어간 일을 이야기했다. 카드 쓰면 60만 원짜리 냉장고 공짜로 준다니까 너도나도 받았다는 것이다. 그런데 알고 보니 3년 동안 2천만 원을 쓰지 않으면 3년 뒤에 60만 원을 도로 내주어야 한다고 한다. 그런 계약서(약관)가 있는데, 그 글씨가 너무 작아서 아무도 읽지 못하게 되어 있어서 모두 냉장고를 공짜로 주는 줄로만 알고 도장 찍어 주었다는 것이다. 공짜라면 무엇이고 서로 얻고 싶어 하는 사람들이 자꾸

234

당해 봐야 깨닫는 게지 달리 도리가 없구나 싶었다. 그리고 그 삼성회사란 데가 참 국민들 피 빨아먹는 데구나 새삼 생각되었다.

2002년 2월 7일 목요일 맑음

김 대통령 선물

오늘은 볕이 잘 들어와 낮이 되니 더워서 창문을 한참 동안 열어 놓았다. 《못난 것도 힘이 된다》 서평은, 이제 2권도 반쯤 나갔다. 잘하면 내일쯤 끝날지 모른다.

저녁때 택배가 왔는데, 대통령이 또 선물을 보냈다. 뜯어보니 도자기다. 해마다 추석과 설날이면 이런 선물을 보내는데, 고맙기는 하지만, 이런 걱정하지 말고 나랏일이나 올바르게 했으면 좋겠다.

어제 〈한겨레신문〉에 박정희기념관 세우는 짓 그만두라고 박정희 기념관 반대 국민연대에서 성명서를 냈는데, 제목이 '김 대중 대통령은 우리 독립군을 토벌, 학살한 왜군 장교 박정희 기념관을 세워 주는 민족 반역자'고 되어 있었다. 그 기념관 세우는 데 국고로 2백 억 원을 지원하는 모양인데, 왜 그런 짓을 할까? 그 일을 추진하는 김대중, 신현확, 김용환, 권노갑, 박근혜, 고건 여섯 사람을 국민연대에서는 민족 반역자 신 6족이라 했고, 박정희기념관사업회 명예 회장직을 사퇴하지 않으

면 김 대통령을 매국노 이완용과 같이 보고 규탄하고 하야 투
쟁을 전개하겠다고 했다. 부시란 놈이 곧 여기 와서 김 대통령
과 만날 모양인데, 김 대통령이 하는 일이 그저 위태위태하다
는 생각을 안 할 수 없다.

2002년 2월 17일 일요일 이슬비

 석 달 만에 산책, 사람은 없고, 개만 짖어 대는 마을
 아침부터 글을 쓰다가 11시 반이 되어, 점심 먹기 전에 다리
운동을 좀 해야 되겠다고 마을 위쪽에서 삽차로 땅 파는 일을
하는 정우 있는 데까지 걸어가 보자고 나섰다. 밖에 나가니 흐
린 하늘에 이슬비가 내렸다. 그런데 그 이슬비가 어찌나 작은
방울로 내리는지 옷이 젖을 것 같지 않아 그대로 나섰다. 밖에
걸어 다니지 않은 것이 석 달쯤 되기에 혹시나 싶어 지팡이를
짚고 올라가는데 별로 힘들지 않았다. 날이 푸근해서 조금도
겨울 같지 않았다.
 자꾸 올라가는데, 집마다 개들이 나를 보고 짖었다. 어떤 집에
서는 다섯 마리, 여섯 마리가 마구 짖었다. 사람은 아이고 어른
이고 한 사람도 없고 개만 쇠줄에 매여 짖어 대는 괴상한 개 동
네다. 어른들은 모두 어디 가서 화투장이나 만지고 있는 게지.
 자꾸 올라가서, 복숭아밭을 지나 맨 위쪽까지 갔지만 일하는
곳이 안 보였다. 돌아서 내려오려고 하면서 보니 건너편 동쪽

산턱에 삽차가 보인다. 집터 닦는 곳이 그쪽인 것을 몰랐던 것이다. 그곳을 보니 아주 엄청나게 많이 닦아 놓았는데 정우는 안 보이고 아무도 없다. 오늘은 쉬는 모양이다. 그대로 내려오니, 또 개들이 짖어 댔다. 불쌍한 개들! 나를 무섭다고 짖는가, 반갑다고 짖는가. 꼬리를 흔들며 짖는 놈은 틀림없이 사람이 반가워 짖는 것이겠지. 그중에는 짖지도 않고 가만히 나를 보기만 하는 것도 있는데, 그 개의 눈이 참 슬퍼 보였다.

산책하는 데 30분쯤 걸렸지만 이슬비가 조금도 옷을 적시지 않았다. 이런 이슬비를 뭐라 해야 하나? 처음 보는 이슬비다.

글쓰기회 편집부원들 찾아옴

돌아와서 점심을 먹고 나니 고호자 씨가 왔다. 잠옷을 지어 왔다면서 내보이는데, 바지가 두 벌이고 빛깔도 좋았다. 낮에도 방에서 입으면 좋겠다 싶었다. 참 고마웠다. 그런데 곧 또 글쓰기회 회원들이 아홉이나 와서 자리를 비켜야 했다. 그래서 고호자 씨는 한참 동안 옆방에서 춥게 기다리다가 할 수 없이 간다고 나갔다. 몸이 아프다면서 다음에 온다고 했다. 참 미안했다.

글쓰기회원들이 전 같으면 잠시 인사만 하고 나갔는데 오늘은 웬일인지 오래 있었다. 황금성 회장은 회보 편집회의 하는 데는 잘 안 오는데 이번에는 왔다. 그래서 오늘 편집부 사람들을 여럿 데리고 와서 이것저것 이야기하면서 내 말도 듣고 싶어 했다. 이상석 선생 편지글을 회보에 실어도 되는가 해서 그건 이상석 선생한테 물어볼 일 아닌가 했더니, 그 편지를 모두 돌려 가며 읽었는데, 앞으로 회원들이 선생님 앞으로 편지를 많이 쓰도록 하자고 의논했다고도 했다. 그리고 차를 한 잔씩 마시도록 했는데 속초의 김광견 씨가 이원수 동시 '감자'를 노래로 부르기도 해서 나도 권유를 받고 '빨간 열매'를 불렀다. 글쓰기회원들이 이제 유달리 나를 가까이 하고 싶어 하는 것 같았다.

모두 나갈 때 신정숙 씨만 좀 남으라고 해서, 편지 두 통을 과천서 부치라고 주고, 우리 말 운영위원회 언제 있나 물었더니 다음 토요일 남해에서 있는데, 저는 이제 간사 일 그만두기로 해서 안 가겠다고 김수업 선생님한테 말했어요, 했다. 그래서 우리 말로 글을 쓰는 모임을 새로 하나 만들 것인가 물었더니, 올해는 글쓰기회에서 우리 말에 관한 글도 쓰고 우리 말 공부도 하기로 했다면서, 우리 말 모임에 불만스러워하는 사람은 글쓰기회에 와서 만나도록 하려 한다고 했다. 글쓰기회가 워낙 하는 일이 많아서 그게 잘되겠나, 차라리 딴 모임을 만들어, 가끔 글쓰기회와 함께 모이는 자리를 가지면서 일해 나가는 것이 좋지 않겠나 했지만, 그렇게 해서 우리 말 공부하는 사람이 많아지면 그때 따로 나가 모임을 만들 수 있다고 했다. 그리고 지금 글쓰기회 사람들도 우리 말 공부 많이 해야 한다고 모두 말하고 있다고 해서 그렇게 하라고 했다.

2002년 2월 19일 화요일 맑음

현우가 7시에 일어나 바삐 나갔다. 출근 시간에 늦겠다면서 나갔다. 《일하는 아이들》 마지막 교정지를 주어서 다음에 가져오라 했다. 출판은 보리에 맡겨서, 한정판으로 하지 말고 많이 보급하기로 했다.

오늘은 글쓰기회 회원을 대표해서 보낸 이상석 선생의 편지글에 대한 회답 글을 썼다. 그래서 이 편지글도 이번 평론집에 넣기로 했다.

2월 19일, 오늘이 아버지 돌아가신 날이다.

아, 내가 얼마나 불효막대한 자식이었던가! 아버지 살아 계셨을 때 언제나 걱정하시게 한 것 생각하면 천추에 한이 된다.

돌아가신 날도 기억해 두고서 기도 한번 드린 적이 없다. 호적부 보고 적어 둔 것을 이번에 보고서 처음으로 이날을 생각하게 되었으니 내 불효한 죄를 씻을 길이 없다. 그래도 아버지는 저세상에서 언제나 나를 생각하셔서 도와주시는 것 아닌가! 그래서 이 몸도 죽음을 이겨 내고 이렇게 다시 건강을 되찾게 된 것이지. 틀림없이 그럴 것이다. 아, 아버지! 고맙습니다. 앞으로 열심히 살면서 좋은 일 많이 하겠습니다.

2002년 2월 25일 월요일 맑음

어린이도서연구회 여섯 분과 어린이문학협의회 여섯 분 찾
아옴

낮에 어린이도서연구회에서 먼저 와서 나도 같이 가게에 가
서 점심을 먹는데, 나는 벌써 먹은 다음이라 앉아서 이야기만
했다. 이주영, 조월례, 김중철, 이송희, 또 그 밖에 두 사람이
다. 다 먹고 나니 그때사 어린이문학협의회에서 왔다. 거기도
여섯 사람인데, 윤기현 씨와 새로 일하게 될 편집부 사람들이
다. 윤 씨들이 점심을 먹는 동안 같이 이야기하다가 다 먹고 나
서 모두 내 옆방에 와서, 먼저 협의회 쪽에서 말한 〈어린이문
학〉 편집 계획을 듣고, 다음 도서연구회에서 올해 새롭게 하려
는 일에 관해 이야기를 듣고 나서 내가 잠시 말을 했다.

내 이야기는 대강 이렇다. 지금 우리 아동문학이 방향을 못
잡거나 잘못된 세태에 휩쓸려 가고 있는데 무엇보다도 가야
할 기본 방향을 확고하게 잡아야 한다. 지금 우리 사회와 역사
는 분명히 일제 친일 반역 세력과 싸우는 단계다. 친일이 곧 친
미 세력이고 외세 의존 세력이다. 이 싸움에 실패하면 우리는
영원히 미국의 식민지요, 노예로 떨어질 것이다. 그리고 우리
아이들도 참된 민주 세상을 만드는 사람다운 사람이 되도록
키워야 하겠고, 문학도 이 길로 나가도록 해야 한다. 가는 목표
를 확고하게 정해서 흔들리지 않도록 하고, 그리고 도서연구

회와 협의회와 글쓰기회가 손잡고 나가면 아무리 세상이 어지럽고 글 쓰는 사람들이 모두 유행과 세태를 타서 장사꾼 노릇을 하더라도 우리 문학의 중심은 언제나 잡혀 있을 것이다.

대강 이런 얘기를 해 주고 나서 평론하는 사람들의 태도도 말해 주었다. 이재복 씨는 여전히 판타지와 일본 문학 얘기만 하고 원종찬 씨는 좀 방황하다가 겨우 마음을 다잡는다고 하고, 젊은이들이 왜 그런지 꼭 해야 할 말은 안 하고 쓸데없는 이론만 늘어놓는다는 것, 최근 춘천교대에 있는 ○○○ 씨가 평론집을 낸 것을 보내왔는데, 그 머리말을 읽었더니 자기는 아동문학을 예술로 보고 생각한다면서, 아이를 위해 작품을 쓴다는 것은 문제가 있다는 태도로 말했는데, 예술을 위한 예술을 오늘날 자살하는 아이들이 자꾸 나오는 이 기막힌 땅에서 주장하는 사람이구나 싶어 실망했다고 했다. 그리고 나서 내가 애용하는 밥그릇을 가지고 와서, 이런 것이 그 옛날에는 서민들의 밥그릇이었는데, 요즘은 이것이 엄청난 값으로 되어 있는 예술품이라고 하고, 삶을 떠나서 예술이 없고, 세계문학에서 훌륭한 명작으로 되어 있는 작품은 모두 인간의 참된 삶의 문제를 풀어 보려는 것으로 되어 있고 그래서 그것이 훌륭한 문학이 되어 있다고 했다. 내 이야기를 듣고 모두 수긍하는 것 같았다.

오후 4시쯤 되어 모두 떠났다. 나가고 난 다음에 방을 모두 치우고 쓸고, 방이 따뜻해서 거기서 신문을 한참 보다가 내 방에 돌아왔다.

간밤에는 꿈에 무슨 일로 전두환 씨한테 몹시 시달렸다. 오늘 무슨 불길한 일이 일어나려나 하고 좀 걱정을 했는데, 나쁜 일은 조금도 없었다. 꿈도 안 맞는 수가 있구나 싶었다.

2002년 3월 4일 월요일 맑음

《괭이부리말 아이들》을 읽었다. 지금 읽은 데가 반 가까이 갔는데, 가난하게 살아가는 사람들의 삶을 애정을 가지고 그려 보인 것은 좋은데, 너무 미화했다는 느낌이 들기도 했다. 영호란 청년이 일자리도 못 구해 걱정하면서도, 부모가 다 있는 명환이를 데려다가 먹이고, 또 같이 데리고 있던 동수란 아이가 본드를 마시면서 깡패짓으로 아이들 돈을 뺏고 하다가 경찰에 잡혀 들어가자 경찰에서 주는 밥은 못 먹는다니까 사식까지 대고 백만 원을 들여 변호사까지 사고 하는 것이 너무나 미화하는 것 같았다. 한 이틀 더 읽어야 끝날 것인데, 박기범 씨 동화보다 못하다는 느낌이 든다.

낮에 보리출판사에 전화를 걸어서 《일하는 아이들》 책을 내 주겠는가 물었더니, 내일 찾아오겠다고 했다. 저녁때 신정숙이도 같이 오겠다고 전화가 왔다.

저녁에 이주영 씨가 전화를 했다. 어떤 사람이, 일제시대 이원수 선생이 친일 동시를 〈반도의 빛(半島の光)〉 1942년 8월호에 발표했다고 하여 컴퓨터 사이트에 글을 썼다고 하면서,

그런 일 아십니까, 했다. 나는 그런 일은 모르고 듣지도 못했다고 하니까 그 글을 보내 주겠다고 했다. 이원수 선생이 그런 시를 썼다니 뜻밖이다.* 그 〈반도의 빛〉이란 잡지가 금융조합에서 낸 책이라서, 아마도 사실인 모양이다. 어떤 글인지 모르지만 그런 글을 썼다면 선생의 이력에 커다란 흠일 수 있다. 그러나 이원수 선생이 해방 이후 언제나 독재 권력에 맞서 꼿꼿한 몸가짐으로 살아왔던 것을 생각하면 그분에 대한 믿음과 존경이 일제시대의 그런 행적으로 달라질 수 없다. 내가 알고 있는 이원수 선생은 우리 아동문학계에서 가장 깨끗하고 올바르게 살아간 사람이었던 것이다.

2002년 3월 17일 일요일 맑음

오늘은 《괭이부리말 아이들》 서평 쓴 것을 다시 읽어서 다듬고, 저녁때는 《문제아》 서평 원고를 보기 시작했다.

어젯밤에는 잠을 실컷 잤는데, 아침에 일어나니 몸이 찌뿌듯

• 2002년 3월에 이원수가 일제 말기에 나온 잡지 〈반도의 빛(半島の光)〉에 '지원병을 보내며', '낙하산' 같은 친일 동시를 쓴 사실이 확인되었다. 이오덕은 이에 한국글쓰기연구회 회보 〈우리 말과 삶을 가꾸는 글쓰기〉에 '이원수 선생의 일제 말기 친일 시, 어떻게 볼 것인가'를 썼다. 이오덕은 이 글에서 "선생의 친일 시는 우리 민족 앞에 크나큰 죄를 지은 것"이지만, "남북 분단의 비극과 통일을 바라는 우리 겨레의" 바람을 "여러 동화 작품에서 훌륭하게 그려" 보인 "선생의 문학과 인간에 대한 내 믿음이 조금도 흔들리지 않았다"고 밝혔다.

하고, 낮에 잠이 와서 한참 누워 있었다. 이제 몸이 다시 좋아지는 것 같다.

낮에 김녹촌 선생이 전화를 했다. 〈어린이문학〉 4월 호에 평론을 한 편 좀 써 달라는 요청이었다. 새로 들어온 편집진이 처음 내는 4월 호에 좀 무게가 있는 평론이 없어서 어렵게 되었다고 했다. 윤동재도 바빠서 못 쓴다고 했다는 것이다. 할 수 없이 쓰겠다고 했다. 정 바빠 못 쓰면 써 놓은 서평이라도 내겠다고 했다. 평론 쓸 사람이 그렇게 없다니 문제가 크구나 싶다.

2002년 3월 22일 금요일 흐림

《괭이부리말 아이들》 감상문 중 참고할 것을 정리해서 모두 다 쓰고, 저녁때는 《마당을 나온 암탉》도 좀 시작해 놓았다.

오늘 신문 보니 중국서 불어온 황사가 다른 때의 20배가 되어 서울과 그 근처 도시의 초등학교가 모두 휴교했다고 한다. 낮에 밖에 나가서 정우가 논 정리하는 것 보았는데, 하늘이 온통 뿌옇게 덮이고, 날씨가 너무 쌀쌀해서 곧 들어왔다.

신문에는 좋은 소식 하나가 나왔다. 민주당의 노무현 씨가 한나라당 이회창 씨보다 지지율이 아주 크게 앞서 있다고 한다. 그래서 민주당 자체가 활기를 띠고, 정계 개편도 노무현 씨를 중심으로 될 것 같다고도 했다. 모든 일이 절망스러웠는데, 이제 한 가지 희망이 트이는 구석이 나왔구나 싶다. 이회창, 이인제 판이 되었더라면 큰일 날 뻔했는데, 참으로 다행이다.

2002년 3월 27일 수요일 맑음

아침에 책을 보는데 자꾸 졸음이 오고, 몸이 지긋지긋하고 발목 같은 데 뼈가 쑤시고 해서 그만 책을 덮고 누워 있다가 또 앉아 책을 펴도 여전히 그랬다. 배가 좋지 않은 듯해서 변소에도 두어 번 갔지만 대변은 한 번 나왔다. 간밤에는 잠을 많이 잤는데 어째서 몸살이 나나? 새벽에 장쾌삼이란 것을 아주 조금 물 타서 마신 것은 여러 날 전부터 그랬는데 괜찮았다. 아침에는 콩죽을 밥 조금하고 말아서 먹었는데, 그 콩죽이 소화가 아주 잘되어서 먹고 싶었는데, 그게 탈이 났다고 생각되지 않는다. 오리 알 반 개, 명태 반 토막도 먹어서 단백질이 너무 많이 들어갔는가? 지금은 10시 20분이 지났다. 오늘도 날씨는 푸근하다. 창문을 활짝 열어 놓고 이 글을 쓴다.

아침에 읽은 책은 내 동화책 《종달새 우는 아침》이다. 여러 날 전에 어린이교육연구원의 송재진 씨가, 지난번에 계약해서 내기로 한 그림책 《버찌가 익을 무렵》을 다시 계획을 바꾸어, 작품 여러 편을 한 권으로 묶어 내야겠다고 간청을 해 와서, 할 수 없이 한번 생각해 보겠다고 해 놓고 며칠 전에 전화로 내 작품을 그대로 내고 싶은 생각이 조금도 안 나고, 그런 걸 아이들한테 읽히고 싶지 않고 만약 내더라도 글을 다시 모두 고쳐 써야 하니 그만두자고 했다. 그랬더니 자기가 그 동화책을 세 번이나 읽었는데 참 좋더라고 하면서, 꼭 바쁘시면 글 고치는 것은 천천히 시간 날 때 하시고 우선 작품 선정만 해 주시면 좋겠다고 했다. 그 동화책을 세 번이나 읽었다고? 그렇게까지 했는가 싶어 좀 마음이 움직였다. 그래서 그렇다면 다시 읽어 보고 작품을 가려 뽑아 곧 전화로 알리겠다고 했던 것이다. 그런데 지금 읽어 보니 아무래도 이 작품들은 재미가 별로 없고 요즘 아이들에게는 환영받지 못할 것 같다. 그래도 아주 쓸모없는 것은 아닌 것 같아 글을 좀 고치고 다듬어야겠다고 생각한다.

문을 활짝 열어서 시원한 바깥 공기를 마시니 좀 생기가 난다. 팔뼈가 욱신거린다. 방금 연우가 미국에서 안부 묻는 전화를 했다. 지금은 10시 40분이다. 다시 책을 봐야지. 팔뼈가 시큼시큼하다. 글씨를 못 쓰겠다.

오후 3시까지 동화집 《종달새 우는 아침》을 거의 모두 읽었다. 생각해 보니 이걸 다시 대강 문장만 다듬어서 모두 다시 책으로 내는 것이 좋겠다고 판단했다.

3시 20분부터 한 시간 동안 고든박골에 갔다가 왔다. 정우는 어디 갔는지, 앞 논에도 없고 고든박골에도 없었다. 고든박골에 걸어서 갔다 온 것이 오랜만이라 좀 힘들었지만 잘 다녀왔다. 감나무 옮겨 심은 것 모두 일곱 그루가 다 살아나면 이제 그 골짜기 이름을 감나무골이라 해야 되겠다. 느티나무도 아주 큰 것을 옮겼는데, 그게 잘 살면 참 보기가 좋겠다. 대추나무 한 그루 살아야 하는데…….

오늘 신문에 이인제가 경선을 그만둔다고 했다. 노무현과 대결해서 질 것 같으니까, 그렇게 되면 대선에 나갈 수도 없게 되니 아주 경선부터 그만두겠다는 것이겠지. 평계는 청와대에서 노 씨를 지지한다는 음모가 있다는 것인데, 아무런 근거도 없이 그런 말을 하는 모양이다. 사람이 그 정도밖에는 안 되는 사람이니 할 수 없다. 참 별 추악한 인간들이 대통령 하겠다고 나서고 그런 인간들이 또 많은 지지를 받고 있으니 기가 막힌다. 이번에 이런 인간들은 아주 형편없이 되도록 해야 하는데, 아마 그렇게 되지 않겠나 싶다.

2002년 4월 5일 금요일 맑음

콩죽을 잇달아 먹으니 소화가 잘되고 몸도 가볍고 좋은데, 웬일인지 입술이 부르트고 몸살이 난다. 이것이 너무 글 쓴다고 애써서 그렇겠다 싶어 오늘은 좀 쉬기로 했다. 그래서 오전에는 지식산업사 김 사장 앞으로 책 출판권 소멸 통보서를 쓰고, 오후에는 노을에 대해 좀 살펴보는 것으로 오늘의 할 일로 잡았다.

그림책, 사진 책 같은 것을 모두 찾아내어 거기 노을을 어떻게 그렸는가, 노을이 어떻게 찍혀 나왔는가를 알아보려고 했는데 이상하게도 그림이고 사진이고 노을이 잘 나타나 있는 것은 없었다. 인상파 화가들의 그림에는 틀림없이 있겠지 싶어서 찾아봤지만 없었다. 왜 그럴까? 서양에는 노을이 내가 본 것처럼 아름답게 나타나지 않았는가? 그럴 리가 없다. 아마도 그 아름다운 노을을 그대로 그림에 그린다면 다른 것들이 그림으로서는 죽어 버리니까 적당히 나타낸 것이겠다. 사진도 마찬가지겠지. 이래서 하늘의 노을은 인간의 그림에서 나타날 수 없었고, 이제 앞으로는 정작 노을 그 자체가 없어졌으니, 노을은 인간이 만들어 낸 예술 작품에서도 영원히 나타나지 못하고 말겠구나 싶다.

오후 4시쯤에 윤기현 씨가 왔다. 〈어린이문학〉에 평론을 연재해 달라는 부탁이었다. 그 밖에 어린이문학협의회에서 하려고 하는 일들을 이야기했다. 부인이 도의원에 출마한다면서 6월까지는 자주 해남에 가야 할 것처럼 말했다. 이번에 부인이 낸 책이라면서 《땅끝 햇살처럼》이란 책을 주었다. 평론 연재는 바빠서 새로 쓰기는 어렵고, 전에 써 둔 것이면 연재할 수 있다고 했다.

정우는 앞 논의 정리를 우선 한 차례 마치고, 저녁에는 삽차를 고든박골로 갖다 놓았다.

2002년 4월 11일 목요일 맑음

어제는 저녁을 먹은 뒤까지 글을 좀 썼더니 그 때문인지 오늘은 몸살이 좀 났다. 그래서 오전에는 의자에 누워 있다가 앉아서 잠시 신문 같은 것 보다가 다시 눕고 했다. 다리뼈가 지긋지긋했다.

오후에는 신문을 보고 또 누워 있다가 〈시민과변호사〉에 보낼 원고를 다시 읽어서 다듬어 놓고는 고든박골로 갔다. 몸살이 좀 나면 차라리 운동을 하는 게 좋겠다는 생각이 들었다. 3시 40분에 나섰는데 오늘은 날씨가 맑고, 황사도 별로 없는 것 같아 산벚꽃이 가까운 산에도 먼 산에도 아름답게 보였다. 그러나 아주 맑은 하늘은 아니었다.

고든박골 산을 올라가니 정우가 작은 삽차로 밭을 고르면서 돌을 골라내고 있었다. 나는 밭 위쪽에 올라가서 칡덩굴 다래덩굴 밑에 푹신하게 덮여 있는 나뭇잎에 앉아 있다가 누워 있다가 했다. 나뭇잎이 아주 두껍게 깔려 있어 거기 앉으니 안락의자에 앉아 있거나 방석에 앉아 있는 듯했고, 누우니 두꺼운 요를 깔고 있는 듯했다. 그런데 일어나 보니 나뭇잎 깔려 있는 사이 여기저기 새파란 울금이 나 있다.

그리고 내가 앉거나 누워 있는 그 자리 가랑잎 위에 동그란 토끼 똥이 소복소복 여기저기 있다. 그걸 주워 보니 참 모양이 예쁘다. 냄새가 하나도 안 난다. 한 줌 주워서 손수건에 싸서 주머니에 넣었다. 그런데 울금이 난초처럼 길게 잎이 나왔는데, 좀 더 진작 나와서 잎 두께가 더 두꺼운 것은 무엇이 뜯어 먹었다. 아마도 토끼가 뜯어 먹었구나 싶었다. 그러니 토끼가 여기서 자고 일어나 울금을 뜯어 먹은 것이다. 한참 누웠다가 다시 일어나 그 옆을 가 보니 거기도 토끼 똥이 이곳저곳 소복소복 가랑잎에 담기고 덮이고 했다. 여기가 토끼들 집이구나 싶었다.

올여름에는 내가 여기서 살아야겠다고 생각했다. 머리 위의 칡덩굴은 다래 덩굴과 같이 마구 얽혀서 참나무, 벚나무 들 위에 꽉 덮여 있는데, 그 참나무는 좀 키가 작은 종류라 벌써 잎이 제법 났다. 또 조팝나무도 벌써 꽃이 피어 다른 온갖 잡목들과 같이 얽혀 있다. 다음 올 때는 낫을 가지고 와서 칡덩굴을 잘라 놓아야겠다고 생각했다. 칡덩굴 때문에 다른 모든 나무가 죽게 되어 있어서다.

정우가 아직도 밭일을 하고 있어서 나는 또 푹신한 나뭇잎 요 위에 누웠다. 이번에는 눈을 감고 자 보겠다고 마음먹었지만 잠은 오지 않았다. 오늘은 추운 날도 아니고 바람도 없었지만 저녁이 되어 기온이 좀 내려서 그런지 잠은 안 왔다. 그러나 나뭇잎 요는 따뜻한 느낌이었다. 그렇게 누워 한참 눈을 감고 있다가 다시 눈을 뜨니 칡덩굴, 다래 덩굴 그 밖에 온갖 나뭇가지들이 천장이 되고 벽이 되어 둥그런 방 안에 누워 있는데, 그 나뭇가지와 덩굴로 된 천장 사이로 하늘이 보였지만 푸른 하늘이 아니고 뿌연 잿빛 하늘이었다. 아, 지금쯤 저 하늘이 고운 노을로 물들어 있어야 하는데, 싶으니 갑자기 울고 싶어졌다. 고운 노을을 저 나뭇가지며 덩굴 사이로 쳐다볼 수 있다면 얼마나 아름답겠는가! 내가 이제 이런 데 와서 마지막 내 목숨이

다할 때까지 저 하늘 쳐다보면서 살려고 했는데, 그 하늘이 없어지다니! 오늘은 그래도 맑은 날씨라는 것이 이런데, 이제 앞으로 정말 그 푸른 하늘이며 노을을 볼 수 있을지 모르겠다 싶으니 눈물이 날 것 같았다. 이 일을 어쩌면 좋은가!

정우가 일을 마치고 돌아오니 6시가 되었다.

2002년 4월 12일 금요일 황사로 흐림

오전에 〈시민과변호사〉에 보낼 원고를 다시 또 한 차례 수정을 해서 편지 종이에다가 옮겨서 썼다. 그러니까 원고지 17장이 넉 장이 됐다. 이대로 팩스로 보내면 된다.

오후에 신문을 보고 나서, 톱하고 전지가위를 가지고 고든박골로 갔다. 나무를 다 덮쳐서 죽이는 칡덩굴을 자르기 위해서다. 정우는 다른 데 일하러 가고 없었다. 오늘은 다리가 좀 무거웠지만, 어제 누워서 쉬던 그 덩굴 밑에 또 들어가 한참 누워서 쉬고 일어나 칡덩굴을 잘랐다. 나뭇가지, 가시덤불을 헤치고, 더러는 겨우 기어 다니면서 빠져나가고 해서 굵은 것은 톱으로 자르고 가는 것은 전지가위로 잘랐다. 가시에 손이 찔려 피가 나기도 했다. 한 곳에는 칡덩굴이 얼마나 굵은지, 그게 정말 칡덩굴인가 무슨 나무등친가 알 수가 없었다. 나뭇가지들이 너무 많이 얽혀 있어서 분간을 할 도리가 없었다. 어쩔까 하다가 결국 톱으로 끊었다. 끊고 나서도 안심이 안 되어 그 한

토막을 잘라서 주머니에 넣었다. 그런데 그 위쪽에 가니 그보다 훨씬 굵은 것이 있는데 분명히 칡덩굴이었다. 그래서 아까 자른 것이 칡덩굴이 틀림없구나 싶었다. 그래 그것도 한 토막 잘라서 주머니에 넣었다.

대강 그 근처의 것을 다 마치고 나니 며느리가 차를 가지고 왔다. "비가 오려고 해서 걱정이 돼서 왔어요" 했다. 정말 날이 어둑어둑했다. 그러나 웬걸 비가 오겠는가. 차를 타고 오니 5시 10분쯤 되었다. 방에 와서 주머니에 넣어 둔 칡덩굴 토막을 꺼내어 자로 재어 보니 다음과 같다. ①은 처음 잘라서 나무가 아닌가 걱정한 것이고, ②는 그다음 자른 것이다.

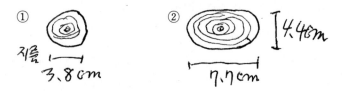

① 나이테 4년(5년?)
② 나이테 6년(9년?)
정우는 9년 된다고 했다.

2002년 4월 28일 일요일 맑음

새벽 4시에 깨어났는데 "아, 그게 꿈이었구나!" 하고 한숨을 쉬었다. 참 무슨 꿈을 그렇게 꾸었을까? 우리 아버지를 잃은 것이다. 아버지 연세가 많으셨는데 거동을 겨우 하시면서 서울에 오셨다. 나는 어느 큰 여관에서 경북의 많은 사람들과 같이 지내는데, 거기를 아버지가 오신 것이다. 며칠을 그렇게 무슨 행사인가, 관광 여행인가로 같이 지내다가 이제 모두 일정이 끝나서 돌아가게 되어 경북 가는 기차를 타고 떠나게 되었는데, 그만 아버지를 잃은 것이다. 모두 여관을 나서서 복잡한 거리에 나갔는데, 내가 다른 일에 정신이 빠져 있다 보니 그만 거리에 나간 뒤에야 아버지를 모시고 같이 나오지 않았구나 싶어 어쩔 줄 몰랐다. 그 많은 사람들 속에서 아버지를 찾아낼 엄두도 못 내고, 어쩌면 여관에 그대로 남아 계시는지도 모른다 싶어 급히 여관으로 돌아갔지만 방마다 텅 비어 있었다. 여관 아주머니를 찾고, 일하는 아이를 찾아 말하고, 경북에 있는 내 전화번호를 알려 주고, 그리고 그 아이를 데리고 또 바삐 나와서 경북 사람들이 기차를 타러 가는 데를 뒤따라가면서 묻고 하는데, 서정오 씨도 거기 있어서 내 얘기를 듣고는 그저 딱하게 여길 뿐이었다. 아, 이를 어떻게 하나. 이제는 아주 속수무책이었다. 더구나 아버지는 연세가 많으셔서 길을 잘 모르시고 정신도 젊은이 같지 않으신데, 어디 방송국에라도 찾아가서 말해 보나 어찌하나, 이러다가 깨어난 것이다. 그게 꿈이었구나!

지금 새벽 4시 50분이다. 이 꿈이 너무 생생해서, 이것을 쓰면서 생각하니, 또 며칠 전에 다시 읽은 엔도 슈사쿠의 책《죽음에 대하여 생각하다(死について考える)》가 생각난다. 나이가

많으면 세상일에 관심을 두지 말고 죽음을 준비하라고 한 내용이다. 엔도는 사람이 세상일에 마음을 파는 것은 자기 자신을 잊은 것이고, 더 중요한 자기 일을 잊어버리고 엉뚱한 데 마음을 파는 것이라고 했다. 엔도는 세상일과 자신의 일을 따로 떼어서 생각했다. 나는 그렇게 안 본다. 나는 그것을 읽고, 세상일을 잘하는 것 말고 나 자신의 일이 있을 수 없다, 세상일을 하는 것이 곧 죽음을 준비하는 것이다, 이 세상과 저세상은 아주 단절해 있는 것이 아니고 무엇인가 반드시 이어져 있고 깊은 관계가 있는 것이다……, 이렇게 생각했던 것이다. 그런데 간밤의 꿈은 그게 아니다. 내가 아버지를 잊고 다른 데 마음을 판 것은, 무슨 세상일인데, 그것이 어떤 연수 모임이었는지 관광 모임이었는지 모르지만 아무튼 그 꿈에서만은 지금 생각하니 아버지를 버려두고 그렇게 몰두했던 것이 잘못이란 느낌이 드는 것이다. 어쩌면 간밤의 꿈은 아버지가 나를 깨우치려고 하신 것인지도 모르겠다는 생각이 든다. 그렇다면 이제 앞으로 내가 무엇을 해야 하나?

그렇다. 내가 이 세상일을 좀 달리 정리하는 데 남은 힘을 쏟아야겠다. 글을 쓰더라도 교육이고 문학이고 하는 것보다 내가 살아온 이야기를 써야 한다. 나 자신의 이야기를! 이제 갈 길이 머지않았으니 더 중요한 것을 서둘러 하라는 우리 아버지의 알림이구나, 하고 깨닫는다.

어제 하현철 선생한테 전화를 걸었더니 이제 50년 동안 피우던 담배를 끊는 데 성공했다고 말했다. 그래 이제는 담배 연기 맡으면 아주 싫어진다고 하는 것이다. 그러면서 글을 쓰려고 할 때는 담배가 생각난다고 했다. "늘 글을 쓸 때는 담배를 피워서 그런가 봅니다" 했다. 그리고 또 책을 읽으면 30분도 못 가서 눈이 아프다고 했다. 그래서 산책을 즐긴다는 것이다. 시인 이기형 선생도 그렇게 건강한데, 무엇을 읽으려면 눈이 아프고 머리가 아프다고 했다. 그런데 나는 하루 종일 책을 보고 글을 써도(잠을 못 자고 일어난 날이 아니면) 머리고 눈이고 아프지 않다. 이것은 참으로 다행이고, 하느님이 나를 이렇게 해서 좋은 글을 많이 쓰라고 하신 것이 틀림없다는 생각이 드는 것이다. 그러나 이제는 내 체력이 너무 쇠약했다. 너무 내 능력을 믿지 말고 이렇게 아직 좋은 눈과 머리를 가지고 있는 동안에 할 일을, 가장 소중한 일부터 먼저 해야겠다. 꿈이란 것이 무엇인가? 그것은 어쩌면 저세상에 가신 분들이 나를 위해 무엇인가 도움이 되는 가르침을 주려고 하는 신호 같은 것이 아닌가? 그런 생각이 든다. 그렇게 앞으로 꿈을 꿀 때마다 그 신호를 풀어 봐야겠구나 싶다. 그러고 보니 간밤에 꾼 꿈은 아주 귀하고 고마운 꿈이었구나 생각된다.

　오후 1시쯤에 고호자 씨가 왔다. 점심도 안 먹고 왔기에 오리 알 삶아 둔 것을 주고, 또 옥수수 가지고 온 것을, 나는 이가 아파서 못 먹으니 먹으라고 했다. 한참 얘기하다가 나간 다음, 아침부터 하고 있던 원고 교정을 하는데, 4시쯤 되어 강재순 부부가 왔다. 지난번 충주 왔던 길에 여기 온다고 하면서 길을 못 찾아 음성까지 몇 번이나 왔다 갔다 하다가 그만 끝내 못 찾고 갔다면서 오늘은 충주 온 길에 꼭 찾는다고 해서 겨우 찾았다는 것이었다. "전화를 아무리 걸어도 안 됐어요" 했다. 국번호가 바뀌어서 못 건 것이다. 사실은 며칠 전에 나도 강 사장한테 전화를 걸었는데 안 되었다. 알고 보니 작년에 강 사장이 왔을 때 명함을 나한테 안 주고 정우한테 주었던 모양이었다. 그걸 내가 가지고 있었더라면 전화가 되었을 것이고, 그러면 이렇게 찾는데 고생하지는 않았을 것인데……. 강 사장 내외는 겨우 30분쯤 앉았다가 나갔다. 6시에 서울 어디서 만나야 할 사람이 있다고 했다. 나가면서 봉투를 두고 가는데, 그런 것 안 받는다고 했지만 안 되었다. 가고 난 뒤에 보니 돈이 10만 원 들어 있었다.

　오바나 선생은 조금 전에 전화할 때 통역 아가씨가 5시쯤에 동부터미널에서 차를 탄다고 하더니 뜻밖에도 5시 40분에 대원 휴게소에 와 있다는 전화가 왔다. 그래 곧 정우 차로 나가서, 식당에서 저녁을 같이 먹으면서 한 시간 넘게 이야기했다. 오바나 선생은 일본작문회 무라야마 시로 위원장이 보낸 편지와 책《츠다 야스오 교육 실천 저작집(津田八洲男教育實踐著作集)》세권,《○○○○알아볼 수 없음》열 권을 주었다. 편지를 보니 자기소개를 하면서 앞으로 한국의 교육자들과 교류를 하고 싶다고 했다. 오바나 선생은 무라야마 위원장과 친구 사이라 했다. 나는 이렇게 좋은 책을 선물로 받았지만 우리는 선물로 드릴 것이 없어 미안하고 부끄럽다고 했다. 그리고 앞으로 글쓰기회에서 책을 내면 모두 우편으로 보내 드리겠다고 말했다. 통역을 하는 최미선 씨는 한신대 4학년이 되는데, 일본 말을 아주 잘했다. 일본 도쿄에서 7년 동안 살았다고 했다. 저녁을 먹고, 내일 권정생 선생한테 간다고 해서, 그러면 여기서 자고 가라 했더니 오바나 선생이, 자기는 별난 잠버릇이 있어 아무 데나 못 잔다면서 굳이 충주에 가려고 해서 그렇게 하라고 했다. 그래 내 방에 잠깐 와서 권 선생 책 《오물덩이처럼 뒹굴면서》를 주고, 또 내 동시집 《개구리 울던 마을》과 번역한 책 《한 사람의 목숨》을 주어 보냈다. 충주까지 정우가 차로 태워 주고 온다고 나갔다.

이래서 오늘은 세 차례 손님을 맞고 보내고 하는 일을 마쳤다. 손님이 자꾸 찾아오게 되면 내가 할 일을 못 한다. 내일은 또 사계절출판사에서 누가 온다고 했지. 그러고 보니 이거 간밤에 꾼 꿈과 관계있는 것 아닌가? 손님한테 매달려 있다 보니 정작 내가 할 일은 못 하게 된다는 것. 간밤에 꾼 꿈이 그런 뜻은 아닌가? 좀 생각해 봐야겠다. 그렇다면 꿈풀이를 달리 해야 되겠지.

2002년 6월 1일 토요일 맑음

《어린이책 이야기》 머리말을 다듬어 다시 썼다. 오후에 노광훈 씨가 〈우리 말과 삶을 가꾸는 글쓰기〉 6월 호를 가지고 왔기에 한참 이야기하다가 보내고 나서 신문을 보니 월드컵 축구 대회 기사로 가득 차 있었다. 그 뒤에 주중식 선생이 와서 한참 동안 샛별학교 이야기를 들었다. 샛별학교가 이제 주 교장을 만나 제대로 되어 가는 것 같다. 참으로 다행한 일이다.

주 선생은, 이제 글쓰기회를 사단법인으로 만드는 일을 다시 해 보고 싶다면서, 글쓰기회 회칙을 법인 승낙이 쉽게 되도록 좀 고쳐야 하지 않겠나 하고 말했다. 나는 "내 기억으로 회칙이 법인 승낙을 얻기에 적당하지 않아서 그런 것이 아니라, 그 관리들이 우리가 하고 있는 일을 알지 못해서 그런 줄 아는데, 아무튼 이 기회에 글쓰기회 회칙도 그렇고 회의 틀을 한번 바꿔 볼 만도 하다"고 했다. 다시 그 전의 글쓰기교육연구회로 돌아가 교육만 연구하는 단체가 되는 것이 더 좋지 않겠나 싶은 것이다. 문학까지 한다고 범위를 넓혔다가 이것도 저것도 제대로 못하는 꼴이 되는 것 같으니 차라리 교육 쪽이라도 충실하게 했으면 싶다고 한 것이다. 단체 이름이야 그대로 두어도 된다고 했다. 그런 이야기를 해서 오늘 저녁 이사회에서 한번 모두 생각해 보라고 했다.

주 선생은 이야기하다가 6시쯤에 글쓰기회 사람들 만난다고 나갔다.

2002년 6월 2일 일요일 맑음

아침 9시에 글쓰기회 이사들이 아침 먹고 가는 차에 타고 같
이 갔다. 갈 때 《일하는 아이들》 책을, 이사들 나온 숫자만큼 세
어서 가지고 갔다. 모두 13권. 밤중에 생각해 보니 아무래도 나
눠 주는 것이 좋겠다 싶었다. 또 거의 모두 옛날의 그 책을 가
지고 있지 않아서 보고 싶어 한다는 말을 아침에 전화로 들었
기 때문에 이사들만이라도 주는 것이 옳겠다고 생각한 것이다.

회관에 가서 책을 모두 나누어 주고, 12시까지 앉아서 이런
저런 이야기를 했다. 내 책 《일하는 아이들》 고침판 내는 데 따
른 이야기, 탁동철 선생의 아이들 시집 이야기, 일본 아이들의
시 이야기, 일본 글쓰기회의 역사와 이번 여름 전국 집회 이야
기, 우리 글쓰기회 여름 연수 주제 이야기, 사단법인 신청 문
제, 글쓰기연구회를 이전의 글쓰기교육연구회로 돌리는 문제
따위 여러 가지 이야기를 했다. 여름 연수회 주제는 '상처받는
아이들, 상처받는 교사들'이라 해서 잘 잡았다고 했다. 그래서
나는 그런 주제를 뒤집어 놓은 것인데 '서로 마음을 주고받
기', '동무한테 배우기', '동무의 좋은 점 찾기'도 생각해 볼 수
있다고 했다. 그리고 글쓰기교육연구회로 하여 우리가 하는
일을 좀 더 범위를 좁혀서 더 내용을 채우도록 하는 문제는 어
제 내가 잠깐 생각해 보도록 말해 놓은 것인데 그렇게 하기로
모두 의논이 되었다고 해서 그것 역시 잘되었다 싶었다. 그런

데 법인 신청할 때 이사장을 내 이름으로 한다고 해서 그것만은 안 된다고 했지만 모두 그래야 된다고 해서 자꾸 그것 가지고 얘기할 차례도 아니어서 그만두었다. 내 생각으로는 주중식 선생이나 그 밖에 누가 할 사람이 얼마든지 있을 텐데 어째서 나 같은 늙은 사람을 자꾸 내세우고 부려 먹으려고 하는가 하는 생각이 들어 이것만은 맡지 말아야겠다고 생각한다.

12시가 되어 모두 잘 마치고 가라고 하고 혼자 걸어 나오는데, 신정숙이 따라와서 우리 말 살리는 겨레 모임 이야기, 어린이문학회 월간지 이야기를 했다. 우리 말 모임은, 얼마 전에 경남에서 모여서 김경희 사장이 잘못했다고 사과하도록 하자고 했다고 한다. 어린이문학회 잡지 쪽은 황시백 선생이 "글쓰기회 회원들 자녀들만이라도 정기 구독할 수 있도록 해서 잡지를 만들면 좋겠다"고 말하기도 해서 앞으로 책을 만들어 내는 연구를 하고 있다고 하기에 잘해 보라고 했다. 흙집 마당에서 신정숙이하고 딸기를 한참 따 먹고 같이 걸어서 돌아왔다.

2002년 6월 8일 토요일 맑음

오늘도 다카하시 사부로의 강연문을 읽었는데, 참 좋은 생각이고 좋은 이야기가 들어 있다. 더구나 미즈노 겐조라는 신체장애자 이야기는 너무 감동스러웠다. 소학교 4학년 때 장티푸스를 앓고는 신경계통이 다 절단 나서 그만 몸을 움직이지도

못하고, 말도 못 하고, 다만 귀로 듣는 것과 눈을 깜빡이는 것만 될 수 있었다. 그런데 이 아이가 그리스도의 복음을 듣게 되어 놀라운 사람이 되었다. 시를 썼는데 그 누이동생이 오십 음의 차례를 아, 가, 사(あ, か, さ……) 이렇게 말해 주어서, 말하고 싶은 첫 글자가 있는 줄이 나오면 눈을 깜빡이게 했다. 그래서 아(あ)에서 눈을 깜박이면, 그다음에는 아이우에오(あいうえお)를 말해서 이(い)에서 깜박이면 첫 자를 이(い)로 적고, 이래서 그다음 글자도 이렇게 해서 적고 해서 이마난지(いまなんじ, 지금 몇 시?)란 말을 할 수 있게(글로 쓸 수 있게) 한 것이다. 하고 싶은 말을 이렇게 해서 하도록 하고 시도 이렇게 해서 쓸 수 있게 했다. 그 시가 하도 좋아서 책에 나온 세 편을 모두 우리 말로 옮겨 놓았는데, 기회 있으면 이런 시들을 모두 모아 책으로 내고 싶다. 그중 하나가 이렇다.

아버지하고 그린 눈길(父とぐりーん雪道)

어머니하고 걸었던 눈길(母と歩いた雪道)

언니와 놀았던 눈길(兄と遊んだ雪道)

그것은 모두(それらはみんな)

멀고 먼 눈길(遠い遠い雪道)

지금은 주 예수님하고(今は主イエス様と)

지금은 주 예수님하고(今は主イエス様と)

함께하는 눈길(ごいっしょの雪道)

김해의 김우경 씨가 택배로 쑥 가루를 보내왔다. 향기가 아주 좋았다. 손수 뜯어서 만든 것이라 했다. 너무나 고맙다.

수원 백승인 선생, 서울 김녹촌 선생이 전화를 걸어 와서 서로 근황을 이야기했다. 차를 보낸 김우경 씨는 저녁에 전화로 인사를 했다.

2002년 6월 21일 금요일 맑음

간밤에는 밤중 1시에 일어나 오줌을 누고는 그만 잠을 못 잤다. 어제 서애경 씨하고 책 원고 교정한 것 같이 보다가, "이 말이 알맞는가를……" 하는 데를 서 씨가 "알맞은가"로 고쳐 놓아서 그것을 다시 내가 쓴 대로 바로잡아 놓았더니 서 씨가 "이것은 문법에 안 맞다"고 했다. 그래서 내가 사전을 찾아보니 "맞다"는 동사고 "알맞다"는 형용사로 되어 있었다. 그렇다면 서 씨 말이 맞다. 그런데 그 대문을 아무리 읽어도 "알맞는가……"로 해야 할 것 같아서 "이건 내 생각대로 이대로 둡시다. 연구거리도 될 것 같아요" 하고 말았는데, 그 일이 자꾸 생각났던 것이다. 그래서 누워서 생각해 보니 아무래도 사전이 잘못되었구나 깨달아졌다. "맞다"는 말은 동사뿐 아니고 형용사로도 된다. 마찬가지로 "알맞다"는 동사로도 된다. 그것은 현재진행과 명령형이 둘 다 되는구나 싶어서다. 그래서 그만 일어나 그 생각을 대강 종이에 적었다. 그리고 나서, 월드컵 축구 응원 현상에 대한 내 생각을 적어 두어야겠다 싶어 그걸 한참 쓰고 나니 그만 날이 새서 5시가 되었다. 잠을 세 시간쯤 잤을 것인데, 그래도 오늘은 기분이 좋다. 고단하면 아침이나 점심을 먹고 나서 잠시 누워 쉬면 되겠지. 지금 5시 15분이다.

오전에 〈어린이문학〉지에 보낼 글 작품 심사평을 살펴보고 다듬고, 6월 호에 실렸던 내 글에서 잘못 나간 것 정오표를 만들었다. 잘못 치거나 교정을 잘못 본 것이 25군데나 되었다.

오후에 신문 보고, 책상 정리하고서 3시에 고든박골 갔다. 산에서 딸기를 실컷 따 먹고 부직포 펴 놓고 한참 누워 있으니 정우가 일 마치고 와서, 트럭 타고 왔다.

산에 그렇게 누워 있었지만 매미 소리를 듣지 못했다. 그저께 집에 있을 때 낮에 집 앞 숲에서 보리매미 한 마리 잠깐 우는 소리 들었을 뿐이다. 이제 농촌에서는 매미가 거의 없어졌다!

2002년 6월 22일 토요일 맑음

오전에 한길사에서 갖다 놓은 출판 계약서를 읽고서 도장을 찍어 두고, 〈어린이문학〉에 보낼 우편물을 준비해 놓고 나니 그럭저럭 점심때가 되었다.

오후 1시 반쯤에 세 사람이 왔다. 신정숙 씨와 윤양미 씨는 온다고 했으니까 짐작하고 있었는데, 뜻밖에도 박기범 씨가 왔다. 박 씨는 음성에 무슨 모임이 있어서 왔다가 온 김에 아침에 여기 와 있었다고 했다. 그래서 3시 반까지 이런저런 얘기를 했는데, 윤양미 씨는 산처럼이란 출판사를 경영한다고 하면서 최근에 낸 책 두 권을 주었다. 그래 앞으로 어떤 책을 내려고 하는가 물었더니 "선생님 글을 좀 책으로 내고 싶어요" 했다. 그래서 됐다 싶어, 전에 하현철 선생하고 두 사람 공저로 내려고 했던 책 이야기를 했더니 좋다면서 곧 승낙을 했다. 알고 보니 윤 씨는 우리 말 살리는 겨레 모임의 회원이어서 하 선생 글도 그 회보에서 읽었던 모양이다. 참 잘되었구나 싶었다. 그래서 앞으로 내가 며칠 안으로 하 선생하고 의논해서 원고를 좀 더 다듬거나 정리해서 보내도록 하겠다고 말했다.

《일하는 아이들》 책을 윤양미, 박기범 두 사람에게 주었다. 신정숙 씨는 전에 주었다.

그리고 나서 라디오로 3시 반부터 광주에서 벌어지는 월드컵 스페인 대 한국 전을 듣는데, 전반전이 끝나도 0 대 0으로 결판이 안 났다. 그래서 세 사람은 노광훈 씨 집으로 가서 텔레비전으로 보라고 해서 보내고, 나 혼자 라디오로 듣고 있는데, 후반전에도 0 대 0으로 되어 결국 승부차기가 되었는데, 이 승부차기에서 한국이 이겼다. 그래서 온통 고함 소리, 울음소리가 터져 나오고 온 나라가 들끓었다. 나도 그 소리에 빨려 들어 눈물이 날 것 같았다. 내가 이런 운동경기 소식에 이토록 되는 것은 처음이다. 어떤 사람이 오늘 이 시간에 살아 있다는 것이 영광스럽다고 했는데 결국 사람이 산다는 것이 이런 것이구나. 이런 것밖에 없겠다는 느낌도 들었다.

2002년 7월 1일 월요일 흐림

　논문이 이제 본론에 들어가서 한 꼭지 썼다. 길을 닦아 놓았으니 앞으로는 순조롭게 나갈 것이다. 본론은 아마도 대여섯 꼭지를 써야 할 것이다. 그래서 전체 분량이 적어도 원고지 2백 자로 2백 장 이상 3백 장까지 될 것 같다.

　오늘 우편물이 안 와서 잘 생각해 보니 임시 공휴일이구나 하고 깨달아졌다. 월드컵 축구 대회를 마쳐서 축하한다고 하루를 쉬는 모양이다.

　저녁때 고든박골 가서 딸기를 또 실컷 따 먹었다. 얼마나 많이 익어 있는지, 겨우 한두 곳만 따 먹고 그만두었다. 그릇을 가져갈 것을 잘못했다. 하도 딸기를 날마다 먹으니까 그만 딸기에 물릴 판이 되었다.

　딸기 따 먹고 회관 뒤 둑에 부직포 놓아둔 것 깔고 누워 있다가 일어나 보니 발밑에 아주 작은 개미들이 새까맣게 줄을 지어 이사를 가고 있었다. 그것을 한참 들여다보다가 그 줄을 한 번 따라가 보았더니 돌자갈 험한 둑길을 끝없이 가고 있었다. 그 길이가 20미터도 넘을 것 같은데, 결국 이쪽 끝도 저쪽 끝도 풀숲에 덮여 그 끝을 확인 못 했다. 몇만 마리가 될까? 그리고 이 험난하고 놀라운 대장정은 어떻게 해서 이뤄지는 것일까? 참으로 감탄할 수밖에 없었다.

4시에 갔다가 7시에 정우 트럭으로 돌아왔다.

방에 돌아와서도 산에 그렇게 새빨갛게 익은 딸기가 아까웠다. 새들은 왜 딸기를 안 먹나? 요새는 먹을 것이 많아서 그런가? 오늘 밤에 비가 오면 그 아까운 딸기가 다 떨어지고 말 것인데, 참 개미들이 딸기를 먹겠구나. 딸기를 한참 따 먹으면 손에 당분이 붙어 찐덕찐덕하다. 개미가 얼마나 좋아할까. 그런데 딸기에 개미가 붙어 있는 것을 못 보았다. 워낙 많아서 그런가. 물기가 있어서 싫은가?

2002년 7월 6일 토요일 오전에 비, 오후 흐림

1시에 깨어나서, 그만 일어나 숨쉬기를 한 시간쯤 하고 다시 누웠다. 겨우 잠이 다시 들어 한 시간 남짓 더 잤던 것 같다.

요즘은 꿈에 거의 언제나 내가 아직도 학교 선생이다. 그런데 내가 맡은 아이들은 교실에서 기다리고 있는데, 나는 교실에 가지 못하고 늘 다른 일에 매여 있는 것이다. 간밤 꿈에도 그랬다.

그런데 간밤에는 내가 아침에 일어나 개골창 물에서 양치질을 하고 세수를 했다. 아이들은 교실에서 기다리고 있는데, 아직도 출근조차 하지 못하고 이러고 있으면서 서두르는 것이다. 그 개골 물은 참 더러웠는데, 세수할 곳이 거기밖에 없었다. 그리고 바삐 돌아오는데 아뿔사, 칫솔하고 수건을 그만 거기 두고 왔다. 다시 돌아가서 그걸 가지고 돌아오는데, 이번에는 웬일로 전차를 타야 했다.

전차를 타는 곳까지 가는데 그 길에 어느 집을 짓고 있는 곳인가, 헌 집인가, 나무며 온갖 자재들이 깔려 있는 곳을 힘들여 지나기도 하면서 어떤 사람을 만나 이야기도 했는데 그것을 잊어버렸다. 그래 겨우 전차 타는 곳에 가니 마침 전차가 기다리고 있었다. 차표를 사는 동안 떠날까 싶어 차표도 사지 않고 열려 있는 문으로 들어가 탔다. 옆에 한두 사람이 있기에 "나는 차표도 없이 탔는데 괜찮습니까?" 물었더니 무엇이라고 대답을 분명히 하지 않았다. 괜찮겠지 하고 있다가 그만 거기 드러누웠다. 자리가 넓어서(그 전차는 걸상이 없었고 바닥에 그냥 앉게 되어 있었다) 누울 수 있었고, 거기다가 이불까지 있었다. 그런데 생각해 보니 아까 찾아온 칫솔과 수건이 없다. 그걸 오다가 또 어디 두고 온 것이다. 이거 참, 내 정신이 이렇다. 애를 태우다가 그만 그것을 버리기로 했다. 그리고 누워 있는데 이제는 그다지 걱정도 안 되고 마음에 여유가 생겼다. 그런데 왼쪽 옆에 누워 있던 어떤 여자가 내 손끝을 살짝 쥐는 것 아닌가, 또 오른쪽에 누워 있던 여자가 또 내 손을 살짝 쥔다. 이거 참 이상하구나. 그래도 나는 아무렇지도 않은 듯 누워서, 어서 아이들이 기다리는 교실로 가야지, 하고만 생각하고 있었다. 전차는 자꾸 가는데……

참 쓰는 것을 잊었다. 도랑에서 칫솔과 수건을 찾아서 오는 길에 학교 옆을 지나는데 저쪽 운동장에 보니 아이들이 서 있고, 그 아이들 앞에 여선생이 서 있는데, 그 여선생이 나와 이혼한 사람이었다. 까만 옷을 차려입고 있는데, 웬일로 그리 밉지 않게 보였다.

이러다가 깼는데, 참 요새 꿈이 왜 이런가? 늘 교실에 아이들은 기다리고 있는데 거의 한 번도 아이들 앞에 선 적이 없고 언제나 교실에 가지 못해 애를 태운다. 그런데 간밤에는 이상하게도 여자들이 나타났다.

그래 그저께는 변소에서 소쩍새 소리를 듣다가(그날은 낮에 소쩍새가 자꾸 울었다) 이런 싯구가 떠올랐다.

갈 길이 바쁜데
갈 길이 바쁜데

내가 왜 이렇게 서성거리고 있지?
이런 데서

이걸 가지고 시를 한 편 써야겠구나 생각하고 있다.
오늘도 글 한 꼭지 썼다.
윤기현 씨가 내일, 진주 어느 대학 교수와 온다고 전화를 했다.
백승인 씨가, 일본의 가네코 미스즈 동요 시인의 시를 150편

번역해 놓았는데, 그걸 권오삼 선생의 부탁으로 책으로 낸다고 번역했더니, 일을 다 마쳤는데도 연락을 하니 안 된다고 전화를 해 왔다. 그래 내가 출판사에 알아보겠다고 하고 한길사 서애경 씨한테 전화했더니 반갑다고 하면서, 오늘은 토요일이라 밖에 퇴근해 나와 있기에 월요일 날 의논하자고 했다. 그래서 그런 교섭 결과를 백 씨한테 알렸더니 고맙다고 했다.

오늘은 태풍이 충북 지방을 지나가는 모양인데, 오전까지 비가 오더니 오후에는 비가 멎고 하늘만 흐린 채로 바람도 안 불었다. 별 탈 없이 지나갈 모양이다.

2002년 7월 19일 금요일 비

깨어나서 숨쉬기를 하고, 기도를 하는데, 오늘 아침에는 아버지께 하는 기도를 시작해 보자는 생각이 들었다. 처음에는 여느 날처럼 하느님께 드리는 기도를 짧게 했다. 그다음 아버지께 말하는 기도를 하는데, 생전 처음으로 하는데도 참 놀랍게 기도 말이 아주 잘 터져 나와서 하고 싶은 말을 자유스럽게 했다. 이것은 하느님께 드리는 기도와는 아주 달랐다. 그렇게 오랫동안 날마다 아침저녁으로, 그리고 식사 때마다 드리는데도 하느님께 드리는 기도 말은 왜 그런지 잘 안 되고, 아무리 참되게 하려고 해도 절실하게 되지 않고 만족스럽지 않았다.

그런데 아버지께 하는 말은 그렇지 않아서 곧 술술 말이 터져 나온 것이다. 이것은 내가 신앙심이 모자란 것인가? 신앙이 잘 못된 것인가? 이광자 선생 말처럼 아버지가 하느님보다 더 가까이 내 곁에 계시기 때문이고, 그 아버지야말로 하느님보다 더 나를 가까이 지켜 주시는 분이고, 하느님으로 가는 길이 아버지이기 때문에 그런 것인가. 그런지도 모른다. 아침에 아버지께 드린 기도 말을 적어 본다.

아버지께 드리는 기도

아버지, 참 오랜만에 이렇게 말씀드리게 되었습니다. 제가 지금껏 살아온 것, 무사히 이 세상을 살아온 것이 아버지 덕택인 줄 압니다. 제가 지금까지 살아오는 동안 온갖 어려움을 겪고 힘드는 일에 부딪혔습니다. 그때마다 그것을 참고 견딜 수 있었고, 이겨 낼 수 있었던 것은 모두 아버지가 저를 지켜 주시고 이끌어 주시고, 저에게 힘을 주셨기 때문입니다. 더구나 제가 병들었을 때마다 그 병을 물리칠 수 있게 해 주셔서 이렇게 아직도 살아서 세상 위해 좋은 일을 할 수 있게 해 주신 것 모두가 아버지께서 그렇게 저를 힘 주시고 지켜 주셨기 때문이라 믿습니다. 부디 앞으로도 저의 곁에 늘 함께 계셔서 제가 하는 일 잘할 수 있게 살펴보아 주시고, 저의 길을 열어 주십시오. 아버지 고맙습니다. 제가 온정신을 다 쏟아 좋은 일 많이 해서 아버지 은혜 갚도록 하겠습니다.

예수님 받들어 기도드립니다. 아멘.

마지막 인사말을 어떻게 해야 할까 하다가 "예수님 받들어
…… 아멘"이라 했다. 아버지께서도 예수님, 하느님 곁에 계실
것이니, 이렇게 말하는 것이 옳고 자연스럽겠다고 느꼈기 때
문이다. 앞으로 우리 어머니한테도 기도드려야겠다고 생각한
다. 큰누님한테도, 셋째 누님한테도 드려야지.

　기도를 마치고 나니 오늘은 참 기분이 좋다. 글도 더 잘 쓸 것
같다. 지금 아침 7시가 다 되었다.

　오늘, 쓰던 논문은 아주 길게 쓴 한 꼭지를 다 맺었다. 이제
앞으로 백 장 정도 쓰면 다 될 듯하다.

　종일 비가 왔다.

2002년 8월 13일 화요일 아침에 비, 낮에 흐림

미국 교포 학생들 찾아옴

　오늘 찾아온다는 신부와 미국 교포 학생들은 예정대로 못 오
고 좀 늦었는데, 서울서 한지흔 씨와 배광준 선생이 먼저 왔다.
11시에 가게에 와 있다고 해서 걸어 내려갔다. 그래 12시에 점
심을 같이 먹고 있는데, 신부님한테서 온 연락으로는 1시쯤에
나 도착할 것 같았다. 강원도인가 경기도 어느 곳에서 오는 모
양이었다. 그래 배, 한 두 분하고 내 방에 와서 한참 이야기하
면서 기다렸다. 1시쯤 되어서 가게에 왔다는 소식이 오더니 1
시 40분에 관광버스가 왔다. 그래 우리도 나가서 배 선생 차를

타고 고든박골 들머리까지 가서 거기서 내려 모두 인사하고 걸어서 회관에 올라갔다. 회관 강당에 모두 앉혀 놓았는데, 초등학생쯤 되는 아이도 몇 있었지만 대개 중·고등 학생 정도였다. 이○을알아볼수없음 신부와 또 어른 인솔자 모두 둘러앉아 인사하고 나한테 무슨 우리 말에 관한 이야기를 해 달라고 해서 한 시간쯤 이것저것 준비도 없이 되는 대로 이야기하고 마쳤는데, 인솔한 사람 얘기 들으니까 외국에서 자라나는 교포 학생들에게 가르치는 우리 말 교재가 아주 시급하다는 것을 느꼈다.

내가 한 시간쯤 이야기하는데, 아이들이 아주 조용히 듣고 있어서 고마웠고, 그 아이들이 교육을 잘 받았구나 싶었다. 더구나 걸상도 아니고 맨바닥에 앉아 있어 퍽 힘들었을 것인데도 그랬다. 마치고 버스가 서 있는 데까지 걸어 내려왔더니 먼저 내려와 개골 물에 들어가 목욕을 하는 아이들이 있어, 예사로 보았는데, 나중에 보니 그중에 한 아이가 업혀서 올라와 차를 탔다. 모두 보내고 나서 정우 얘기 들으니, 아까 저 위에서 화장실에 모두 갔을 때, 그 수세식 임시 화장실에 들어가는 아이가 한 사람도 없고 모두 산에서 똥오줌을 누었다고 했다. "냄새가 나서 못 들어간다"고 하더란다. 그런데 "그중 한 아이는 참고 그대로 내려왔다가 그만 똥을 쌌는가 봐요. 그래서 물에 들어가 씻고 했던 모양입니다" 하고 정우가 말했다. 그러면서 "아무래도 좌변기 하나쯤은 만들어야 하겠어요" 했다.

272

참 어처구니가 없구나 싶었다. 미국의 큰 도시에서 살아도 외국 가면 어떤 변소에 들어가야 한다는 것쯤 가르쳐야 하지 않겠나 싶은데 그런 교육은 안 한 모양이다. 또 이곳에 그 아이들을 데리고 온 신부도 이런 용변 문제는 생각하지 못했던 것 같다. 아무튼 미국이나 서양인들은 자기들이 만들어 낸 도시 문화만이 전부가 되어야 한다는 생각을 버려야 하고, 거기 가서 사는 사람들도 도시 문화를 새로 보고 생각할 수 있도록 해야 하겠다. 오늘 그렇게 모두 용변 해결에 어려움을 겪고 더구나 엄청난 봉변을 당한 아이들까지 있었는데, 그것은 도리어 크나큰 교훈을 얻었다고, 평생 잊을 수 없는 크나큰 가르침을 얻었다고 생각할 수 있을 것이고, 그렇게 또 생각해야 할 것이다. 미국에 살면 고층 빌딩 폭파 테러를 맞아 봉변당할 수 있듯이, 미국 아닌 나라의 도시에 갇혀 살아도 이런 용변 못 보게 되는 테러를 스스로 불러오게 할 수도 있다는 이치를 알아야 할 것이다.

아무튼 그 똥 싼 아이가 얼마나 부끄러웠겠나?

2002년 8월 15일 목요일 흐림

아침 8시가 다 되어서 정우가 와서 누님을 태워 나갔다. 누님은 새벽 일찍 일어나 방을 쓸고 닦고 하시는 것 같았다. 7월 10일에 오셨으니 꼭 37일 만에 가시는 것이다. 정우한테 10만 원이 든 봉투를 주면서 고모님 드리라 하고, 어젯밤에 말한 양로

원 일은 내가 그런 것까지 걱정해 주고 싶지 않고, 또 계약금 6
천만 원을 장만할 도리가 없고, 영복이하고 나눠서 한다지만
영복이도 너 고모님하고 같이 못 있을 것이니 그런 주선 잘못
했다가는 서로 뒤에 가서 힘들게 되니 안 하는 것이 좋겠다고
하고 보냈다. 가게에 가서 아침 먹고, 현우하고 셋이서 의성으
로 가다가 안동이나 의성서 고모님만 버스 태워 보내면 된다
고 해서 나갔다. 보내고 나니 역시 누님 일이 애달팠다. 그러나
어찌할 수가 없었다.

  오늘은 원고 다듬는 일을 네 꼭지 했다. 이제 이틀 하면 다 마
친다.

  오늘이 8월 15일이다. 한 해 가운데 가장 생각을 많이 하게
하는 날이 이날이다. 라디오 들으니 57주년 광복절이라 했다.
해방 57주년인 것이다. 그러니 내 나이 77세로구나 싶었다. 이
날은 시라도 한 편 써야 하는데, 오늘은 원고 다듬는 일만 했
다. 오후 5시가 좀 지나서, 정우가 지금쯤 벌초 끝나고 산에서
내려오는가 싶어 전화를 걸었더니, 지금 가게에 와서 곧 저녁
을 가지고 갈라 합니다, 해서 놀랐다. 벌써 온 것이다.

  조금 있으니 저녁밥 가지고 현우하고 왔다. 고모님은 점촌서
버스 태워 보냈다고 했다. 우평서는 이슬비가 내리는데도 모
두 들에 가 버려서 못 만났고, 울산 할아버지는 서울 아들한테
가 버려서 집이 비어 있었는데, 옆집 사람 얘기 들으니, 지금도
젊은이처럼 꼿꼿이 서서 다니신다고 하더라 했다. 산소에서

영지버섯을 하나 따 왔다. 저녁을 먹고 또 한참 얘기하다가 현우는 오늘 서울 가야 한다면서 정우하고 같이 나갔다. 정우가 내 눈 밑이 조금 우스스 하다고 해서 거울을 보았더니 얼굴이 약간 부은 것 같았다. 어제와 오늘은 오리 알 흰자, 노루고기, 명태, 콩죽 따위 단백질을 너무 많이 먹었다. 오늘 저녁은 정우 현우 나가는데 문 앞까지 나갔다가 들어오니 숨이 약간 답답하다는 느낌이 들었다. 밥도 저녁에는 한 그릇 다 먹었으니 과식도 되었을 것 같다. 고기를 좀 낮게 먹으니 소화에는 탈이 없는 것 같은데, 그리고 소변량도 영향이 없는 것 같은데, 눈언저리가 으스스 붓는 것 같다. 신장에 부담이 되는 모양이다. 그러니 단백질을 아주 조금씩 먹어야겠구나 싶다.

57회째 해방 기념일. 아, 이제 몇 번 더 이날을 보낼 수 있을까. 이날을 생각해서 뭔가 해야 하는데······.

2002년 8월 30일 금요일 아침에 해가 났다가 곧 흐림

저녁놀과 무지개

소변량이 하루 겨우 400cc 남짓밖에 안 된다. 그래도 몸이 붓지 않은 것은 아마도 물기를 먹은 것이 얼마 되지 않기 때문이겠다. 그런데 왼쪽 허리 뒤가 늘 아프다. 바로 신장 뽑아낸신장 조직 검사 그 자리다. 그래 오늘 아침에는 정우한테, 앞으로 며칠 동안 오리 알이고 오리고기고, 콩죽이고 가지고 오지 말고,

밥도 내가 해 먹기로 했으니 가게에서 밥 먹으라고 했다. 범벅 갖다 놓은 것도 있고, 생식 가루 사 놓은 것이 있으니 그걸 좀 먹어 보고 싶다고 했다. 그렇게 하겠다고 대답했다.

낮에 정우가 밤을 땄다면서 한 되쯤 갖다 놓아서 그것을 곧 쪄서 먹었다. 햇밤 맛이 참 좋았다.

오늘은 가네코 미스즈 동요 번역한 것 15편을 원문과 대조해서 다듬고, 그걸 자료로 해설문 쓸 내용을 대강 적어 두었다. 앞으로 한 30편쯤 더 읽어 두어야겠다.

저녁때, 오랜만에 고든박골 갔다. 무슨 태풍이 남쪽 바다에 온다더니 시커먼 구름이 벌써 덮이고 바람이 불어 시원하기는 했다. 정우는 삽차 바퀴를 고치고 있었다. 흙집에 가서 한참 누워서 쉬다가 숨쉬기도 하고 했다. 이제부터 될 수 있으면 낮에라도 흙집에서 지내야겠구나 싶었다.

정우가 일 마치고 같이 트럭을 타고 오다가 내 방 앞에 차를 대 놓고 우편물을 가져가려고 해서 낮에 쪄 둔 밤하고 우편물하고 주어 보내는데, 정우가 나갈 때 나는 문간방의 창문을 닫는다고 창문으로 밖을 보니 웬일로 남쪽 부용산 위 하늘이 불그레하게 노을이 물들어 있고 거기다가 무지개까지 나타났다. 야, 정우야, 저기 봐라. 노을에 무지개다! 했더니 정우도 보고 놀란다. 그때가 7시였다. 노을을 본 것이 여기 와서 처음이다. 다른 데서도 요 몇십 년 동안 노을을 본 적이 없다. 무지개도 참 오랜만이다. 그리고 무지개가 남쪽 하늘에 나타나다니! 참 이상하다. 태풍이 온다고 온 하늘이 시커멓게 구름으로 덮이더니 또 노을은 어째서 나타나고, 무지개까지 나타났나? 참 알 수 없는 일이다.

2002년 9월 7일 토요일 맑음

아침에 노광훈 씨가 우편물을 가지러 왔기에 《가네코 미스즈》세 권을 복사해 달라고 부탁하고, 또 일본에 있는 김송이 씨한테 번역할 거리를 부탁해 보라고 했다. 노광훈 씨가 가고 난 다음에 정우가 와서 복사기를 고치러 충주에 간다고 했다. 그런데 충주에 갔다 오더니 복사기 부속이 없어서 며칠 뒤에야 된다고 하더라면서 못 고치고 왔다.

오늘 온다던 윤양미 씨는 교통이 좀 덜 복잡한 내일 오겠다고 전화를 했다.

오후에 〈어린이문학〉 9월 호에 실린 원종찬 씨의 글 '동시를 살리는 글'을 읽었다. 글을 아주 잘 썼구나 싶어 반가웠다.

저녁때 고든박골에 가니 정우가 집 일을 하고 있었다. 지붕을 덮는 일을 하다가 컴퓨터 고치는 사람이 왔다고 회관에 같이 올라가더니 늦게 내려와서 같이 트럭으로 돌아와서, 가게에서 저녁을 같이 먹고 왔다.

오늘은 참 오랜만에 하늘이 활짝 개었다. 날씨가 너무 좋아서 고든박골에 갔는데, 돌아올 무렵도 하늘이 좋아 자꾸 하늘만 처다보았다. 그러나 그 하늘 한쪽에 조그만 구름이 한 무리 떠 있을 뿐 노을빛은 볼 수 없었다. 한 해 가운데 노을이 가장 아름답게 나타날 때가 이때인데, 더구나 한 달이나 장마에 태풍에 흐린 날만 이어지던 끝에 겨우 맑은 하늘을 쳐다볼 수 있게 된 오늘 같은 날에 노을을 아주 볼 수 없다는 것은 참으로 서글픈 일이다. 우리 논 위로 공장 옆으로 돌아올 때 겨우 서쪽 하늘 먼산 위에 약간 불그레한 빛이 났는데, 사람들은 저걸 보고 노을이라 하겠구나 싶었다. 그리고 사실은 오늘같이 맑은 하늘도 그 옛날의 그 아름다운 가을 하늘은 아니다. 그러나 이제 그 고운 하늘도 노을도 그대로 기억하고 있는 사람이 없는 것 같다.

지난 8월 5일
글쓰기 연수회가 끝나는 날부터
비가 와서 장마가 시작되어
이제까지 한 달이 넘게
비가 오고 흐리고 태풍이 지나고
다시 비가 오고 흐리고 하다가
오늘 처음으로 하늘이 활짝 걷혔다.
꼭 한 달하고 이틀째다.
그동안 곳곳에 물난리가 나서
논밭이 떠내려가고 도시가 물에 잠기고
사람이 몇백 명이나 죽고 그래 온 나라가 큰 재앙을 당했다.

사람들은 태풍과 물난리와 죽은 사람만 생각할 뿐
태풍이 지나간 다음에도 하늘이 흐리고
해가 안 나오는 것을 걱정하는 사람은
아무도 없었다.
이대로 다시 한 달이 지날 동안
해를 못 봐도 하늘이고 햇빛을
걱정하는 사람은 없을 것 같았다.
그런데 오늘은 이렇게 활짝 개어서
신선한 가을 날씨같이 되었다.
역시 하늘은 우리 인간을 좀 더 살려 두어야겠다고 아직은 생
각하는 모양이다.
그러나 노을이 안 나타났다.
서쪽이고 남쪽이고 어디를 보아도
거뭇거뭇한 하늘뿐
겨우 밤이 가까워 서쪽 먼 산 위
조금 누릇누릇한 빛깔이 보일 뿐
그 아름답던 9월의 노을
장마 끝이면 더욱 꿈같이 황홀했던
그 노을은 어디에도 볼 수 없다.
나는 이 사실을 증언해 두어야 한다.
2002년 9월 7일
한 달 넘게 비가 오고 구름이 덮이고

태풍이 지나간 다음에 비로소
활짝 개인 하늘에
저녁이 와도 노을빛이 아주 안 나타났다는
이 사실을 나는 증언해 두어야 한다.
이 맑은 하늘, 이 정도 맑은 하늘이
앞으로 며칠 더 갈 것인가.
그것도 나는 알 수 없다.
그것도 나는 증명해야 한다.
모든 사람이 정신을 잃고 산다는 것을
모든 사람이 눈멀고 귀먹고
병신으로 되어 있다는 사실을
증명해 두어야 한다.

2002년 9월 14일 토요일 흐림

　머리말을 또다시 썼다. 그리고 책 이름을 '산처럼 나무처럼'
이라고 우선 정했다.
　낮에 문화관광부 장관이 전화를 걸어 왔다. 이번 한글날(이
라 했던 것 같다)에 무슨 훈장을 나한테 준다고 했다. 전에 윤
기현 씨가 신청했던 것이구나 싶었다. 참 거북했다. 내가 그런
걸 받을 만한 사람이 못 된다고 했더니, 진작 받아야 할 것이라
면서, 잡지 〈살림〉에서 우리 말에 관해 인터뷰를 하기로 했으

니 부디 만나게 해 달라고도 했다.

전화를 끊고 나서도 어리둥절했다. 전에 윤기현 씨가 그런 말을 해서 아주 언짢았는데, 그 뒤 아무 말이 없기에 그 일은 무사히 지나갔구나 싶어 마음을 놓았는데, 기어코 이렇게 된 것이다. 내가 무슨 훈장을 받다니, 도무지 어울리지도 않고 반갑지도 않다. 그걸 받아서 뭘 하나? 도리어 내 이력에 얼룩점을 남기는 것뿐일 것이다. 더구나 그런 것 받으러 어디 나오라 하면 어쩌나? 안 갈 수도 없고, 가서 내 얼굴이 방송에 나오고, 신문에 보도되고 할 것을 생각하니 끔찍하다. 어쩌다가 이렇게 됐나? 내 심정이 이런 줄도 모르고 모두 반갑다고 축하하고, 그러면 나는 무슨 말로 대답하나? 그런 훈장은 받고 싶어 하는 사람이 얼마든지 있고 그런 사람한테 줘야 하는데, 도무지 엉뚱한 나 같은 사람이 받게 되었으니 잘못되어도 한참 잘못된 것이다. 이 가을을 즐겁게 보내려고 했는데…….

오후에 백승인 씨가 또 왔다. 가금서 이제 돌아가는 길이라면서 들렀는데, "백 편을 골랐어요. 차례도 전집에 있는 대로 하고요" 하면서 원고를 내놓았다. 한참 얘기 나누고 보낸 다음 그 원고를 보니, 새로 쓰지도 않고 어지럽게 고친 그대로였다. 세상에 이렇게 해서 보라고 내놓다니! 좀 마음이 언짢았다. 이걸 어떻게 하나? 출판사에 소개한 것이 또 뉘우쳐졌다. 이제 이런 일은 절대로 하지 말아야겠다는 생각이 들었다.

저녁때 고든박골 갔더니 정우가 없었다. 흙집까지 올라갔다

가 다시 내려오니 정우가 서울 친구하고 오리를 그슬고 있었
다. 그래 한참 있다가 같이 차를 타고 왔다.

오늘도 날이 흐렸다. 가을날이 이 지경이니 무슨 곡식이 제대
로 여물까? 서울서 온 정우 친구가, 용인인가 어디서는 아카시
아 잎들이 죄다 오그라들고 마르는데, 그것이 쓰레기를 태울
때 나오는 다이옥신인가 하는 것 때문에 그렇게 된다고 해요,
하면서 여기도 아카시아 잎들이 더러 그렇다고 했다. 날씨가
이렇게 되고, 나무가 죽고 하는 것 죄다 인간들이 그렇게 만든
것이다. 그런데 지금 미국 부시란 놈은 전쟁을 하겠다고 미쳐
날뛰고 있다.

2002년 10월 11일 금요일 맑음

오후 2시가 좀 지났을 때 지성한의원에 찾아갔더니 거의 한
시간쯤 기다려야 했다. 기다리는 동안에 맞은편 의자에 앉았
던 어떤 여자분이 나를 자꾸 보더니 "이오덕 선생님 아닙니
까?" 했다. 그렇다고 했더니 반가워하면서 내 책을 있는 대로
다 읽었다고 하면서 백병원 앞에서 죽을 판다고 했다. 그러면
서 주순중 선생 이야기를 해서 내가 "오늘 주 선생이 여기 올
라 했는데, 곧 올 겁니다"고 했더니 더 놀라면서 여러 가지 얘
기를 했다. 그리고 곧 주 선생이 들어와서 반갑게 만났다.

그리고 내 차례가 와서 들어갔더니, 젊은 여의사인데 손목의

맥을 좌우로 한참 짚어 보고 나서 하루 대변을 몇 번 보는가 물어서 한 번이나 두 번이라고 했다. 다음은 눈 검사를 하는데, 눈동자가 바로 앞에 크게 찍혀 나오는데, 그것을 보고 여러 가지 내 몸의 상태를 말했다. 그리고 그것이 아주 정확하게 맞구나 싶었고, 아주 좋은 의견도 들려주었다. 내 몸의 상태를 말한 대로 대강 적으면 이렇다.

1. 기력이 아주 약해져 있다.
2. 위장이 무력해졌다.
3. 무릎이 아주 약해서 문제가 많다.
4. 운동을 해야 한다. 걷기를 해야 한다.
5. 무슨 일을 하는지는 모르지만 머리를 너무 많이 쓴다. 머리를 쉬고 운동을 해야 몸이 회복된다.
6. 나이가 78세인데, 기억력이 아주 좋고 머리를 많이 쓰고 하는데, 머리 활동은 50세 남짓 되는 분 같다. 부디 머리 그만 쉬고 운동을 하는 것이 좋겠다.
7. 그리고 폐활량이 적다. 이것도 운동으로 폐를 든든하게 해야 한다.
8. 피부가 호흡을 못 하고 있다.
9. 몸에 아주 병이 없다. 다만 너무 허약하다.

이렇게 말하고 나서 물었다. 평소에 무슨 병을 가지고 있다든지 하는 것 없느냐고 했다. 내가 여러 해 전부터 신장이 나빠서 지금도 치료 중이라 했더니 무슨 신장염인가, 네프로제인가, 신우염인가, 또 무엇 무엇인가 물었다.

"조직 검사까지 했더니 병 이름이 보통 알려진 그런 것이 아니고 또 영어로 돼 있어서 기억을 못 하겠는데, 아무튼 완치가 될 수 있는 신장염이라 했습니다. 지금은 증세가 좋아져서 병이 있는 상태와 건강 상태의 중간쯤에 머물고 있습니다."

"이 눈 검사로는 신장은 아무 이상이 없습니다. 몸이 쇠약해서 기력이 없으면 신장 기능이 저하되어 그런 증세가 나타나니 운동을 많이 해서 몸을 튼튼히 하는 수밖에 없습니다."

그다음은 내가 물었다.

"귀울림이 오래전부터 심합니다. 고칠 수 있을까요?"

"선생님의 귀울림은 출생 때 허약하게 태어난 것이 원인입니다. 젊었을 때 몸을 보해서 그 허약한 체질을 고쳐야 했는데 그렇게 하지 못했습니다. 그러니 지금은 어쩔 수 없고, 그 귀울림을 가지고 살아가도록 하셔야 합니다. 운동을 해서 몸이 좋아지면 귀울림도 덜하게 됩니다."

"콜레스테롤이 높은 줄 아는데, 어떻게 나타났습니까?"

"높습니다."

"정상이 되도록 할 수 없을까요?"

"식초를 드시기 바랍니다. 소주잔에 물 한 잔 받아서, 처음에는 거기에 한 방울 정도로 초를 떨어뜨려서 드시고, 차츰 많이 해서 나중에는 소주잔에 5분의 1 정도 초를 타서 드시면 좋을 것입니다."

"음식물에 아주 민감합니다. 어떤 음식이 좋은지 의견을 듣고 싶습니다."

"위장이 약해서 소화가 잘 안 되는데, 그러니까 약을 먹어도 조금도 효험이 없어요. 이렇게 해 보세요. 검은깨와 찹쌀을 반반으로 해서 가루를 만들어 뜨거운 물에 타서 아침저녁으로 잡수시면 위가 좋아집니다. 꼭 해 보세요."

여의사가 한 말이 모두 옳다는 생각이 들었다. 죽 음식점을 한다는 분은 의사 말을 듣더니 "제가 선생님 약 지어 드리려고 했더니 그럴 필요가 없어졌네요. 돈 벌었어요" 했다. 참 고마운 사람이구나 싶었다. 나오면서 인사하니 의사가 따라 나와서 인사했다. 나중에 정우한테 물으니 진찰료도 안 받더라 했다. 주 선생하고 그 새로 만난 여자분하고 헤어지면서 모레 내 책 나오면 한의사한테도 보내고, 주 선생하고 오늘 만난 분한테도 보내겠다고 말하고 왔다.

집에 오니 4시 반이었다. 오늘도 날이 좋았는데, 하늘은 흐릿흐릿하게 구름이 덮인 것처럼 괴상한 날씨였다.

2002년 10월 13일 일요일 오전 한때 비, 맑음

아침에 짧은 글 하나 쓰고 창녕의 고승하 씨 앞으로 보낼 우

편물(《한 사람의 목숨》과 일본어 원문 복사한 책과 편지)을 준
비하고, 윤양미 씨한테 책과 함께 봉투도 부쳐 달라고 전화하
고, 또 윤기현 씨한테 전화를 걸었다.

아침에 정우가 와서, 19일 날 시상식에 누구를 초대할까를
권정생 씨한테 전화로 의논했더니 전우익 선생한테 물어보라
고 하더라 해서, "왜 권 선생한테 그런 얘기를 했나? 전 선생한
테도 알리지 마라, 그 사람들 올 것도 아니고 반가워하지도 않
는다. 이번 일은 윤기현 씨가 한 일이니 윤기현 씨한테 전화 걸
어서 그 일을 어떻게 했는지 우선 알아봐야 한다. 아무래도 우
리 말 운동 관계로 그런 훈장을 준다면 《우리 글 바로쓰기》 책
을 낸 한길사에 먼저 알려야 할 것 같다" 이렇게 말하고 윤기
현 씨한테 전화를 걸었던 것이다.

윤기현 씨와 전화 얘기

"지난 8월 10일인가 그 무렵에 윤 선생이 무슨 훈장을 받도
록 서류를 낸다고 하셨지요? 그거 그때 어떤 내용으로 냈습니
까? 그리고 그 뒤 무슨 소식을 들었습니까?"

"그때 어린이문협의 김녹촌 회장과 글쓰기회 이상석 선생과
어린이도서연구회 이주영 이사장과, 우리 말 살리는 모임의
이대로 대표와 이렇게 네 단체 대표 이름으로 여러 가지 내용
을 적어 냈습니다. 그 뒤 8월 말일쯤에 심사를 한다고 들었는
데, 정식으로 연락을 못 받았지만 받게 되도록 결정했다는 말

을 간접으로 듣기는 했습니다."

"그렇군요. 나는 그때가 8·15 며칠 전이어서 무슨 공훈이 있다고 주는지는 몰라도 8·15는 아닐 거고 10월 9일 한글날에 그런 시상 같은 행사가 있는 것을 생각해서 신청했겠구나 싶었는데, 그 한글날도 그냥 넘어가서 마음을 놓았지요. 그런데 얼마 전에 문화관광부 장관이 전화를 걸어 왔어요. 이번에 문화훈장을 드리기로 했다고 해서 어리둥절했어요. 윤 선생이 그런 주선을 해서 이렇게 됐으니 고맙기는 하지만 솔직히 말해서 마음이 착잡합니다. 그리고 네 단체에서 같이했다는 것 이제 처음 알았는데, 그저께 문광부에서 그 시상식 입장권을 열 장 보내왔으니 이걸 어찌할까요?"

"그러면 녹촌 선생하고 이주영 선생하고, 이상석 선생, 이대로 선생한테 알려서 그날 그때 국립극장에 나오시라 하겠습니다. 입장권은 거기서 나눠 주도록 하지요. 그런데 그 훈장이 무슨 훈장이랍니까? 금관, 은관, 동관 이렇게 있는데……."

"은관이라 하지요. 전화로 듣기만 했어요. 여기 시상식 안내장에는 그런 것 안 쓰여 있고, 누가 받는지도 알 수 없습니다. 아마도 여러 사람이 훈장을 받고, 또 무슨 상인가 하는 것을 받는 모양입니다."

"우리는 금관을 신청했는데, 중간쯤 되는 것이네요. 아무튼 축하합니다."

"수고 많았습니다. 그날 만나겠습니다."

이제 이번 일의 내막을 알게 되었다. 네 단체 대표들이 나를 추천했으니 김성재 장관도 떳떳하게 내게 줄 수 있었던 것이다. 그 내용은 아마도 우리 말 살리기와, 올바른 글쓰기와 어린이문학 바로 세우기 따위로 여러 가지 문화 활동을 잘했다는 것이 아닌가 싶다. 살다가 보면 별일을 다 만나게 되는데, 이것은 분명히 하나의 희극이구나 싶다.

전화 끝나고 오전에 고든박골 가서 흙집에 한참 누워 쉬다가 정우 차로 내려와, 점심을 가게에서 먹었다.

오후에는 누워 쉬다가 목욕을 하였다.

2002년 10월 19일 토요일 맑음

어제 저녁을 가게에서 먹었는데, 이것저것 좀 많이 먹었던 모양으로 밤에 자는데 배가 불안하고 좀 아팠다. 1시가 좀 지나서 일어나 식초를 물에 타서 조금 마셨다. 한의사가 이야기한 그 식초를 먹고 배 아픈 증세가 단번에 없어졌던 것인데, 그 뒤로 배도 안 아프고 해서 안 먹었다. 그래서 밤중에 생각나서 마셨는데, 누워 있으니 배가 더 아팠다. 그러나 잠시 뒤 멎었다. 잠이 안 와서 누워서 숨쉬기도 하고 하다가 새벽 일찍 일어나 버렸다.

5시에 일어나 머리를 감고, 옷도 갈아입고 했는데, 배가 아무래도 좋지 않아서 아침은 안 먹기로 했다. 변소에는 두 번이나

가서 대변을 조금씩 보았다.

그리고 일본 책에 낼 '일제 식민지 시대의 삶' 원고를 다시 읽어서 다듬었다. 그런데 한 장을 줄였는데도 계산해 보니 2백 자로 30장은 될 것 같다. 24장이니 여섯 장은 넘었다. 이걸 어쩌나?

오늘이 문화의 날 행사로 국립극장에서 시상식이 있는 날이다. 10시에 점심을 일찍 먹고 11시쯤에 나섰다. 지선이 엄마도 같이 갔다. 국립극장에 닿으니 1시가 좀 지났다. 주차장에서 좀 기다리니 윤양미 씨가 와서, 차 안에서 출판 계약서를 보고 도장을 찍었다. 그리고 책에서 잘못 나온 것을 말해 주었다.

차에서 오다가 어느 휴게소에서 몇 가지 신문을 사서 오다가도 읽고 극장 주차장에서 기다리는 동안에도 읽었는데, 내 책에 대한 기사가 실려 있는 신문이 다음과 같다.

• 18일 신문: 〈문화일보〉, 〈대한매일〉.
• 19일 신문: 〈경향신문〉, 〈중앙일보〉, 〈한국일보〉, 〈굿데이 (스포츠)〉, 〈한겨레〉.

이 가운데서 〈문화일보〉, 〈경향신문〉이 가장 크게 나왔고, 〈중앙일보〉와 〈한국일보〉도 크게 났다. 〈대한매일〉과 〈굿데이〉는 조그마하게 소개되었고, 〈한겨레〉는 집에 오기에 안 샀다. 〈문화일보〉와 〈대한매일〉은 어제 신문이어서 윤양미 씨가 구해 두었다가 주었다. 기사로 쓴 것이 모두 그 정도면 괜찮게 썼구나 싶었다. 문학이나 교육과 같은 전문성을 띤 책이 아니어서 모두 쉽게 읽고 쓴 것이다. 이런 책은 신문에서 잘못 소개되지 않아서 좋다.

시상식은 예정대로 오후 3시에 시작되었다. 훈장 받는 사람, 상 받는 사람들은 거의 모두 모르는 사람들이었다. 고은 씨만 아는 사람이어서 반가웠다. 은관훈장 받는 사람 가운데 나보다 나이 많은 사람이 한 사람 있었다. 그 사람은 지팡이를 짚고 왔다. 나는 그래도 지팡이 없이 다니는구나 싶었다.

훈장은 한 사람씩 차례로 무대에서 문광부 장관이 목에 걸어 주거나 가슴에 달아 주었다. 그것 마치고 한 시간 동안 축하 공연으로 노래, 춤, 시 낭송 같은 것을 하고 4시 반쯤에 마쳤다.

글쓰기회, 어린이문협, 도서연구회, 우리 말 살리는 모임 이네 단체에서 50명가량 축하하러 와 주어서 고마웠다. 그래서 글쓰기회원으로 오늘 무너미에 오지 않는 사람들한테는 갈 때 준비해 갔던 《나무처럼 산처럼》 책 한 권씩을 주어서 헤어져 왔다. 글쓰기회원들은 여기 와서 주기로 했다. 오늘 다른 수상자나 훈장 받는 이들은 축하객이 별로 없었는데, 나한테는 많이 왔다. 꽃을 가져온 사람도 많았다. 그래서 아주 잔치 분위기가 되었다. 생각 같았으면 어디 가서 저녁을 같이 먹으면서 이야기라도 나누고 싶었지만 그럴 형편이 안 되었다. 모두가 축하하고 기뻐하니까 고맙고 기쁘기는 하지만, 훈장 같은 것 받아서 뭘 하나? 이건 어린애들 장난하는 것과 무엇이 다른가, 하는 생각이 자꾸 들었다. 그리고 이런 어린애들 장난 같은 일에 멀쩡한 사람들이 이렇게 모여서 축하합네 하는 것이 아무래도 고개가 갸웃거려지는 것이다.

오는데 길이 막혀 세 시간이나 걸려 8시에 겨우 가게에 닿았다. 그런데 30분도 먼저 떠난 글쓰기회원들이 아직 안 왔고, 우리가 밥을 다 먹었을 때 그제야 왔다. 길을 잘못 가서 더욱더 많이 막혔던 모양으로, 네 시간이나 걸린 것이다.

오늘 비가 온다더니 날씨가 좋아서 다행이었다. 이제 훈장 소동이 끝난 것이다.

2002년 11월 10일 일요일 맑음

오늘은 원고 쓰던 것, 한 꼭지를 다 못 썼다. 너무 길었기 때문이다.

저녁때 고든박골 갔더니 날이 아주 푸근했다. 논둑에서 새어 나오는 물이 얼었던 것이 녹았는데, 꼭 해동이 될 때 녹는 얼음 같았다.

아침에 정우가, 할아버지 사진을 크게 만들어서 액틀에 넣어 가지고 왔다. 그것을 맞은편 의자 뒤에 올려놓고 보니 참 좋다. 아버지가 이제부터 다시 내 곁에 함께 계시게 되었다. 진작 이렇게 할 것을 내가 생각을 못 했구나 싶다. 그 사진 배경이 얼굴면과 비슷한 밝기가 되었기에, 저녁때 정우한테 배경을 더 어둡게 하든지 아주 밝게 하든지 해서 다시 만들어 보라고 했다.

어젯밤에도 배가 좋지 않았다. 아프다고까지는 할 수 없어도 밤새도록 우리해서 잠도 잘 안 왔다. 생각해 보니 이번에는 고추였다. 마늘이 주범이라고 마늘만 안 먹으면 될 줄 알았다.

그래서 입맛도 없고 해서 입이 좀 가쁘하라고 고춧가루가 많이 든 김치를 어제저녁에는 많이 먹은 것이 그만 탈이 났던 것이다. 그래 오늘은 낮에 정우를 불러서 김치 넣은 플라스틱 그릇을 아주 가져가라고 주었다. 그리고 고등어를 양념해서 쪄 놓은 것도 가져가도록 했다. 앞으로는 고기도 양념이고 간이고 하지 말고 생선 그대로 찌기만 하든지, 생선을 그냥 가져오면 내가 쪄서 먹겠다고 했다. 그리고 김치도 양념하지 않고, 옛날 경상도 김치로 한두 포기라도 담아서 먹을 수 있도록 했으면 좋겠다고 했다. 정우도 매운 김치를 못 먹으니 그렇게 해서 우리 두 사람이 먹도록 하자고 했다.

오늘 한림대학교 지명관 총장의 이름으로 편지가 왔는데, 보니까 '오늘의 정국을 우려하는 지식인 선언'이란 글이 들어 있다. 읽어 보니 지금 대통령 선거를 앞두고 사회가 아주 어지럽고 더구나 정치인들이 추악하게 행신하는 세태를 걱정해서 이것을 바로잡자는 것이었는데, 강만길, 지명관, 한완상 세 사람 이름으로 되어 있다. 그리고 편지에는 이 선언문을 30인의 민주 인사 원로들이 발기하는 형식으로 해서, 앞으로 수많은 사람들이 참여하도록 서명운동을 벌이려고 한다면서 나한테 그 30명 중 한 사람으로 참여해 달라고 했다. 참 좋은 일이고 매우 급한 일인데 좀 늦었구나 싶었다. 저녁에 전화를 걸어서 진심으로 찬성한다고 알렸다.

글을 쓰다 보니 시간이 없어서 오늘은 고든박골에 갈 수 없었다.

2002년 11월 17일 일요일 흐림

간밤에는 또 배가 좋지 않았다. 배가 못 견디게 아픈 것이 아니라 뭔가 배 속에(위 있는 데) 꽉 막혀 있어서 안 내려가고, 속이 매스껍고 올라올 것 같기도 했다. 그래서 밤중에 깨어나서 잠이 안 왔다. 한 이틀 동안 고등어(하루 두 끼, 그중 한 끼는 조기)를 먹었는데, 배가 아프지 않다고 좋아했는데, 역시 고등어도 못 먹을 것임을 알았다. 그렇다면 뭘 먹나? 다시 죽을 먹나? 죽 먹고는 힘을 못 쓸 뿐 아니라 소변이 잘 안 나오니 또 문제가 커진다. 왜 이런가? 아무래도 위장이 탈 난 것이다. 어쩌면 암일지도 모른다. 아마 암일 것 같다.

생각해 보니 음식 맛이 없어진 것이 언제부턴가? 1년? 2년? 작년부터 조금씩 나빠져서 올해는 아주 심해지고 갈수록 입맛이 떨어져 간다. 입맛 없는 것이야 차라리 적게, 알맞게 먹게 되니 잘되었다고도 할 수 있지만, 먹은 것이 소화가 안 되니 그게 큰일이다.

암이라면 이제 모든 것을 급히 정리해야겠다. 1년? 석 달? 한 달? 얼마나 살까? 그동안 모든 것을 정리해 두어야 한다. 내가 쓰고 싶었고 써야 한다고 계획했던 그 모든 것을 그만두고, 내가 가졌던 것이나 정리해서 깨끗이 해 두는 수밖에 없다. 아, 이제 내 인생을 마무리하게 되었구나!

새벽에 일어나 운동이고 숨쉬기고 기도고 다 그만두고, 세수도 하지 않고 칫솔만 좀 쓰고는 어제 써 둔 효리원에 보낼 글을 다시 읽어서 다듬었다. 그리고 편집부 앞으로 부탁하는 말을 적었다.

지금 7시다. 배가 여전히 좋지 않다. 배를 움직이니 꾸르륵하고 소리가 난다. 지난번 주순중 씨 소개로 갔던 한의원에서 원장이 눈 검사해서 말할 때 내 위장이 아주 나쁘게 되어 있다고 하더니, 그때 원장은 암이란 것을 알고도 말하지 않았는지도 모른다는 생각이 들었다. 그러나 이제는 병원이고 한의원이고 가고 싶지 않다. 조용히 죽음을 맞이하고 싶다.

아침 7시에 정우한테 전화했다. 일하러 가는 길에 들르라고. 정우가 왔기에, 이제 고등어 같은 것 못 먹으니 콩죽이나 쒀 보내라 했다. 그리고 아무래도 암 같으니 앞으로 글 쓰는 일은 다 그만두고 급한 것 정리나 해야겠다고 했다. 그랬더니 "암은 아닐 겁니다. 노인들이 모두 소화불량으로 되니, 오늘 충주 가서 사진 찍어 봅시다" 했다. 나는 "사진 같은 것 찍으면 뭘 하나,

이대로 견디는 대로 견디다가 조용히 가는 것이 좋지" 했더니 정우는 내가 너무 과민하게 생각한다고 보았는지, 변소 짓는 일을 그림으로 그려서 이야기했다. 그리고 나갔다.

조금 뒤에 정우가 다시 까스명수를 가져왔다. 그걸 조금 먹었다. 그리고 충주에 사진 찍으러 가는 것은 오늘이 일요일이라 안 되겠다면서 내일 갑시다고 했다.

낮에 정우가 콩죽을 가져왔기에 한 공기 먹었다. 그것도 한참 배가 우리하게 아팠다.

가만히 앉아 있을 수 없다 싶어 논문 쓰던 것을 한 꼭지 썼다. 이제 두 꼭지만 쓰면 끝난다.

〈월간 전생(全生)〉도 한참 보았다. 이제 내가 볼 책은 이것밖에 없을 것 같다.

오후에 한참 누워 있기도 했다.

지금 6시가 다 되어서 바깥이 어둡다. 배도 고프지 않고, 몸은 왜 이렇게 으슬으슬 추운가? 두꺼운 방한 옷을 입고 앉아도 추운 기가 안 떠난다. 죽을 다시 끓여 놓았는데, 이걸 먹고 또 배가 아프면 어쩌나?

저녁을 먹었다. 밥을 좀 섞은 콩죽을 한 공기 넉넉하게 먹었다. 그리고 조그만 사과 반쪽. 오늘 밤이 어찌 될까? 부디 무사했으면 좋겠다. 하나님, 저를 살려 주십시오!

오늘부터 병원 약도 안 먹기로 했다. 이제 소화기관이 더 큰 문제가 되었다.

2002년 11월 18일 월요일 맑음

간밤에 여전히 배가 아팠다. 이제는 죽도 못 먹게 되는가? 할 수 없다. 앞으로는 하루 한 번씩만 먹어 보자. 그것도 안 되면 끝나는 것이다. 끝이라면 앞으로 며칠 남았을까? 석 달? 아니지, 아무것도 못 먹으면 한 달도 어렵다. 한 달 안으로 모든 정리를 해야 한다. 석 달만이라도 버틸 수 있다면 정리가 최소한도로 되기는 하겠는데 한 달 가지고는 어렵다.

아침에 정우가 와서, 충주 방사선 의원에 가자고 했다. 나는 가고 싶지 않았다. 검사 결과가 어떤 것으로 나타나든지, 내가 지금 죽도 먹을 수 없는 것은 사실이고, 검사한다고 이 증세가 나아질 수 없기 때문이다. 그래도 자꾸 가서 알아봐야 한다고 해서 10시에 나섰다.

방사선 사진 찍는 데에 의원이란 간판이 걸려 있었다. 사진을 찍는데 무슨 약을 먹고, 또 허연 액체를 한 컵이나 억지로 먹으라고 했다. 그것을 정말 생억지로 먹고 나니 기분이 아주 나빴다. 그리고 사진을 여러 수십 장, 누워서 찍고, 엎드려서 찍고, 이쪽저쪽 옆으로 누워 찍고, 서서 수없이 찍고 했다. 정말 이런 데는 오지 말아야 할 곳이구나 싶었다.

다 찍고 잠시 기다리니 오라고 해서 담당자가 사진을 앞에 걸어 두고 설명하는데, 위가 아래로 많이 처져 있다고 했다. 그리고 위 아래 끝쪽에서 ○○에 이어지는 부분이 주름이 잡혀 있다고도 했다. 암이 아닌 것은 다행이지만 위하수란 것도 고치기가 힘드는 것 아닌가 싶었다.

의원을 나와 백화점과 문구점에 가서 사진 앨범으로 쓸 것을 사고, 골덴 잠바를 샀다. 잠바는 집에도 몇 개나 있는데 정우가 굳이 사자고 해서 할 수 없이 샀다.

집에 오니 12시 반이 지났다. 점심도 먹고 싶지 않고 먹을 수도 없을 것 같아 그대로 들어왔다. 잠바를 입어 보니 역시 몸에 맞지 않고 불편했다. 이런 걸 9만 원이나 주고 왜 자꾸 사자고 했는지 모르겠다. 정우 입으라고 주는 수밖에 없다.

오후 2시나 되어 정우가 오리고기를 가지고 왔다. 그걸 먹었더니 배가 괜찮았다. 모르지. 밤에 또 아플는지 모르지만, 5시가 된 지금까지 배가 아프지 않다. 이러고 보니 옛날 부산 있을 때 생각이 난다. 두어 달 동안 아무것도 못 먹고 모두가 죽는다고 보았다. 무엇을 먹어도 배가 아프고 소화가 안 되었다. 더구나 고기 같은 것은 먹으면 큰일 나는 줄 알았다. 그러다가 한번은 멸치 같은 것을 먹게 되었는데, 그러니까 신기하게도 배가 시원하게 내려갔다. 그래서 곰국도 먹고 해서 거짓말같이 병이 나아서 일어난 적이 있다.

이번에도 그런 상태가 아닌가? 그렇다면 참 다행이다. 아무튼 오늘 밤을 지나 보아야 한다. 여러 날 전에도 자꾸 배가 아팠는데 오리고기를 먹으니 괜찮았던 일이 있다. 그때는 어쩌다가 그럴 수도 있겠지 했는데, 정말 내가 고기 먹어야 할 괴상한 팔자인가? 그렇다면 고기를 알맞게 먹고사는 수밖에 없고, 죽지 않고 내 할 일을 하게 되었으니 참 다행이라 생각한다.

2002년 11월 25일 월요일 맑음

지금 쓰고 있는 원고를 글쓰기회보에 연재하기로 하고 첫 회분을 오전에 다시 읽어서 다듬어 놓았다. 오후에는 '오늘의 정국을 우려하는 지식인 선언'을 편지와 함께 우송할 준비를 하느라고 다 보냈다. 보낼 곳은 이태길, 윤구병, 전우익, 권정생, 네 사람 앞이다.

복사기가 고장 났는지 복사되는 종이 중간에 시커멓게 나와서 복사기를 판 곳에 연락해서 오후에 와서 고쳤는데, 가고 난 다음에 여전히 또 시커멓게 나와 정우가 고쳤다. 그런데 정우가 고친 뒤에도 역시 그렇게 나왔다. 할 수 없이 그대로 복사해 버렸다.

밥맛이 하도 없어서 낮에 가게에 가서 먹고 왔다. 저녁에는 조그만 자주감자를 네 개 구웠더니 두 개를 겨우 먹고 두 개는 먹을 수가 없어 그대로 두었다.

노무현과 정몽준의 경쟁은 여론조사에서 노무현이 쉽게 이겼다. 그럴 줄 알았다. 방송에서 두 사람 토론하는 것 들었는데, 정몽준 씨는 학벌 자랑을 두 번이나 하고 상대편의 말씨가 나쁘다고 유치한 말로 공격하고 하는 것이 듣기에도 딱했다. 또 번번이 시간을 넘겨서 자꾸 말했다. 그런데 노 씨는 아주 간결하고 솔직했고, 시간도 빈틈없이 지켰다. 그런 토론 듣고 사람의 우열을 가리지 못하는 국민이라면 얼마나 한심하겠는가? 다행히도 정 씨는 깨끗하게 승복했다. 이 무슨 제란 사람보다는 낫다는 생각이 들었다. 이제 대통령 선거는 이회창과 노무현의 대결 싸움이 되었다. 반통일 반민주 세력과 통일 민주 진보 세력의 결판이다. 우리는 또 한 번 역사를 앞으로 밀어 가느냐, 뒤로 물러서게 하느냐 하는 큰 싸움을 치르게 된 것이다.

2002년 12월 8일 일요일 눈(온종일 눈이 왔다)

간밤에는 12시가 넘어서 배가 아팠다. 그래서 겔마를 먹었는데 배가 부글거리더니 여전히 아팠다. 2시가 지나서 이번에는 까스명수를 2분의 1병 마셨다. 그랬더니 속이 쑥 내려가는 것 같고 편했다. 새벽에 잠을 좀 잤다. 아침에 일어나니 또 배가 좀 쓰렸다. 찹쌀가루+검은깨 가루+쑥 가루를 뜨거운 물에 개어서 먹고, 오리고기 조금하고 곤 물을 마셨더니 배가 편했다.
낮에는 시와시학사 직원들 다섯 분이 와서 가게에 같이 가서 점심을 먹었는데, 명탯국도 먹었지만 청국장 매운 것과 신 김치를 먹었다. 그래서 그런지 오후에 배가 좀 아파서 까스명수를 2분의 1병 마시고, 오리고기 한 조각을 먹었다. 그러니까 배가 편해졌다.

시와시학사에서는 대표 최명애 씨를 비롯해서 편집장 장미란, 백년글사랑 편집장 안선희, 영업부장 여승구, 김철수 한의원장(최명애 씨 남편) 이렇게 왔는데, 거기서 낸 시집을 여러 권 보여 주면서, 내게 아이들이 읽을 수 있는 시에 관한 책 원고를 써 달라고 부탁을 했다. 신경림 씨와 합저로 하는데, 1부는 신 씨가 아이들이 읽을 만한 시를 뽑아 모으고, 2부는 아이들이 쓴 시를 모아 해설을 하는데, 그것을 나한테 부탁하려고 했다. 나는 좀 생각해 보겠다고 대답했다. 차라리 우리 아이들이 쓴 좋은 시만을 한 권으로 엮어 내는 것이 좋지 않겠나 하는 생각이 들었고, 지식산업사에서 냈던 것을 다시 내든지 고쳐서 내든지 하는 것도 생각해야 하기 때문이다.

애기를 들으니까 시에 대해서 아주 좋은 생각을 가지고 있는 듯해서 협조를 하고 싶어서 내 생각도 솔직하게 말해 주었다. 그런데 가고 난 다음에 거기서 낸 시집 한 권(손으로 만들었다는 책)을 보니까 좀 마음에 안 들었다. 내가 너무 경솔하게 허락하는 듯한 말을 했구나 싶었다. 아직은 무슨 계약을 한 것도 아니니까 잘 생각해서 실수를 하지 말아야겠다.

오늘은 서울 손님 만난 시간 말고는 아침과 저녁때를 다 바느질로 시간을 보냈다. 밤에 배를 따뜻하게 할 필요가 있어서 수건을 두 장 겹쳐 꿰매어 썼는데, 그것 꿰맨 실이 풀어져서 그것도 좀 단단히 꿰매어야 했고, 다시 따로 수건 석 장을 그렇게 포개어 꿰매었다. 생각보다 시간이 많이 걸렸다. 그런데 그런 바느질을 하니까 좀 재미가 나기도 했다. 글 쓰는 것과는 또 다른 재미다. 된장찌개 보글보글 끓이고, 바느질하는 이런 재미를 남자들이 여자들한테 빼앗긴 것은 참 섭섭한 일이란 생각이 들었다.

새벽부터 눈이 온종일 내렸다. 날이 푸근해서 땅에 내리는 대로 녹아서 그렇지, 안 녹았으면 아마도 무릎까지 쌓였으리라.

2002년 12월 19일 목요일 맑음

10시쯤에 투표를 하고 왔다. 정우는 오늘 미장공 두 사람을 놉 해서 일한다고 낮에 점심시간 이용해서 투표한다고 해서 지선이하고 지선이 엄마하고 셋이 차 타고 갔는데, 지난번 지방의원 선거 때와는 달리 줄 서 기다리지도 않았고, 날씨도 푸근해서 좋았다. 갈 때 지선이 엄마가 "누구를 찍어야 할까요?" 해서 "그거야 생각대로지만, 노무현이가 돼야 하지 않나?" 했더니 그렇게 생각한다면서 여기는 모두 노무현을 찍는다는 소문이 돌아 있다고 했다.

투표하고 오면서 가게에서 밥을 먹고 왔다.

오후에, 박문희 선생이 보내 준 《마주이야기》 책을 다 읽고 메모를 해 두었다.

저녁 6시에 라디오에서 당선 예상자 여론조사 발표를 들으니 노무현이 49.1, 이회창이 46.8로 노무현이 2.3퍼센트 앞섰다.

영남과 강원 지역을 제외한 모든 지역에서 노무현이 앞서 있었다. 다행이구나 싶었다. 그러나 표차 2.3퍼센트는 실제 개표에서 바뀔는지 모른다. 2.3퍼센트가 사람 수로는 60몇만 표나 된다지만, 어떻게 되는지 알 수 없다.

오늘 식당서 밥 먹을 때 방송을 들으니 정몽준이가 어젯밤에 노무현 지지를 철회했다고 했다. 나중에 또 들으니 당선 뒤에 어떤 자리를 요구한 것을 노무현이가 정치 신념을 굽힐 수가 없어 거절했다는 것이다. 그 영향이 오늘 투표에 미쳐서 노 후보가 좀 불리했을 것인데 그래도 이렇게 앞섰으니 참으로 다행이었다. 정몽준이란 사람이 정말 고약한 사람이구나 새삼 느꼈다. 국민통합21에서 일하던 이철 씨와 그 밖에 민주당 의원 20명이 정몽준이가 한 행동을 비판하고 그 진영에서 탈당한다고 했다니 잘했구나 싶다. 오늘 밤 개표에 따른 거의 확실한 당락 결정은 12시가 지나야 알게 될 듯하다.

9시 35분에 개표 50퍼센트가 넘어서자 다시 당선 유력자 발표가 났다. 지금까지 각처에서 아주 작은 차로 엎치락뒤치락하는 곳도 있었지만, 처음 이 후보가 전체로 앞서다가 그 뒤 다시 뒤집어져 노 후보가 꾸준히 조금 앞서 왔는데, 9시 반이 지난 지금에는 노 후보 48.6퍼센트, 이 후보 47퍼센트로 1.6퍼센트 차로 당선될 것이라는 예측이 KBS에서 발표되었다. 아마도 이 예측이 별로 틀리지 않을 것 같다. 이제 자야지.

지금 10시 반이 지났다. 대변이 마려워서 변소에 갔다 와서 라디오를 들었더니 노무현 씨가 당선된 것이 확실한 모양이다. 벌써 당선 기자회견까지 한 모양이고, 당원들과 국민들 앞으로 인사까지 하고, 이회창 씨와 권영길 씨에게도 인사를 전한 모양이다. 노 후보와 이 후보의 표차는 50만 표 이상이라고 방송이 나온다. 잘됐다. 이제 역사가 거꾸로 뒷걸음치는 일은 없게 되어 큰 걱정 덜었다. 살아가 보니 좋은 일도 이렇게 있구나 싶다.

지금 10시 50분이 지났다. 개표가 92퍼센트나 진행된 형편에서 표차가 2.5퍼센트에 60만 표나 되었다고 한다. 전화가 와서 받으니 신정숙이다. 노 후보가 당선됐다고 좋아한다. 이러고 보니 우리 국민들의 생각이 전체로 많이 나아갔다고 볼 수 있구나 싶다. 정이 어젯밤 그런 짓 안 했더라면 노 후보가 표를 더 얻었겠지. 정몽준과 기성 정치인들 꼴이 말이 아니게 됐다.

2002년 12월 20일 금요일 맑음

민주당은 아주 살판이 났고, 한나라당의 이회창 후보는 정계를 은퇴한다는 선언을 했다. 정몽준 씨는 자기가 잘못 판단했다고 말했다.

호남에서는 노무현 씨로 표가 다 몰리고, 영남에서는 이회창 씨에게 몰표를 주었다. 이것 가지고 양쪽 다 똑같이 지역감정이 남았다고 하는 사람들이 있는 모양인데 아주 모르는 말이다. 호남 사람들이 노무현 씨 찍은 것은 뚜렷한 목표가 있고 그

목표가 아주 정당하다. 그리고 그것은 지역감정을 넘어선 것이다. 그런데 영남 사람들이 이회창을 찍은 것은 박정희와 그 잔당 친일 세력을 옹호하는 것이고, 그것은 지역감정에 바로 이어져 있다. 참으로 영남 사람들은 치사하다.

오후 2시 50분쯤에 다큐공방 선재란 데서 조호순이란 사람이 찾아와 1시간가량 마주이야기 교육에 대한 내 의견을 녹화해 갔다. 며칠 전 전화가 있었던 것이다. 겨우 30초쯤 나가는 것이라는데 이렇게 멀리 와서 고생하는가 싶었지만, 그렇게 짧은 시간에 하는 말일수록 제대로 잘 요령 있게 말을 해 주지 못해 미안했다. 이것저것 물어서 자꾸 대답한 것을 다 녹화해 가느라 그렇게 걸렸다. 젊은이가 생각도 좋고 내 책 《이오덕 교육일기》도 읽었다고 해서 갈 때 《문학의 길 교육의 길》과 《한 사람의 목숨》을 주어 보냈다.

오늘은 라디오 듣고, 이것저것 책 읽는다고 하루를 보냈다.

2002년 12월 22일 일요일 맑음

오전에 '쉬운 말로 세상 확 바꾸자'(임시 제목)라는 제목으로 책을 내야겠다고 생각해서 대강 구상을 해 보았다. 그리고 11시쯤 되어 고든박골 갔더니 정우가 창고 짓는 일을 마무리하고 있었다. 회관 변소도 이제 다 되어 있었다. 날씨가 아주 포근했다. 12시에 돌아왔다.

오후에는 오랫동안 숙제로 두었던 〈일본 근대동화 선집〉 2권을 읽기 시작해서, 니이미 난키치 작품 두 편을 읽고 메모해 두었다. 1권서 읽었던 동화들에 대니 참 좋았다. 그런데 원문 책(《니이미 난키치 동화집(新美南古 童話集)》)이 있어 대조해 보았더니 번역이 아주 잘못되었다. 번역한 사람은 일본 가서 대학에서 일본 문학을 전공했다는 사람으로 지금 어느 대학에서 교수로 있는 모양인데 어째서 그렇게 잘못된 번역을 했을까.

저녁에 지선이가 팥죽을 압력솥에 한 솥 가져왔다. 맛있게 잘 먹었다.

오전에 박정온 씨한테 전화를 걸었다. 오는 봄에는 예정대로 중국 여행을 한다고 해서 부러웠다. 중국 가는 것은 부럽지 않지만 그렇게 다닐 수 있는 건강이 너무 부러웠다. 내가 "이제 세상에 좀 희망이 보인다"고 했더니, 노무현 씨가 대통령 된 것이 참으로 다행하다면서 좋아했다. "우리 식구 모두 노무현 씨 찍고, 당선 발표되자 얼마나 기뻤는지 모른다"고 했다.

지금 저녁 8시가 다 되었다. 봉화 전우익 형이 전화해서 받았다. 일본 갔다가 투표 전날에 왔단다. 일본 동경 간다의 책방 갔던 얘기를 했다. 책을 많이 사 왔다고 해서 부러웠다. 또 나무 구경하고 온 얘기했다. 그리고 선거 얘기가 돼서 노무현이 된 것 다행이라 했다.

오늘 동짓날인데 난 팥죽을 며느리가 잘 쑤어서 올해도 잘 먹었는데 전 형은 못 먹었지, 했더니 "봉화 장에 가서 먹고 왔다"

고 했다.

"봉화 장에 가면 2천 원에 노인들 많이 사 먹어. 실컷 먹고 왔지."

그렇다. 이제 노인들은 그런 장에나 가야 팥죽을 먹게 되었다. 그래도 팥죽 사 먹을 수 있는 장이 있어 다행이구나 싶다.

노무현이 대통령 당선되어 다행이고, 팥죽 사 먹을 수 있는 장이 있어 다행이고, 이렇게 다행한 일이 많은 것이 정말 다행이다.

2002년 12월 30일 월요일 맑음

아침에 책상 여기저기 있는 사진들을 정리하다 보니 그만 12시가 되었다. 그래서 오후에는 신문 보고 나니 저녁때가 되어 그만 오늘도 원고를 못 썼다.

요즘은 방송과 신문에서 날마다 북한의 핵 문제로 떠들썩하다. 미국은 어떻게 해서라도 위기감을 만들어서 전쟁을 하거나 무기를 팔아먹고 자기들 군대를 남의 나라에서 철수하지 않으려고 할 것 같다. 이차판에 우리는 어떻게 해서라도 반미, 항미로 뭉쳐서 미국 군대를 이 땅에서 내몰아야 할 것이다.

2003년 1월 1일 수요일 맑음

10시쯤 됐을까. 뜻밖에 권정생 선생이 전화를 했다. 안부를 묻기에 잘 있다고 했다. 그런데 위장이 나빠져서 요즘은 병원 약을 거의 안 먹고 위장이 제대로 일할 수 있도록 먹는 것을 조심하고 있다고 했더니, 자기는 "20년 동안 약을 먹었으니 어떻게 되었겠습니까" 했다. 그래, 요즘은 아침에 찹쌀가루와 마 가루를 뜨거운 물에 두어 숟가락씩 타 먹는다고 했다.

글은 어떻게 쓰는가 물었더니, "앉아 있을 수가 없어서 늘 누워 있는데, 책도 누워서 보니 눈이 아파서 못 보겠어요" 했다.

전우익 선생은 며칠 전에도 왔다가 갔는데, 아주 청년 같다면서, 영주고 서울이고 늘 다닌다고 했다. 그 책 텔레비전에서 선전해서 일주일에 30만 부나 나갔다고 하니, 그 뒤에도 아마 20만 부는 나갔을 것이고, 그러니 50만 부 팔렸을 것이라고도 했다. 권 선생 책은 얼마나 나갔는가 물었더니, "가장 많이 나간 것이 《몽실언니》인데, 30년 동안 20만 부 나갔다"고 했다. 단편으로는 《강아지똥》인데, 한 해에 5천 부 나간다고 했다. 그

리고 노무현 씨가 아주 잘한다면서, 요즘 북쪽의 핵 문제로 시끄러운데, 노 씨가 미국에서 무슨 말을 하면 우리 정부가 덮어놓고 받아들이고 하던 지금까지와는 달리, 우리 생각대로 당당하게 말하는 것 보니 사람이 괜찮구나 싶다고도 말했다. 그리고 나는 〈일본 근대동화 선집〉에 대한 서평을 쓰고 있다고 하면서, 일본 문학을 덮어놓고 쳐다보고 따라가고 싶어 하는 젊은이들이 많고, 더구나 번역을 잘못하고 있다고 하면서, "산묘(山猫)"를 "산고양이"로, "신사마(神さま)"를 "하느님"으로, "귀(鬼)"를 "도깨비"로 번역해 놓은 것이 크게 잘못되었다고 했더니, 자기도 "산묘"는 "살쾡이"로 해야 한다고 말해 주었다 했다. 그리고 "귀"는 어떻게 해야 하는가 묻기에 일본 말 그대로 "오니"라 해야 한다고 말했다.

권 선생하고 전화를 한 것이 몇 달 만이다. 내가 걸지 않았던 것이다. 그런데 권 선생이 먼저 걸어 와서 반가웠다. 권 선생이 하도 자꾸 이야기해서 전화를 오래 끌어, 정우가 기다리다 못해 밖에 나가 한참 있다가 들어왔다. 그래, 결국은 내가 "그러면 부디……" 하고 먼저 말하고 말았다.

그런데 오후 늦게 또 권 선생이 전화했다. 아까 번역 문제 말할 때 "신사마"를 "하느님"이라고 한 것이 문제라 했는데, 지금 성경책 일본 것 보니 "하느님"을 "신사마"라고 해 놓았어요" 했다. 그래서 내가 말했다.

"그럴 겁니다. 일본 말로서는 성경에 나오는 하느님도, 집마다 모셔 놓고 신사(神社)에 모셔 놓은 민간신앙의 대상인 '신'도 '신사마'라고 해요. 일본 말로는 그것밖에 없으니까요. 그러나 기독교의 '신사마'하고, 신사에 모셔 놓는 '신사마'는 아주 다르지요. 우리는 '하느님'이란 말이 있으니, 일본의 민간신앙으로 말하는 '신사마'는 달리 말해야 되는 겁니다."

"그럼 어떻게 말하지요?"

"일본 말 그대로 '가미사마'라 해야겠지요. '귀(おに)'도 '오니'라 하고요."

"그래야겠네요."

아침에 전화로 얘기했던 것이 자꾸 마음에 걸려 그것을 풀어야겠다고 생각했던 모양이다. 그래서 성경책도 찾아보고 했는데, 그만 일본 말이 모두 "신사마"로 되어 있기에 어떻게 하나 싶어서 다시 전화를 건 것이다. 아마 지난번 '잎싹' 번역 문제로 단단히 마음을 괴롭혔던 것 같다.

오늘 겨우 〈일본 근대동화 선집〉 서평의 머리말을 써 두었다. 새해 첫날 권 선생하고 전화로 이야기하는 것으로 시작되었다.

2003년 1월 19일 일요일 흐림

글쓰기연구회에서 있었던 일

아침부터 글쓰기회에 가서 오후 4시에 왔다. 아침과 점심 두 끼를 거기서 같이 먹었는데, 아침에는 누가 밥을 아주 많이 담아 온 것을 다 먹었다. 좀 걱정이 됐지만 괜찮았다.

12시까지 몇 사람이 이야기하는 것을 듣고 나서 윤구병 선생이 나가서 뜻밖의 이야기를 했다. 글쓰기회 모둠살이 규칙에 따라 살아가야 한다는 것, 농촌과 자연 속에서 살길을 찾아야 한다는 것, 글쓰기 모임집이라 해서 이렇게 큰 건물을 가지고 있을 필요가 없다는 것, 노광훈 씨는 앞으로 농사를 짓기 위해 살아가야 하고, 그래서 총무 일에서 놓아주어야 한다는 것, 사무실이 필요하면 서울에 두고 회보 만드는 일이나 그 밖의 일은 회장을 중심으로 하여 몇 사람이 봉사하도록 하면 된다는 것 ……, 이렇게 많은 생각을 한꺼번에 쏟아 놓았다.

나는 그 말이 모두 정말 옳고, 내 마음을 그대로 나타냈구나 싶어 놀라고 한편 반가웠다. 그런데 그다음에 이상석 선생이 나가서, 방금 윤 선생 말씀은 우리가 의논해서 한 말이 아니고 혼자 생각한 것이라면서, 그런 의견이 우리들의 합의에서 나온 것으로 알아서는 안 된다고 했다.

그래서 그다음에 나도 나가서 잠시 말을 했는데, 그 요지는 다음과 같다.

첫째, 윤구병 선생 말씀은 내 생각과 거의 같다. 참 좋은 의견이다.

둘째, 자료집에 나온 조용명 선생의 글은 우리 글쓰기회의 앞날을 바람직스런 길로 가게 하는 길잡이가 된다고 생각한다. 꼭 읽어 주었으면 좋겠다.

셋째, 정낙묵 선생의 글에서도 두어 가지 중요한 지적이 나왔는데, 그것은 아주 올바른 말이라 본다. 하나는 자연을 파괴하는 짓을 글쓰기회에서도 하고 있다는 것이고(이렇게 산을 파내어 집을 짓고 길을 내는 짓), 또 하나는 한 해에 두어 번 연수를 하기 위해 이런 건물을 가질 필요가 어디 있는가 하는 것이다.

넷째, 글쓰기 마을을 곳곳에 만들었으면 좋겠다. 사실 이 일은 벌써 시작되었다고 본다. 밀양에도 회원들이 모여 사는 마을이 있고 속초에도 그렇게 하려고 하는 줄 안다. 이렇게 해서 변산에도 만들고, 대전 가까이에도 만들고, 여기 무너미에도 만들면 된다. 이 아래 밭을 한 평에 3만 5천 원 주면 살 수 있는데, 그것 사서 집 짓고 농사지으면 된다. 또 내가 지금 있는 그 집 골짜기 위쪽에 아주 터가 좋아서 진작부터 내가 거기 가서 살고 싶은 집이 있는데, 그 집주인이 서울 가려고 집을 내놓았다. 집이 아주 좋고, 그 집만 해도 5천만 원은 되는데, 땅이 천 평이나 된다. 내가 거기 가고 싶어도 지금 있는 집이 안 팔려 못 간다. 누가 그 집 사서 한마을에 같이 살면 얼마나 좋겠나?

다섯째, 글쓰기교육연구회를 글쓰기연구회로 고쳐서 10년도 더 된 것 같은데, 글쓰기 교육도 제대로 못 하고 있다. 이름을 그대로 둔다면 어른들 스스로 하는 글쓰기는 그 범위를 다시 좀 분명하게 정할 필요가 있다. 소설 같은 것 쓰려는 사람이 없고, 아동문학도 하는 사람은 여럿 있지만 글쓰기회 안에서는 할 자리가 좁다. 또 우리가 쓰는 글은 수필이라고 모두가 알고 있는 그런 글과는 다르다. 분명한 것은 살아가는 이야기, 일기, 편지, 기록문, 보고문 같은 글이다. 이런 글만을 무엇이라 해야 하나? 생활글? 삶의 글? 살아가는 글? 아무튼 글의 장르를 우리가 분명히 의식해서 이름도 새롭게 지을 필요가 있다. 모두 이 일을 잘 생각해 주기 바란다.

여섯째, 삶을 가꾸는 글쓰기를 진정으로 하고 싶어 하는 사람이 차츰 줄어 가고 있다. 세상이 모두 돈 세상으로 되었기 때문이다. 지금 회원이 190명(정회원)이라고 하는데 백 명으로 줄고 60명이나 50명으로 줄어도 수가 준 것 그것만으로 한탄할 것 없다. 역사를 만드는 것은 언제나 아주 작은 수로 되어 있는, 참된 정신을 가진 사람들이다.

이런 내 생각을 참고로 해서 오늘 오후에 토론도 하고 저녁에 총회 자리에서 의논해 주었으면 좋겠다.

그런데 이상석 씨가 나가서 이야기를 한 다음에 내 옆에 앉았던 윤구병 선생이 "이상석 선생 말이 옳아요. 제가 좀 잘못 생각했어요" 했다. 그래서 또 나는 어리둥절했다. 더 자세한 의견을 듣지 못하고, 점심을 먹은 다음 내려와 버렸다.

내려올 때 정우를 만나서 이야기했더니 윤구병 선생 말이 옳다면서, 글쓰기회가 떠나면 건물을 도서실로 만들고, 한쪽에 아리랑나라 출판사를 차려서 광호 같은 아이 데리고 와서 책을 만들도록 하면 된다고 했다. 그래야지.

2003년 2월 10일 월요일 흐림(안개)

아침에 정우가 또 보온병에 물 끓인 것을 가져왔다. 무, 당근, 버섯, 우엉을 달인 물이라 했다. 그것을 먹었더니 구기자보다 더 좋았다.

원고는 더 쓰지 못하고 자료 조사를 하였다. 이재철 씨가 만든《세계 아동문학사》에서 '동물 문학' 자리를 보았더니, 길게 써 놓은 글이 바로 일본의 〈아동문학 사전(兒童文學辭典)〉(동경당(東京堂))을 그대로 베껴 놓은 것이었다. 또 그 옆에 나온 '동시'를 읽어 보니, 우리 동시는 1937년의 김영일의 아동시론으로 비로소 본격 동시가 시작되었다고 해 놓았다. 그 김영일 씨의 동시론이란 것은 아무것도 아닌 것이다. 그리고 1931년에 벌써 이원수 선생의 훌륭한 동시가 나왔는데 그걸 모르고 한 말인지, 알고도 일부러 그렇게 쓴 것인지 어처구니가 없다. 그 사전은 아주 엉터리로 만들었는데, 그걸 일본 사람들이 보고 얼마나 한심스럽게 여겼겠나 싶다.

오후에 윤동재 씨가 전화를 했다. 연수회 잘 마쳤는데, 70명쯤 왔다고 했다. 다음 여름에는 마산에서 이원수 문학의 세계를 이야기하는 자리를 만들기로 했다고 한다.

〈어린이문학〉지의 교정이 이번에도 첫 쪽부터 엉망으로 되어 있어 원고 주고 싶지 않다고 했더니, 자기도 그걸 보았다면서, 그렇다고 뭐라고 말할 수도 없다고 하기에 "왜 그런 것 말 못

해요? 평회원이라도 마땅히 말해야지요. 그런 것 바로잡지 못하면 무슨 일을 할 수 있겠어요. 그래서는 문학도 못 합니다" 하고 나무랐다. 윤동재 씨가 이제 박사가 되고 출세를 하더니 그만 둥글둥글 살아가는구나 싶었다.

오늘은 한낮까지 앞산(부용산)이 아주 안 보일 정도로 안개가 덮였다.

2003년 2월 13일 목요일 맑음

밤중에 잠이 깨어 다시 잠이 오지 않고, 정강이가 아직도 좀 가렵고 해서 이뇨제를 한 알 먹었다. 2시.

입맛도 아주 똑 떨어졌지만 억지로 많이 먹었다.

원고 조금 쓰고, 신문 보고, 좀 누워 있고 하다 보니 어느새 또 하루가 다 갔다. 이래서는 안 되는데, 글을 더 많이, 적어도 지금 쓰는 배는 써야 하는데, 그렇게 하려면 몸에 힘이 붙어야 하는데 그게 안 되니 마음이 탄다. 이러다가 할 일을 못 하고 떠나면 어떻게 하나?

2003년 2월 14일 금요일 맑음

논문 '일본 근대 동화를 어떻게 볼 것인가?' 1부를 겨우 다 썼다. 모두 240장쯤 된다. 2부와 3부는 좀 쓰기 수월할 것 같다.

진주의 이지호 교수한테서 편지가 왔다. 곶감을 받아 주어서 고맙다는 것, 글쓰기회보에 연재하고 있는 글을 보고 있으니 안 부쳐 주어도 된다는 것, 자기가 쓰고 있는 글에 잘못이 있으면 죄다 지적해 달라는 것, 자기가 쓴 글을 보고 이 말 저 말 말이 많다는 것…… 따위 많은 사연이었다. 그걸 읽고 나도 반성이 되었다. 생각이 달라도 그런 것은 널리 보고 대해야 하는데 내가 너무 지나치게 맞서게 되었구나. 내가 너무 마음이 좁구나 하는 생각이 들었다. 내 생각을 다시 정리해서 편지를 쓰고 싶다. 방 안에서만 지낸 지가 벌써 몇 달이 된 것 같다. 이래서는 안 되는데, 밖에 나가 걸어 다녀야 하는데, 방 안에서 어름어름하다가 그만 하루를 보내곤 한다.

오늘 저녁때는 또 오지 주전자에 구기자를 달인다고 가스 불에 올려놓고 원고 다듬기에 정신이 빠져 한 시간 가까이 지나서 아차 싶어 달려가 보았더니 주전자 안의 구기자는 새까맣게 타 버렸다. 다행히 주전자는 탈이 없었다. 참 정신이 빠진 것이다.

2003년 2월 18일 화요일 흐림

오리고기

먹는 것을 또 잘못했다. 어제저녁에는 먹고 난 뒤에 곧 배가 부글거리고 아팠다. 곧 설사가 날 것 같아 변소에 갔더니 설사는 안 나왔다. 돌아와 앉아 있으니 항문이 따갑고 아파서 견딜 수 없었다. 엉덩이 꼬리뼈 위를 누르고 한참 누워서 애를 썼다. 그래, 심하게 아픈 것은 가라앉아서 까스명수를 마시고 나니 배 속도 좀 안정되는 듯했다.

그래, 늦게 잤는데, 두 시간쯤 자고 나서 1시에 깨어나니 또 배가 부글거리고 아팠다. 설사가 나오겠다 싶어 일어나 불을 켜고 운동복을 입고 변소에 가려 하다가, 항문이 또 아프면 안 되겠다 싶어 틀림없이 설사가 날 것 같으면 간다고 참고 앉았 는데 설사가 나오지는 않을 것 같았다. 한 시간 넘게 앉아 있다 가 할 수 없이 불을 켜 둔 채 다시 자리에 누웠다. 그래도 잠은 안 오고 설사가 곧 나올 것 같지는 않고 해서 두어 시간 누웠다 가 그만 일어났다. 의자에 앉아 다리 운동을 한참 해도 안 되었 다. 배만 여전히 부글거렸다. 아무래도 아침까지 가야 나올 모 양이다. 왜 이렇게 되었나?

어제저녁에 먹은 것이 이렇다.

오리고기 물에 밥 반 공기 말아 먹고, 시루떡 두 입 떼 먹고, 사과 4분의 1개, 귤 한 개쯤(열 알).

그래, 생각해 보니 오리고기 물이었다. 그게 아주 기름이었던 모양이다. 먹을 때 아주 고소해서 지금까지 먹은 어느 때보다 도 맛있었다. 그러니 틀림없이 기름이었을 것이다. 그렇지 않 고서야 배가 이렇게 될 리가 없다. 과일이야 때마다 이렇게 먹 는 것이다. 그러니까 그 전날도 전전날도 배가 좋지 않았던 까닭이 무나 초를 먹은 때문이 아니라, 오리고기 물로 알고 먹은 기름 때문이었던 것이라 판단이 된다. 그 기름이란 것이 소화가 되어도 몸에 좋지 않지만, 이렇게 소화도 되지 않고 사람을 괴롭히니 생각만 해도 구역질이 날 지경이다. 이제 그만 오리고기부터 가지고 오지 말라고 해야겠다.

지금 5시 반이 다 되어 가는데 아직 변소에 못 가고 있다. 시원스럽게 설사를 하고 나면 좀 살겠는데……. 언제까지 이렇게 기다리나?

아침 6시 20분. 겨우 설사 같은 것이 조금 나왔다. 아마도 몇 시간 뒤에 한 차례 더 나와야 될 것 같다.

7시가 지나 쑥 가루를 타서 먹고 한참 누웠다가 정우가 왔기에 오리 기름 이야기를 하고 이제 앞으로는 명태만 먹겠다고 했더니, 오리는 살코기만 잡숫고 다른 것은 안 자시면 된다고 했다.

낮에 밥 조금 남았던 것과 떡 한 조각을 먹고 사과 4분의 1 개, 귤 한 개 정도를 먹고 나서 변소에 가서 똥을 누니 설사는 아니고 묽은 똥이 좀 많이 나왔다. 그러고 나니 몸이 좀 가벼워졌다.

오늘은 몸이 좋지 않았지만 편지를 썼다. 이지호 교수 앞으로 긴 편지를 써서, 앞으로 누가 무슨 말을 하든지 쓰고 싶은 것을 마음껏 쓰라고 격려하는 말을 해 주었다. 생각해 보니 이 교수만큼 솔직하게 쓰고, 또 글을 쉽게 쓰려고 하는 사람도 없다 싶어 이런 사람이 나와 생각이 좀 다르다고 외면할 것이 아니라 격려한다면 앞으로 더 좋은 글을 쓰게 될 것이라 믿겼기 때문이다. 솔직하고 쉽게 쓰려고만 하는 마음만 가지고 있다면 잘못된 생각은 차츰 바로잡힐 것이라 생각도 드는 것이다.

그런데 오늘은 대구 지하철에서 큰 참사가 일어나 계속 그 방송으로 뉴스 시간이 채워졌다. 아침에 일어난 사건인데, 지하철에서 한 정신병자가 시너라던가 하는 것이 들어 있는 통을 가지고 라이터로 불을 붙여 자살하려고 했다고 한다. 불이 붙어서 그 차 안에 있던 사람은 모두 밖으로 나가 무사했고, 불을 낸 사람은 밖에 나와 구르는데 다른 두 사람이 옷을 벗어서 그 사람 옷에 붙은 불을 꺼서 죽지 않고 병원에 실려 가, 나중에 조사를 받았는데 말을 하지 않고 있다는 것이다.

그런데 바로 그 차에 탄 사람은 그렇게 피할 수 있었지만 옆에 있는 차에서는 그런 줄 모르고 불이 붙으니 순식간에 차 안에 있는 플라스틱 재료 같은 것이 타면서 독한 가스가 나오고 전기가 꺼져서 암흑천지가 되고 연기로 숨이 막히고 해서 아비규환이 되고, 그렇게 해서 불길은 거기 붙어 있던 모든 차에 번져 버렸다고 한다.

그래서 하루가 다 지난 지금까지도 사람이 얼마나 죽었는지 확실한 숫자를 모르고, 아직도 타 버린 전동차에는 뜨거운 열로 가까이 갈 수 없다는 것이다. 대강 방송을 들으니 죽은 사람이 40명이고, 부상자가 백몇십 명인데, 사고 현장에는 아직도 죽은 시체가 수십 구 있다고도 하고, 또 달리 죽은 사람이 백몇 십 명이 된다고도 했다. 그렇게 불이 났는데도 또 그것을 방송으로 알리지 않아서 옆 차에 있던 사람들이 그대로 타고 있다가 모두 변을 당했다니 기가 막힌다.

　참으로 끔찍한 세상이고 지옥 같은 세상이다. 생각해 보니 이것이 모두 정신문화는 아주 천박하고 낮은 수준인데 물질만 추구하는 추악한 상태가 되어 이런 비극을 연출하게 되었구나 싶다. 정신병 환자가 자꾸 늘어나는 것이 그렇고, 그런 교통 시설을 자기중심으로 이용할 줄만 알았지, 안전한 질서를 이어갈 수 있는 틀을 마련하지 않았고, 불이 붙으면 암흑천지가 되고, 플라스틱이 타면 독가스와 같다는 것도 생각 못 한 것이 그렇고, 도시의 편리함이 영원하고 무결하다는 생각이 그렇다. 앞으로도 이런 사회에는 언제 어디서 무슨 일이 일어날지 모른다. 그러나 그래도 사람들은 설마 나야 괜찮겠지 하고 살 것이다. 이것이 바로 인간이 파멸할 수밖에 없는 길이구나 싶다.

　저녁 8시에 대구의 영복이한테 전화를 걸었더니 나왔다. 지금 봐서 아는 사람 가운데 그 참변을 당한 사람은 없다고 했다. 그 밖에는 여러 군데 걸었지만 죄다 "지금 뭐 어떻고 해서 통화할 수 없으니 나중에 다시 걸어 주시기 바랍니다" 하는 자동 응답이 나왔다. 그럴수록 더 걱정이 되었다.

　그런데 나중에 금자한테 손전화 번호로 걸었더니 나왔다. 우리는 다 무사하다고 했다. 그리고 내 책을 이제 다 구해 놓고 읽고 있다고 해서, 그래 천천히 읽어서 잘해 보라고 했다.

또 9시가 지나서 김상문 선생한테 걸었더니 나왔다. 지하철 사건 얘기를 하고 나서 김 선생은 나한테 현미찹쌀밥을 해 먹어 보라고 했다. 어떤 사람은 그걸 한 달 먹으니 당뇨가 아주 안 나오게 되었다고도 했다. 나도 현미찹쌀밥을 해 먹어 봐야겠구나 싶었다.

2003년 3월 4일 화요일 맑음

원고를 겨우 조금 썼다.

낮에 정우가 오리 알 흰자와 땅콩 볶은 것을 가지고 왔다. 그래서 땅콩도 조금씩 먹기로 했다. 그런데 콜레스테롤을 재어 보니까 여전히 높게 나왔다. 걱정이다. 정우는 콜레스테롤은 음식 조심한다고 치료가 안 되고, 단백질이 모자라서 그러니 영양값이 풍부한 것 많이 잡수셔야 한다고 했다. 그러나 소화가 잘 안 되니 어찌하겠는가?

오후에 〈신동아〉 연재 원고를 전송했다.

얼마 전부터 책의 아주 잔글씨가 잘 안 보인다. 전에는 이렇지 않았다. 이것도 기력이 없으니까 이렇게 되는구나 싶다. 글자가 안 보이면 큰일이다. 그때는 글도 못 쓰게 된다.

오늘 〈한겨레신문〉 첫 쪽에 이라크에서 반전시위를 하면서 구호를 외치는 사진이 나왔는데, 거기 박기범 얼굴이 보였다.

박기범이는 눈을 감고 있었다. 우뚝 서 있는 그의 모습이 산같이 보였다. 민족의 양심, 우리 어린이문학자의 자랑 박기범!

밤에 자다가 일어나 '박기범'이란 제목으로 시를 썼다.

2003년 3월 6일 목요일 눈 온 뒤 비

원고 좀 쓰고, 신문 읽고, 〈우리 말과 삶을 가꾸는 글쓰기〉 3월호에 나온 내 글 읽고 하다 보니 어느새 또 하루가 후딱 갔다.

오후에 한길사 김언호 사장이 또 전화를 했다. 내가 "지금 쓰고 있는 아동문학 원고는 앞으로 한 달쯤 걸리면 책 한 권 분량으로 될 것이고, 그다음에는 '이오덕의 사람 이야기'라고 하여 시사 문제를 써 놓은 글을 정리하고 싶다"고 했더니, 그것은 얼마나 시간이 걸리겠는가 했다. 그것도 한 달이면 될 것이라고 했더니, 그러면 4월에 가서 한번 찾아오겠다고 했다. 오실 것 없고 내가 일이 대강 마무리되면 전화하겠다고 했다. 리영희 선생이 건강이 좋아졌다고 해서 반가웠다.

오늘은 새벽부터 눈이 쏟아져 내렸다. 1시까지 내렸는데, 10시쯤 나가 보았더니 온도계가 영상 2도 가까이 되었는데도 비가 아니고 눈이었다. 그런데 오후에 잠시 멎었는가 싶더니 저녁때부터는 비가 왔다. 그래서 그토록 많이 쌓였던 눈이 다 녹았다.

아침에 정우가 와서 장닭 한 마리가 그저께 없어졌다고 했다.

무슨 짐승이 잡아먹었나, 하니까 "짐승이 잡아먹는다면 약한 암탉을 해쳤을 것이지요" 했다. 그렇다면 도둑놈이 잡아갔구나, 마을 사람이겠지, 정우도 그렇게 생각했던 모양이다.

2003년 3월 9일 일요일 흐림

이주영 씨 외 한 사람 찾아옴
이주영 씨가 신충선이란 분과 같이 왔다. 가게에서 점심을 먹고 왔는데, 신씨는 너른들이란 출판사를 경영한다고 했다.

오자마자 책을 여러 권 내놓는데, 이주영 씨가 너른들에서 최근에 낸 《어린이 책 100선》과, 그 밖에 우리교육에서 나온 아이들 글 모음 두 권이었다. 《어린이 책 100선》은 〈한겨레〉에 연재한 글을 모은 것으로 읽기 좋게 잘 만들었구나 싶었다. 그리고 신 사장은 마해송의 《떡배 단배》와 그 밖에 또 동화책 한 권. 최근에 낸 것이었다. 책을 여러 권 받았지만 나는 줄 것이 없어 신 사장에게 《나무처럼 산처럼》한 권만 주었다.

두 분이 찾아온 볼일은, 내 책 《어린이를 살리는 문학》을 너른들에서 다시 내도록 해 달라는 것과, 아동문학사를 앞으로 내가 중심이 되어서 여러 젊은 사람들이 일을 분담해서 맡을 수 있도록 좀 지도해 달라는 것이었다. 이것은 물론 이주영 씨 부탁이었다. 지금 각 대학에서 이재철 씨 책만 가지고 강의를 하는 판인데, 우리는 교재가 없다는 것이다. 어린이도서연구회에서 해마다 회원들이 엄청나게 불어나서 이제는 면 단위까지 회원 모임이 조직될 정도로 되어 있는데, 아동문학에서 이론 공부는 내 책《시정신과 유희정신》을 맨 처음 공부하고 그다음《어린이를 살리는 문학》을 읽게 하지만, 앞의 책도 오래되었고, 뒤의 것은 책이 없어 복사해서 교재로 쓰고 있다는 것이었다. 그리고 무엇보다도 문학사를 우리가 보는 관점으로 엮어서 교재로 만들어야 하니 이 일을 서둘러야겠다고 했다. 그래서 내가 대답한 것이 이랬다.

첫째,《어린이를 살리는 문학》은 그 일부를 앞으로 새로 내게 되는 책에 다시 옮겨 실을 계획이다.

둘째, 어린이문학사는 나도 진작부터 쓰고 싶었는데 힘이 미치지 못해서 아직도 손을 못 대고 있다. 그래, 최근에는 당장 급한 글만 썼는데, 듣고 보니 아주 시급히 해야 할 일이란 것을 느끼게 되었다. 지금 쓰고 있는 책 원고는 앞으로 한 달 정도면 끝날 것 같은데, 그다음부터 곧 시작해 보겠다.

이렇게 말했더니, 이주영 씨가《어린이를 살리는 문학》에서 그렇게 옮겨 싣고 남은 글이라도 따로 급히 책을 만들어 교재로 쓰도록 하면 좋겠는데, 했다. 그래서, 그렇다면 그것도 좀 살펴서 될 수 있으면 그렇게 하겠는데, 아무튼 어떤 모양이든 낸다고 하더라도 새로 내게 되면 문장을 아주 많이 고치고 다듬어야 하니, 좀 시간이 필요하다고 했다.

4시쯤 되어서 두 분이 나갔다.

어린이도서연구회가 이제는 어린이 문화 운동의 자리에서
다른 어떤 단체보다도 크게 되었고, 어린이 교육에서 엄청난
영향을 줄 수 있는 힘을 가진 것 같다. 그래서 내가 힘이 있는
대로 도와서 이 단체가 하는 일이 제대로 되도록 해야 되겠구
나 하고 생각했다.

2003년 3월 17일 월요일 흐림

이원수 선생의 편지

2시 반에 일어나서 이뇨제 한 알을 먹었다. 한 이틀 전부터 가
슴이 좀 답답하다고 느꼈기 때문이다. 이뇨제를 먹은 다음에
곧 쑥 뜸질을 했다. 한 시간 반 동안 누워서 쑥 뜸질을 했는데,
이상하게도 이뇨제 효과가 거의 안 나타났다. 지금까지는 이뇨
제 한 알을 먹고 나면 한 시간 뒤에 오줌이 나오려고 해서 참을
수 없이 되어 누면 300cc 정도는 언제나 나왔는데, 이번에는
한 시간 반이 지났는데도 겨우 160cc밖에 안 나왔다. 그래서
이것은 아무래도 쑥 뜸질 때문이겠다 싶어 이걸 그만두어야지
하고 생각했다. 그런데 그 뒤로 오줌이 온종일 맑고 양도 순조
롭게 나왔다. 그래, 저녁이 되어 생각하니 쑥 뜸질이 역시 신장
기능을 정상으로 되게 하는지도 모른다는 느낌이 들어서 저녁
을 먹기 전에 또 의자에 기대어 누워서 뜸질을 했다. 이 쑥 뜸
질이 어쩌면 나를 살릴는지도 모른다는 기대도 되었다.

오전에 논문 2부를 다 끝냈다.

시 '바그다드의 박기범'을 〈어린이문학〉에 보냈다(전송으로). 오후에 편집 대표 김명숙 씨가 "참 좋은 시였어요" 하고 전화했다.

오후에 이원수 선생 편지 복사해 놓은 것을 다시 읽어 보았다. 복사가 희미한 것은 다시 복사했다. 그래서 마산 김일태 씨 앞으로 우송할 수 있도록 준비해 두었다.

이원수 선생 편지를 읽으면서, 이원수 선생이 나에게 남달리 마음을 다해서 여러 가지로 고맙게 해 주셨구나 싶었다. 그걸 그동안 잊고 있었는데 편지를 보니 그때 일이 생각났다. 편지란 이래서 참 좋은 글이구나 싶다.

그런데 이 선생 편지에는 쓴 해를 적지 않고 월, 일만 적었고, 어떤 편지는 날짜조차 적지 않았다. 그런 글이 어떤 자료로 귀하게 남을 것이란 생각은 조금도 하지 않고, 다만 하고 싶은 말만을 그때그때 썼던 것이다. 참으로 깨끗한 글이라 할 수 있다. 내가 보관하고 있는 것이 모두 30통이다. 글씨가 너무 아름답다. 정말 귀한 보물이다.

2003년 3월 18일 화요일 맑음

새벽에 쑥 뜸질을 하고 나서 메밀가루와 생식 가루를 섞어 끓여서 조청을 타서 먹었다. 그리고 누워 있었는데, 이번에는 설

사같이 변이 나왔다. 왜 이럴까 생각해 보니, 아무래도 어제저
녁에 먹은 생선 탓인 것 같다. 그 생선은 고호자 씨가 사 가지
고 온 것인데 무슨 이름이었는지 잊었지만 거무스레했고, 그
것을 끓여서 물도 마시면 좋다고 했다. 그래서 압력솥에 쪄서
물도 마시고, 고기도 반쯤 먹었다. 그 고기 한 마리가 4,600원
이라 쓰여 있었던 것 같은데, 아주 비싼 것이었다. 맛도 좋았
다. 너무 많이 먹었고, 더구나 물을 반 컵쯤 먹었더니 그게 너
무 많이 먹어서 소화가 안 되었을 것이다. 그래, 뜸을 뜨니까
그만 바로 빠져나온 것이라 생각된다. 그러니 뜸질이 좋은 작
용을 한 것으로 보인다.

  낮에 또 그 고기 남은 것을 데워서 물도 조금 마시고 고기도
다 먹었다. 그러고 나서 감자 몇 개 찐 것 먹고, 사과 4분의 1
개를 먹었더니 또 설사같이 나왔다. 역시 그 고기 때문이구나
싶었다.

  아침에 정우가 와서 내 눈을 보고 오른쪽 눈에 핏발이 섰다고
해서 거울을 보니 오른쪽 눈 오른편이 불그레했다. 아프지도
않았는데 왜 그럴까? 아마도 너무 무리하게 글을 쓴다고 해서
그런가 싶다. 더구나 자그만 글자로 된 사전을 본다고 애써서
그럴 것이라 생각된다. 이제 좀 쉬어야겠다고 생각했다.

  그러나 오전에는 〈어린이문학〉지에 실릴 원고를 교정한다고
12시까지 애썼다. 오후에는 3시부터 한 시간 동안 전화로 〈어
린이문학〉 편집실에 교정한 내용을 하나하나 지적해서 알렸

다. 그리고 신문 보고 나서 5시가 지나서, 맨손체조를 하고 뜸질을 하니 7시가 되었다.

미국의 부시가 이라크 후세인한테 최후통첩을 해서 모레 오전 10시까지 떠나라고 했다. 곧 전쟁이 터질 모양이다.[*] 온 세계 사람들이 반대하는데도 기어코 전쟁을 하겠다는 부시란 사람은 인간의 역사에서 일찍이 볼 수 없었던 가장 흉악한 괴물 노릇을 하게 되었다. 이 괴물이 온 세계에 어떤 재앙을 뿌리게 될지 모르겠다. 라디오 뉴스를 들으니 시간마다 이제 전쟁이 초읽기로 들어갔다면서, 가장 많이 한다는 이야기가 전쟁이 터지면 경제가 어떻게 되는가, 주식값이 어떻게 되는가 하는 따위다. 이 더러운 인간들이 모두 전쟁의 공범자구나 싶다. 인간은 이래서 아주 망조가 들 대로 들었다.

2003년 3월 23일 일요일 흐림

아침에 복대를 손볼 일이 있어 한참 바느질을 했다. 오전에는 글 쓸 자료를 살피고 누워서 쉬고 하다 보니 다 갔다. 오후에는 정우가 와서 이발을 하고, 목욕을 하고 나니 저녁이 되었다.

● 이라크 전쟁. 2001년 미국에서 9·11테러사건이 일어나자 미국은 2002년 1월에 이라크의 대량 살상 무기를 없앤다는 명분을 내세워 3월 20일 바그다드에 미사일 폭격을 했다. 미국을 포함한 연합군은 4월 14일까지 이라크를 상대로 전쟁을 벌였다.

저녁에 정우댁이 백짐떡을 해 왔다. 내 얼굴을 보더니 "부었는데요" 했다. 목욕 마치고 몸무게를 달아 보니 39.20킬로그램이었으니 틀림없이 1.5킬로그램은 부종이었을 것이다. 머리 깎을 때 정우는 "아버지 머리에 살이 다 빠져서 형편없어요" 했는데 그것도 맞는 말이었다. 살은 빠져 있는데도 한편 부종이 있는 것이다.

내일 병원에 가는 것도 별로 기대가 안 간다. 그래도 어쩔 수 없이 가기는 가야지.

오늘도 시간마다 이라크에서 세기의 인간 백정들이 저지르는 천인공노할 범죄행위를 방송했다. 수도 바그다드를 160킬로미터 미, 영군이 진격했다고 한다. 4백 리면 여기서 대구 가는 거리밖에 안 된다. 그런데 미국군의 미사일로 영국 비행기가 떨어지고, 미국 비행기가 서로 충돌해서 떨어지고 했다니, 그들만의 불장난이라 그럴 수밖에 없지.

2003년 3월 27일 목요일 맑음•

아침에 정우가 아주 일찍 왔다. 내가 밥을 도저히 먹을 수 없으니 가져오지 말라고 해라 했더니, 간호사실에 가서 그렇게 말하고 왔다. 그래, 아침때가 되어, 어제 먹던 밥그릇을 냉장고

• 3월 24일 여러 가지 검사를 받기 위해 순천향병원에 입원했다.

328

에서 꺼내어 겨우 두어 숟갈 억지로 국물하고 먹고는 다시 넣어 두었다. 밥을 이제는 입에 대기도 싫어졌다. 병원 와서 약을 하루에도 몇 차례나 먹으니 그만 입맛을 완전히 잃은 것이다.

아침에 또 피 뽑으러 온 것을 거절했다. 9시가 지나서 또 초음파검사를 한다고 오라 해서 어제 했다고 했더니, 어제는 가슴을 검사한 것이고 오늘은 신장을 검사한다고 했다. 그래서 할 수 없이 검사실에 갔다가 왔다.

내가 밥을 못 먹는다고 정우가 어디서 인절미와 떡가래 구운 것을 사 왔다. 인절미는 설탕이 조금도 안 든 것이라 잘 먹었다. 물도 안 마셨는데도 먹고 난 다음 목도 안 마르고 좋았다. 떡가래는 야물어서 겨우 한 입 먹고는 말았다.

오후 4시에 이희발 교수가 와서 한참 앉아 이야기했다.

첫째, 신장염이 재발했다. 약 끊은 것이 아주 잘못되었다. 이제 새로 시작할 수밖에 없다.

둘째, 앞으로 약 처방한 대로 잘 복용해야 한다.

셋째, 음식은 무엇이든지 먹을 수 있는 것 잘 먹도록 해야 한다.

넷째, 핏속에 알부민이 전에 좋아진 상태에서 다시 반으로 떨어졌다.

다섯째, 알부민 주사는 값만 비싸지, 그것은 이틀 뒤면 몸 밖으로 다 나가 버린다.

여섯째, 위장약을 더 처방해 주겠다. 한 이틀 더 있으면서 잘 잡수시고서 퇴원하면 되겠다.

그러고 나서 나가려는 것을 내가 잡고, 어제 초음파검사, 동위원소 검사 했는데 그 결과는 어찌 되었습니까, 하고 물었더니, 이 교수가 함께 따라온 여의사한테 그런 검사했는가 물었다. 그러더니 "그 검사 결과는 알아보고 내일 말하겠습니다" 했다.

이 교수를 보낸 다음에 정우와 이야기했다. 이렇게 온갖 검사를 다 하는데, 그거 주무 의사가 필요해서 그 지시로 하는 것이 아니라 거의 모든 검사를 밑에 있는 의사들이 제멋대로 입원 환자들에게 죄다 형식으로 하게 하는 것이었다. 피 뽑는 것도 그래서 수십 번을 뽑는다. 주사도 그렇게 해서 맞게 된다. 이런 병원에서 하루빨리 나가는 것이 가장 좋은 살길이다.

저녁 6시 20분에 웅진닷컴에서 이복희 씨가 김혜진 씨와 함께 찾아와서 그림 동시 책을 내려고 하는데 작품 선정을 좀 해 달라는 부탁을 했다. 그렇게 하겠다고 하고 보냈다.

정우는 7시가 되어 갔다. 내일은 퇴원하자고 의논했다.

2003년 3월 31일 월요일 흐림

간밤에도 12시 반쯤에 깨어났다. 배가 아팠다. 한참 그대로 누워 있다가 1시 반쯤에 일어나 쑥 뜸질을 했다. 그러고 나서 다시 누워 있었다.

입맛은 여전히 싹 가 버렸다. 억지로 먹으면 토할 것 같다.

어제 생각하니 이렇게 입맛이 다 가 버린 것이 내가 목숨을 다하라고 하는 것이 아닌가 싶다. 이대로 안 먹고 누워 있다가 고이 떠나는 것이 좋겠다는 생각이 든다. 그러나 내가 해야 할 일을 생각하니 그럴 수 없다. 어째서 내가 이렇게 세상일에 사로잡혀 있나? 지금 나는 이승과 저승에서 줄당기기를 하는 사이에 오도 가도 못 하고 있는 꼴이다. 어차피 아무런 희망이 안 보이는 세상을 그만 내버리고 훌훌 떠나야 하는데, 그래도 자꾸 세상 걱정을 하고 있으니 내 모습이 정말 딱하고 처량하다.

오늘도 대구 김용락 씨가 〈대구사회〉에 지하철 참사 사건에 대한 의견을 글로 써 달라는 요청을 전화로 해 와서 쓰겠다고 했다.

2003년 4월 8일 화요일 흐림

어제 낮에 인절미 먹은 것은 배가 아팠다. 저녁에 먹은 생선은 아프지는 않았지만, 그리고 약간 입맛이 돌아와 고기 맛이 느껴지기까지 했지만, 먹은 뒤에 오랫동안 속이 꽉 차 있어 시달렸고, 아니꼽기까지 했다. 이제 다시는 다른 것 안 먹어야지. 미음이 이제는 단 하나 내 목숨 살리는 먹을거리가 되었다. 오늘은 미음만 먹으니 속이 편해서 원고도 좀 썼다.

어젯밤에 누웠다가 문득 생각난 것이, 내가 죽고 난 다음에 정우가 할 일을 미리 말해 두어야 하겠구나 하는 것이다. 첫째, 죽은 사실을 친척 몇 군데 말고는 알리지 말 것. 둘째, 장례를 지내고 난 다음에 알릴 만한 사람들 앞으로 알리는데, 그 편지글을 내가 미리 써 두어야겠다는 것. 셋째, 내 무덤은 의성 시곡이나 이곳 산 어디든지 정우 생각대로 정하고, 비석 같은 것 세우지 말라는 것이다. 그래서 장례를 치렀다는 알림장을 곧 써야겠다. 그 밖에도 미리 정우한테 알리고 해 두어야 할 일이 참 많다. 그런 것도 안 하고 지금 내가 이것저것 글 쓴다고 정신이 없고, 그 글을 제대로 못 쓰고 있다고 애태우고 있으니 참 딱하다.

2003년 4월 14일 월요일 맑음

오늘은 맥이 아주 빠져 있는 데다가 찾아온 사람들이 많아서 몹시 시달렸다. 세 곳에서 왔는데 모두 갑자기 온 것이다.

아침에 KBS에서 촬영반이 오전에 가겠다고 해 왔다. 무슨 일로 오는가 물었더니 전에 계획했던 권정생 선생하고 주고받은 편지를 가지고 만드는 작품에 그곳 봄 풍경을 스케치해 두어야 한다고 했다. 그거 그만둔 줄 알았더니 기어코 진행하려고 하는구나 싶어 답답했다. 그런데 여기는 아직 새잎이 안 나서 산이고 들이고 나뭇가지들 사진에 찍어 두어도 겨울 풍경밖에 안 되니 좀 뒤에 오는 것이 좋겠다, 나도 지금 건강이 나빠져서 누워 있다고 했더니 벌써 작정한 일이고, 선생님은 그냥 누워 계셔도 된다고 했다. 그래, 기어코 온 것이다. 12시쯤에 다섯 사람이 와서 가게에서 점심을 먹고 내가 있는 집 둘레며 고든박골까지도 가서 사진을 찍고 오후 늦게 갔다. 그동안 작가와는 한참 내 방에서 이야기했다.

방송국에서 오기 전에 또 다른 세 분이 11시쯤에 찾아왔다. 낯선 분인데 인사를 했더니 나이 많은 분은 박창해 선생이었고, 젊은이는 유해목(어느 대학 교수) 교수고, 그 부인이었다. "선생님 찾아뵙고 싶어서 왔습니다"고 했다. 들어 보니까 박 선생은, 보기에는 나보다 10년도 더 젊어 보였는데 1916년 생이라 해서 깜짝 놀랐다. 그래, 경력을 말하는데 최현배 선생한테 배웠고, 군정청의 유억겸 학무국장 시절에 최현배 선생과 같이 편수국에서 일하면서 교과서를 만들었다는 것이다. 미국에도 가서 오랫동안 언어학 공부를 하였는데 지은 책도 많았다. 그러고 보니 그 이름을 책에서 적잖이 본 것 같다.

해방 전후, 군정 시절의 이야기를 재미있게 해 주었다. 무엇보다도 자기가 오랫동안 연구해서 책으로도 많이 낸 전문 분야가 죄다 외국의 학문 이론을 그대로 따라왔다는 것을 내 책을 읽고 크게 깨달은 것같이 이야기를 했다. 그래서 오래전부터 만나고 싶었는데 오늘 찾아왔다고 해서 더욱 반가웠다.

그런데 어떻게 그렇게 건강한가! 지금도 대학에 나가서 세 시간 연달아 강의를 하고, 차도 마음껏 운전한다는 것이다. 12시까지 이야기하다가 가게에 가서 우리 밀 국수를 먹는데, 그 큰 그릇에 가득 찬 것을 다 잡수시고, 다시 눌은밥 숭늉을 한 그릇 드셨다. 나는 가게에서 미음을 겨우 반 컵쯤 먹었다. 그때 방송국에서 와서 점심을 옆자리에서 같이 먹었던 것이다. 점심을 먹고 모두 같이 다시 와서, 박창해 선생 일행도 고든박골에 가서(흙집에도 들어가 한참 앉아 있으면서 박 선생은 그렇게 좋아하더라고 정우가 말했다) 산 구경 하고, 돌아갈 때는 4시쯤이었던가, 방송국 사람들과 같이 나갔다.

저녁에는 이주영, 윤기현, 원종찬 세 사람이 왔다. 어린이문학사 공동 집필 계획을 위해 한번 모이자고 했는데, 갑자기 오늘 온 것이다. 원 선생은 저녁을 먹고 왔고, 다른 두 분은 가게에서 먹고 왔다. 나는 호박 좁쌀 미음을 먹으면서, 8시부터 9시까지 이야기했다. 아동문학을 보는 기본자세, 구전문학의 중요성, 연대 구분, 연표 작성, 집필자 문제 같은 것을 대강 이야기했더니, 실제로 쓸 사람이 그리 많지 않다고 모두 말했다. 그러면서 원 선생은 내가 먼저 '한국 아동문학사 서설' 같은 것을 한 편 써 달라고 했다. 그래서, 그것은 나도 전부터 생각하고 있었던 일이라 쓰겠다고 했다. 내가 쓴 그 글을 가지고 모두 공부를 하면서 역사책을 만드는 일을 시작하겠다는 것이었다.

9시에 모두 나갔다. 지금 9시 50분이다. 너무 지쳤다. 내일부터 며칠 동안 아주 푹 쉬어야겠다. 오늘은 또 며칠 사이에 찾아오겠다는 사람들이 두 군데나 있어서 모두 뒤에 오라고 했다. 아침에 박상규 선생한테는 그 작품집에 붙일 작가론은 도저히 쓸 수 없으니 그대로 내도록 해 달라, 아이들 책이니 그런 글 안 붙이는 것이 더 좋을 것이라고 했더니 출판사에 그렇게 말해 놓겠다고 했다.

2003년 4월 28일 월요일 맑음

세경내과에 가니 9시 30분이었다. 진료 예약 시간 10분 전에 닿았는데 10시에야 원장실에 들어갔다. 김 원장이 나를 보더니 "얼굴이 더 좋아지셨습니다"고 했다. 아마도 환자를 만나면 될 수 있는 대로 좋은 말을 해 주려고 하는 듯했지만, 어쩌면 어제저녁 때 이발기로 수염을 깎고, 오늘 새벽에는 따순 물을 얼굴에 좀 묻혀 대강 닦았던 탓이었는지도 모른다. 그래서 의자에 앉자마자 내가 말했다.

"아이고 원장님, 제가 섭생을 제대로 못 해서 좀 상태가 나빠졌습니다. 선생님 말씀대로 생강 물에 홍삼정과 꿀을 타 먹고 해서 변비도 사라지고 보리밥도 된장국으로 조금씩 먹게 되었습니다. 발등이 부었던 것도 많이 빠졌어요. 그런데 한 이틀 개고기를 먹었어요. 누가 깨끗한 개고기라고 해서 주는 것을 아이들이 냉장고에 넣어 두었다가 그걸 달여서 먹으라 해요. 본래 저는 그런 고기 안 먹는데, 살기 위해서는 이런 것도 먹어야 하나 싶어 먹었지요. 좀 소화가 늦게 되기는 했고, 약간 속이 답답했지만 몇 번 먹었는데, 어제저녁에는 고깃덩어리 하나를 씹어 먹고 밤중에 속이 더 답답했어요. 그래, 오늘 새벽에는 달인 물만 100cc쯤 마셨어요. 그런데 그게 아주 나빴어요. 숨이

답답하고 온몸에 힘이 빠져 영 운신을 못 하게 됐습니다. 소변
도 아주 양이 줄어들고요. 잘못 먹었구나 싶었어요."

"고기를 잡숫지 마시고 물만 드시지, 잘못하셨네요."

"물만 마셨는데도 그랬습니다."

"아무래도 선생님은 그런 것 잡수셔서는 안 되는 분입니다.
전생이란 게 있어요. 선생님은 자연인으로 살아가셔야 하는
분입니다. 그런 고기는 잡수시지 말아야 합니다."

나는 김 원장이 한 이 말에 갑자기 정신이 번쩍 났다. 아주 숙
연한 느낌이 온몸을 떨게 했다. 내가 짐승의 고기를 먹는 것은
좋지 않다고 생각하고, 그런 생각을 남에게 말하기도 하고 글
로도 쓰고 했는데, 그러면서 나 자신은 "살기 위해서" 그것을
먹는다고 하여 먹었으니 이 얼마나 잘못된 것인가? 그리고 나
한테 이런 잘못을 아무도 타이르는 사람이 없었는데, 오늘 처
음으로 나에게 그 잘못을 말해 주는 분을 만난 것이다. 이 얼마
나 고마운 분이고 고마운 스승인가! 나는 세경내과의 김 원장
을 이제부터 내 스승으로 높이 받들어야 되겠다고 마음먹었다.

침대에 누워서 배와 등에 붙였던 것을 다시 갈아 붙였다. 그
러고 나서 "위장 치료가 어느 정도 되면 신장 치료도 하겠습니
다"고 했다. 참으로 좋은 의사를 만난 것이다.

오늘 음식에 관해 물어본 것 몇 가지.

첫째, 버섯은 좋다. 단백질이 많으니 고기 대신에 버섯과 콩
을 드시면 된다.

둘째, 딸기는 먹어도 좋다.

셋째, 홍시(감, 곶감)는 좋지 않다.

넷째, 포도는 좋음.

다섯째, 파, 마늘은 먹지 말 것.

여섯째, 미역, 다시마는 좋음.

병원에서 나와 국민은행에 가서 2백만 원을 찾았다. 그리고 교보문고로 가는 길에 을지로 문구 도매상 가게에 들어가 파카 잉크를 사려 했더니 없어서 가로로 줄만 그어져 있는 원고 쓸 종이를 여남은 권 샀다. 교보문고에 가서는 잉크 외에 다음 몇 가지 책을 샀다.

1. 《표준국어대사전》, 27만 원

2. 《대한식물도감》(이창복), 7만 원

3. 《한국 약용버섯도감》, 13만 원

4. 〈이오덕 글쓰기 교실〉(지식산업사)

  - 《신나는 글쓰기》(16쇄, 2003.3.28. 7천 원)

  - 《우리 모두 시를 써요》(11쇄, 2003.3.28. 6천 원)

  - 《어린이 시 이야기 열두 마당》(10쇄, 2003.3.28. 6천 원)

내 책 세 권은, 다섯 권 한 질로 꽂혀 있지 않고 따로 있는 것을 점원이 찾아내어 주는데, 보니까 3, 4권은 몇 해 전에 나온 것이라 사지 않고, 지난 3월에 나온 1, 2, 5 세 권만 사 온 것이다. 책값만 모두 50만 원 가까이 되었다.

집에 오니 3시 20분. 갈 때는 영 맥이 빠졌더니, 올 때는 정우하고 이야기하면서 왔다.

방에 들어오자마자 송현 씨가 전화를 했다. "그동안 제가 장가를 새로 든다고 그 준비로 분주했습니다" 하면서 "이제 저도 나이가 이쯤 되고 보니 선배 노릇만 하면서 선생님이라고 할 만한 분은 이 선생님 한 분뿐입니다. 그래, 결혼 예식 치르고 나면 한번 같이 가 뵙겠습니다"고 했다. 그래서 "반갑고 고맙다"고 했다.

곧 또 안동문화방송에서 전화가 왔는데, 아침 7시부터 한 시간 동안 나가는 프로그램이 있다면서, 부디 대담하는 것을 허락해 달라고 했다. 그래서 내 건강 상태를 말하고 지금은 안 된다고 했더니, 다음 달 10일쯤에 다시 전화를 걸겠다고 해서 그렇게 하라고 대답해 주었다.

저녁 8시에 윤동재 씨가 전화를 했다. 다음 달 20일쯤에 찾아오겠다고 했다. 요즘 어느 잡지의 요청으로 아이들에게 권할 만한 책을 추천하는 일을 맡았다고 했다.

2003년 5월 7일 수요일 비(가끔 천둥소리)

온종일 비가 쏟아졌다. 방이 밤같이 어둡고 빗소리가 좀처럼 방 안에서는 안 들리는데 아주 크게 들렸다. 가끔 천둥소리까지 났다. 참 이런 변괴가 또 있나 싶다.

오늘은 인세 관계 서류 자료를 정리하는 것으로 날을 보냈다.

신문이 왜 그런지 안 왔다. 비 때문에 집배원도 쉬는지 모른다. 지식산업사 김 사장 앞으로 보내는 편지를 초안해 두었다. 이제 조금씩 신변을 정리해 놓아야 되겠다.

정우가 아침에 와서, 비도 오고 해서 한참 이야기하다가 갔다. 이 마을에 안노인이 세 사람 있었는데 모두 돌아가시거나 다른 데 가 버려서, 그만 일손이 아주 모자라게 되었다고 한다. 그 할머니들은 나이가 모두 70이 넘었는데 그래도 꼬부라진 허리로 온종일 일을 해 주어서 큰 도움이 되었는데, 그분들이 없어져서 농사짓는 일이 더 힘들게 되었다고 한다. 그 세 분들이 살아온 이야기가 참 기가 막히는데, 다음 〈신동아〉 원고는 그 할머니들 이야기를 써야겠구나 하고 생각했다.

2003년 5월 16일 금요일 맑음

발이 좀 더 많이 부은 데다가 오른쪽 다리 허벅지에 부종이 조금 올라와 있어 걱정이 되었다. 그래서 새벽에 이뇨제를 한 알 먹었더니 그 효과가 나타나기는 했는데, 그전처럼 그렇게 나타나지는 않았다. 그래도 효과가 나타나는 시간은 훨씬 길어서 마음이 놓였다.

그래, 오늘은 될 수 있는 대로 수분을 적게 먹으려고 했지만, 자라 달인 물은 낫게 마셨다. 오후에 마른 명태를 좀 씹어 먹었더니 별 탈이 없었다. 그런데 먹기가 싫어서 조금만 먹었다.

공병훈이는 점심을 먹고 갔다. 정우가 어제 같이 풀 뽑으면서 이야기해 보았더니 사람이 고생을 하지 않고 고이 자랐지만 심성은 좋아 보이니, 여기 와서 일도 하고 배우기도 하면 좋겠다고 했다. 그래, 본인도 낮에 나한테 와서, 내년에 복학할 때까지 여기 와 있어도 될까요, 해서 그렇게 하라 했다. 제대를 아주 하고 온 줄 알았더니, 제대는 26일이고, 지금은 휴가로 나왔는데, 25일 가서 그다음 날 아주 제대해 나온다고 하니, 실제로는 제대한 것과 마찬가지 상태인 모양이다.

오늘은 〈어린이문학〉 연재 원고를(기계로 쳐 보내온 것을) 교정하는 것만 했다.

낮에 대곡 출신 이명수가 전화를 했다. 동생들(재흠, 승렬, 재철) 모두 잘 있지만 모두 힘들게 살아간다고 했다. 곧 잇달아 규필이가 또 전화를 했다. 규필이는 대곡분교 3학년 마치고 위동에 있는 분교에 4학년까지 다니다가 그만 더 공부를 못 했다고 한다. 그래도 그 마음가짐이 참 착하고 올바르고 인정을 많이 가지고 있구나 싶다. 전화를 가장 자주 걸어 주는 사람이 규필이다. 참 좋은 아이(?)다. 이런 아이를 내가 이 세상에서 만난 것이 여간 행복한 일이 아니다.

2003년 5월 20일 화요일 흐림

아침에 이뇨제 한 알을 먹었다. 효과는 지난번과 비슷했다.

논문 쓰던 것 계속해서 원고지 열 장 정도 썼다. 그리고 더 쓰지 않고 신문 보고,《북미 인디언 비시(北美インディアン悲詩)》를 읽고 했다.

오전에 대구교대 류덕재 교수가 전화를 했다. 6월 하순에 아동문학 과목 수강생 30여 명을 데리고 나를 만나러 오겠다고 해서 건강 상태를 얘기하고 어렵다고 했더니, 그저 만나는 것으로도 좋겠다고 해서, 할 수 없이 그렇게 하라고 했다. 류 교수는 지난번 나한테 보낸 김희영 씨의 석사 학위 논문 '이오덕 아동문학 비평의 문학 교육적 의의 연구'의 지도 교수였다. 이런 분을 만나는 것도 좋은 일이겠다 싶었다.

오후에는 한겨레신문사 문화부 고 기자가 또 인터뷰를 하고 싶다고 해서 오라고 했다. 내일 온단다. 지금 내 이런 몸으로 사람 만나는 일이 힘들지만, 한편 또 좀 힘들어도 만나서 얘기를 주고받으면 도리어 힘이 나는 편도 있기에 이렇게 한 것이다.

2003년 5월 30일 금요일 비

며칠 전 서울서 사 온 약콩과 현미찹쌀가루를 정우가 먹어 보라고 자꾸 권해서 그것을 아침에 뜨거운 물에 타서 좀 낫게 먹었다. 구수해서 먹을 만했다. 그런데 먹고 난 다음에 꼭 술에 취한 듯했고, 오전 내 힘이 빠지고 몸을 가누기 힘들어 아무것도 못 했다. 배가 좀 아프기도 했다. 콩이고 현미찹쌀이 소화가 잘 안 되었던 것이다. 함부로 아무거나 먹을 것이 아님을 또 한 번 깨달았다.

저녁에 정우가 햇자주감자 찐 것을 두 개 가져왔다. 제법 굵었다. 벌써 햇감자가 이렇게 굵었네 하고 놀라니까, 요새는 비닐을 덮어씌우니까 아주 일찍 굵어진다고 했다. 한 개는 정우 먹으라 하고 한 개를 먹어 보았더니 맛이 있었다. 옛날 같으면 앞으로 한 달하고 다시 보름쯤 지나야 이렇게 알이 생길 것인데 참 세상이 달라졌다. 이렇게 감자를 빨리 먹게 된 것도 반드시 좋다고만 할 수 없을 것이다.

박경선 선생이 전화를 해서 안부를 물었다. 병세가 좀 좋아졌다고 했다.

오후에 〈신동아〉 연재 원고를 썼다. 이제 마지막 조금만 쓰면 끝난다. 마침 〈신동아〉에서 새로 내 원고를 담당한 여기자가 전화를 해 왔기에, 이번에는 한 이틀 늦어진다고 했더니, 그러면 월요일 오전에 전화를 걸겠다고 했다.

저녁에 한길사 김 사장이 전화를 했다. 거창의 주중식 선생하고 대담을 하도록 해 달라고 하면서, 그걸 녹음해서 기록해 책으로 만들고 싶다고 했다. 여름방학에 한 열흘쯤 주 선생이 이곳으로 와서 이야기할 수 없는지, 하는 것이었다. 나는 참 싫었다. 그렇게 주고받은 말이 무슨 읽을거리가 되는지도 모르고, 내가 그럴 시간도 없고 건강도 안 따르고, 또 주 선생이 그럴 시간도 없는 것이다. 그래서 대강 그런 의견을 말하고 좌우간 주 선생하고 의논해 보겠다고 대답했다. 그리고 이번에는 내가 하나 부탁했다. 한길사에서 낸 내 책의 목록을 서류로 만드는데 책마다 마지막으로 낸 날짜와 나온 판(쇄) 수를 아주 정확하게 적어 보내 달라고 했다. 그렇게 하겠다고 했다. 이것은 유언 공증 서류에 붙여야 하기 때문이다. 그런데 김 사장이 부탁한 그 대담이란 것은 아무래도 들어줄 수 없을 것 같다. 내가 할 일은 내가 결정해야지, 남에게 끌려가서 괴상한 노릇을 이 나이에 한다는 것은 생각할 수도 없는 것이다. 나에게 남아 있는 시간이 이제는 얼마 남지 않았다. 천금 같은 그 시간을 나는 가장 소중한 일에만 써야 한다.

2003년 6월 5일 목요일 맑음

아무래도 안 될 것 같아서 새벽에 이뇨제를 한 알 먹었다. 그 효과는 조금씩 나타났지만 온종일 나타났다. 그리고 아침에 정우가 전복으로 끓인 암죽을 가져와서 그것을 먹었는데, 낮에는 된장을 좀 넣어서 끓였더니 너무 건건했다. 그래서 저녁에는 백짐 말린 것 하나를 물에 담가서 다시 함께 끓여 먹었다.

오전에 알부민 주사를 한 병 맞았다.

오후에 박기범 씨가 왔다. 같이 사귀는 아가씨와 같이 와서 가게에서 점심을 먹고 정우와 같이 왔기에 지난번 사다 놓은 참외 한 개도 나눠 먹고, 밖에 나가서 감나무 밑에서 덤불딸기도 따 먹게 했더니 둘 다 아주 맛있다고 잘 따 먹었다. 그리고 사진도 찍고, 뜰에 있는 여러 가지 풀 이야기도 하다가 정우는 모심으러 가고 방에 들어왔는데, 박 씨가 사진첩 보고 싶다고 해서 그걸 보여 주면서 사진에 이어진 이야기를 하다가 4시 반이 되어 두 사람은 노광훈 씨 잠시 찾아갔다가 돌아가겠다고 해서 보냈다.

박 씨는 며칠 뒤 또 이라크로 간다고 했다. 지금까지 울진에 있었다고도 했다. 이제는 북한 아이들을 돕고 싶은데, 요즘 거기는 사스_{중증급성호흡기증후군} 문제로 갈 수 없어서 이라크에 갔다가 8월에 돌아온다고 했다. 나는 "세상이 어지럽고 전쟁이 터지고 하면 그 누구보다도 아이들이 가장 많이 희생되는데, 지금 아이들이 온갖 일들로 병들고 죽어 가지만 무엇보다도 병들고 굶주리는 아이들과 죽어 가는 아이들을 먼저 생각하지 않을 수 없으니 이라크에 가는 박 선생 마음을 잘 알겠어요. 부디 잘 갔다 오세요. 그리고 나는 우리 아이들 살리는 길로는 학교교육으로는 절망이고 다만 문학으로 할 수밖에 없다고 생각하고, 박 선생이 그 일을 누구보다도 잘할 수 있다고 믿어요. 부디 이라크에 가서 겪은 모든 일들이 좋은 작품을 쓰는 데 귀중한 밑거름이 되었으면 좋겠어요" 하고 보냈다.

방에서 이야기하면서 "박 선생 어머님이 많이 걱정하셨지요?" 했더니, 자기가 이라크에 있는 동안 음식도 제대로 못 잡

숫고, 억지로 먹으면 다 토해 내고 하셨다고 했다. 그럴 것이
다. 아들 하나가 그렇게 죽음의 땅에 스스로 뛰어들어 간 것을
말릴 수도 없이 그대로 보고만 있었으니 그 마음이 어떠했겠
는가.

감나무 밑에서 사진을 찍을 때, 나는 휠체어를 타고 앉았고,
박기범 씨와 아가씨는 내 양편에서 찍는데, 내가 두 젊은이를
팔로 꼭 끼고 찍었다. 두 사람이 그렇게 기뻐했고, 정우도 사진
기 셔터를 연달아 자꾸 눌렀다.

아가씨는 내 책을 있는 대로 다 읽었다고 했고, 그렇게 나를
보고 싶었다고도 했다.

오늘은 방에서 바라보는 건너편 나무들이 조금도 움직이지
않았다. 바람이 아주 불지 않았다. 그래서 뜰에 나가도 공장의
고약한 냄새가 나지 않았다. 이제부터 건너편 미루나무가 흔
들리지 않는 날만 창문을 열어 두거나 뜰에 나가야겠다.

박기범 씨를 만나서 오늘은 참 기뻤다.

2003년 6월 17일 화요일 안개 같은 것으로 흐림

간밤에는 2시쯤 일어나서, 바깥 책장 사이에 있는 좌변기 의
자를 억지로 끌고 와서 한 시간 가까이 앉아 숨쉬기(배 운동)
를 하면서 앉아 있었지만 끝내 대변이 안 나왔다.

새벽에 이뇨제를 한 알 먹었다.

깨죽을 가져와서 아침과 낮, 저녁 다 잘 먹었다. 그렇게 먹고서 오후 2시가 지나 변소에 가서 앉아 힘을 썼지만 그래도 대변이 안 나왔다. 광명의 보성한방의원 원장한테 전화를 걸었다. 닭고기 먹고 설사는 그쳤는데, 이제는 꼭 나흘째 대변이 안 나온다고 했더니 너무 걱정 말고 한약 꾸준히 복용하라고 했다. 정 걱정이면 약방에 가서 관장 약을 사서 쓰라고 했다. 그 관장 약이란 것이 정우가 사다 놓은 그것이구나 싶었다. 그리고 깨죽을 먹고 있다는 것, 신 김치가 먹고 싶어서 먹는데 어떤가 했더니 깨죽도 좋고 신 김치도 좋다고 했다. 그런데 그 김치를 먹고 나니 그때마다 배가 쓰리고 아프다. 전에는 안 그랬는데 그렇다. 또 딸기도 먹으니 속이 시원하게 내려가더니 그것도 이제는 속이 쓰리다. 무엇이든지 조금 여러 번 먹으면 아주 나쁜 반응이 온다. 청어 찐 것을 낮에 다시 데워서 조금 먹었다. 신 김치에 속 쓰린 것이 나을까 싶어서다. 그랬더니 그것도 이제는 딱 싫어졌다.

연우가 오늘은 사진을 사진첩에 정리하는 일을 해 주었다. 오후에 고든박골 가서 딸기를 따 오고 나서도 저녁때까지 사진 정리를 했다. 나도 조금씩 거들었다. 내일까지 해야 되겠다.

지선이 엄마가 가게에 있던 발 마사지기를 갖다 놓았다. 단추를 누르면 전기가 들어와 10분 동안 발이 덜덜 떨리게 되고 10분이 지나면 저절로 꺼진다. 그걸 해 보니 발이 시원한 느낌이 들어 좋았다.

깨죽을 많이 먹어서, 한약은 한 봉지밖에 못 먹었다.

저녁 9시가 지나서 정우가 연우하고 왔다. 정우가 권정생 선
생한테서 전화가 왔더라면서, 이렇게 말했다.

"권 선생님이 전화를 했어요.

아버지 밥 못 잡수신다고 하면

좀 야단쳐.

죽은 먹어도 소용없어.

약이고 주사고 다 소용없어.

밥 안 먹으면 안 돼.

나도 먹고 토하고 또 토해도

그래도 억지로 먹었어.

밥 한 숟깔 입에 넣고

5백 번 씹으면

죽보다 더 잘 넘어가.

그러잖아요."

나는 권 선생이 그토록 내 가까이 있었는 줄 몰랐다.

2003년 6월 28일 토요일 맑음

오전에 〈신동아〉 연재 원고를 겨우 반 조금 넘게 썼다. 이제
글자가 잘 안 보여 걱정된다. 신문 기사도 읽기가 힘들어졌다.

오후 3시에, 찾아온다던 원진녹색병원 의사가 정말 두 분이

나 왔다. 박경근, 이분은 진료 부원장이고 내과 과장으로 내 병을 치료해 주고 싶어 한 분이다. 또 한 분 정일용, 이분은 원장이고 일반외과 과장이었다. 두 분 모두 부부 동반해 왔고, 박경근 씨 부부는 아이를 둘 데리고 오기까지 했다. 알고 보니 정일용 선생은 그 부인이 글쓰기회원으로 언젠가 그 부인을 데리러 여기까지 온 일도 있다고 했다.

먼저 내가 지금까지 투병해 온 경과, 입원해서 검사하고 치료한 경과와 지금의 상태를 자세하게 말해 주었다. 그랬더니 박경근 선생은 신장염에 관한 이야기를 아주 쉽게 이야기해 주면서 의사들이 선생님을 치료하면서 서로 잘 이해가 되도록 마음을 터놓지 않아서 많이 어긋나는 점이 있었던 것 같다고 했다. 그리고 내가 먹었던 약에 대해서도 잘 알 수 있게 말해 주어서 비로소 지금까지 먹었던 여러 가지 약에 대한 어느 정도의 지식을 알게 되었다. 임프란타는 위장을 많이 해친다고 했고, 소론도정은 위에 해롭지만 입맛은 더 좋게 한다고 했다.

그리고 청진기를 가슴과 배에 대어 보고, 혈압을 재어 보고 맥을 짚어 보고, 눈이며 손톱까지 살펴보더니, 심장이 많이 약해지고 빈혈이 심하고, 무엇보다도 신장 기능이 걱정스럽다고 했다. 혈압은 괜찮다고 했다. 그래서 우선 소론도정을 먹으라고 했다. 소변에 단백질이 빠져나가니 그것을 보충해야 하는데, 비싼 알부민 주사를 맞지 말고 그보다 값이 3분의 1밖에 안 되는 필수아미노산 수액제 주사를 맞으면 알부민 주사약보다 더 낫다고도 했다. 과일은 거의 모두 좋지 않고, 가장 좋은 음식은 역시 우리 전통 음식인 밥과 된장인데, 된장은 짠 것이 탈이지만 좀 싱겁게 해서 먹으라 했다. 그런데 죽염은 아주 해로우니 절대로 먹어서는 안 된다고 했다. 듣고 보니 다 옳은 말 같았고, 내가 지금까지 모르고 있었던 것을 잘 알려 주는구나 싶었다.

그래서 마지막으로 내가 말했다. 그러면 지금 주신 의견대로 집에서 그 주사를 맞고 소론도정을 먹고 하면서 치료하는 것이 좋은가, 차라리 입원해서 치료를 받는 것이 좋은가, 그 녹색 병원에 입원실이 있고 입원할 수 있는가, 하고 물었더니, 한 일주일쯤 입원하면 좋겠다고 했다. 더 정확히 병세를 알아서 거기 알맞게 치료해야 하는데, 지금 가장 걱정되는 것이 몸에 살이 아주 없고, 빈혈 상태가 극단에 이르러서 신장 기능이 문제가 되는 거라고 했다. 내가 정우한테 어떻게 하는 것이 좋겠나 물었더니 정우도 입원하는 것이 좋겠다고 했다. 그래서 모레 월요일 입원하기로 했다. 순천향병원에 가서 여러 가지 검사한 자료를 정우가 얻어 오겠다고 했다. 지금 입원하면 마침 연우도 와 있어서 도움이 될 것 같다.

내일은 〈신동아〉 원고 마저 써 놓고 가야겠다.

오늘은 너무 고마운 의사 두 분을 만나 여간 반갑고 기쁘지 않다. 정우가 같이 나가서 가게에서 저녁을 대접해 보냈다. 이제 살 것 같다. 의사들이 나간 뒤에 곧 소론도정을 먹었다. 낮에는 지선이 엄마가 닭고기를 가져왔는데, 그것을 먹어 보니 지난번처럼 맛이 없었다. 겨우 조금 먹고, 암죽 남았던 것 조금 먹으니 속이 불편하지는 않았다. 그런데 김치를 조금 먹었더니 또 속이 부글거리면서 설사가 조금 났다. 그래, 오후에는 침대에 누워 있다가 손님들을 맞이했던 것이다.

2003년 7월 3일 목요일 흐림

8시에 정우 내외가 왔다. 지선이가 가게에 있다고 했다. 가지고 온 아침을 모두 같이 먹었다. 병원 음식보다 훨씬 먹기 좋고 내 몸에도 잘 맞아서 밥도 한 그릇 가까이 먹었다.

내과 과장이 와서 밤 동안 경과를 묻고, 오늘 혈액검사와 알부민 주사를 맞도록 하겠다고 했다. 배에 청진기를 대어 보더니 심장에 큰 이상은 없다고 했고, 발의 부종은 차츰 나을 것이라 했다. 10시가 되어 소변 24시간 받은 것 갖다 주었는데, 모두 750cc쯤 됐으니, 평소의 세 배나 된 것이다. 그리고 10시 반쯤에 정우 내외는 시내에 볼일 보러 나가고 알부민 주사를 10시 30분부터 12시까지 맞았다.

주사 맞기 전에 피를 뽑았는데, 그 간호사가 거칠어서 몇 번이나 잘못 찔러 아팠다. 알부민 주사 놓는 간호사는 능숙하게

• 2003년 6월 30일에 구리시 원진녹색병원에 입원했다.

350

했지만, 주사약이 거의 20분에 한 방울씩 떨어지게 해 놓고 가 버려서 내가 다시 조종을 했다. 4초에 한 방울씩 떨어지도록 한 것이다. 어제는 3초에 한 방울 떨어지게 해 놓고 가서 그것 도 다시 조종해서 4초로 고쳤다. 간호사가 해 놓은 것 그대로 두게 되면 조그만 병에 든 주사약 다 맞으려면 하루 종일 걸려 도 다 못 맞는 꼴이 되는 것이다. 그리고, 원장 부인이 사과와 그 밖에 과실을 사 가지고 왔다. 오늘은 봉사단 다섯 사람을 데 리고 왔단다. 우리가 대접을 해야 하는데 도리어 대접을 받으 니 이래서 되겠나. 오늘이 이 옆에 장이 서는 날이라 했다. 그 래서 과일을 우리도 좀 사서 보태어 오후나 적당한 시간에 그 봉사단 불러서 나누어 먹으면서 잠시라도 이야기 나눌 시간을 가져야겠구나 싶었다.

정우가 지선이 엄마하고 볼일로 시내에 나가 있는 동안 녹촌 선생과 한길사에 전화로 소식을 전하고, 녹촌 선생한테는 윤 기현 씨가 구상하고 있는 주식회사 형태의 출판사 계획에 같 이 힘을 모아 주자고 했다. 한길사 김 사장은 토요일에 찾아오 겠다고 했다. 그리고 이재복 씨가 어떻게 알았는지 온다고 했 다. 전화 거는 동안 알부민 주사도 맞았다.

청계천 복원 공사로 길이 막혀서 정우 내외가 2시가 지나도 안 와서 연우는 누구하고 점심을 먹기로 했다면서 나갔다.

병원에 있으니 모두가 나를 걱정해 주면서 찾아오고, 내가 세 상에서 가장 행복하다는 생각이 들기도 한다. 세상에는 나쁜 사람으로 넘쳐 있지만 한편으로 참 좋은 사람, 고마운 사람도 많다는 것을 새삼 느끼게 된다. 그리고 나날이 정신없이 바쁘게 지내다가 이렇게 한 사람의 병실에 와서 다른 일을 모두 쉬고 조용히 이야기를 나누고, 병시중 드는 아이들도 책을 보면서 시간을 보내고, 좋은 이야기도 나누는 것이 참 좋구나 싶고, 보람도 있는 것 같아 즐겁다. 내 몸도 이래서 다시 건강해질 것이라 어쩐지 믿어진다.

오늘 온 사람은 연우 이모와 그 친구 한 사람인데, 오랫동안 못 만난 사람을 만나 그동안 소식을 듣고 반가운 이야기를 들었다. 그리고 이재복 씨가 우리교육 대표와 같이 와서 한참 이야기를 나누었다. 그러다가 저녁때는 뜻밖에도 더 많은 사람들이 왔다. 주로 글쓰기회 회원인데 노광훈, 글쓰기회회장 황금성, 이성인, 김익승, 송재찬, 주순중, 보리 정 사장, 김종만 그리고 또 한 사람이었다. 그래서 여러 가지 반가운 이야기를 나누고, 나도 이 병원에 와서 음식도 먹을 수 있게 되고 약도 알맞게 먹고 주사도 필요한 것을 맞고 해서 앞으로 병세가 아주 호전될 것이 기대된다고 했더니 마침 또 원장 내외가 왔다. 원장이 좋은 이야기를 해 주었다. 그래서 정우 내외가 밖에 데리고 나가 모두 점심 대접을 해 드리고 보냈다. 그래, 돌아오니 지식산업사 업무부장이 또 왔다가 무슨 매실 음료를 한 박스 가져왔다. 모두 고마운 사람들이다.

저녁밥은 연우와 둘이서 먹고, 정우 내외는 9시 40분에야 겨우 돌아갈 수 있었다. 오늘 문병 온 사람들이 돈을 내놓고 갔는데, 참 난처했다.

2003년 7월 8일 화요일 조금 맑음

낮(11시 반~1시 반)에 근처에 있는 구릉(九陵) 숲으로 갔다. 지선이 아버지가 내 휠체어를 밀고, 연우하고 지선이하고 넷이서 갔는데 사람이 거의 없는 시원한 숲길이 너무 좋았다. 어느 왕릉 앞 넓은 잔디밭에 누워 있으니 병원 침대보다 훨씬 폭신하여 배기지 않아 한참 누워 있다가 사진도 찍었다. 서울 산다면 이런 데 걸어와 좋은 나무 냄새 풀 냄새를 맡고 맑은 공기도 마시면서 살면 얼마나 좋겠나 싶었다. 이런 좋은 데는 안 오고 백화점 같은 데만 가고 있는 사람들이 참 이상하구나 싶었다.

돌아올 때 연우는 볼일이 있어서 다른 곳으로 가고 셋만 와서 점심을 먹었다. 밥맛은 여전히 없어서 억지로 조금 먹는다.

오후 3시쯤에 조월례 선생과 이상교 씨가 와서 걱정해 주었다. 그리고 〈한국일보〉 어느 기자가 신문 방송에 나오는 잘못된 방송 말을 다듬어 보았다면서 전화로 한참 고쳐 쓴 내용을 읽으면서 의견을 들려 달라고 하기에 귀찮았지만 도움말을 해 주었다.

내과 과장이 아침과 저녁 두 번 다녀갔다. 지금 봐서 수혈을 아무래도 해야 할 것 같다고 해서 그렇게 하겠다고 했다. 정우는 수혈도 하는 것이 좋겠지만, 무엇보다도 입맛을 잃고 먹지 못하는 문제를 풀어야 하는데, 그 원인이 어디 있는지, 약을 자꾸 먹는 때문이 아닌가, 그렇다면 약을 줄이거나 해야 하는 것 아닌가 했다. 의사는 그럴 수도 있으니 내일부터는 소론도정도 조금 줄이고, 그 밖에 한 가지도 한번 줄여 보겠는데, 수혈을 하게 되면 입맛을 도로 찾을 수도 있다고 했다. 아미노산 주사는 오늘 쉬었는데, 날마다 맞는 것이 좋지 않겠나 했더니, 주사는 하루 건너서 맞는 것이 좋다고 했다.

오늘 밤에는 지선이가 남게 되었다.

2003년 7월 11일 금요일 흐림

정우가 8시 지나서 와서, 9시쯤에 아침을 먹었다. 밥 세 숟갈쯤, 소고기 다진 것, 그것을 무를 잘게 썰어 익힌 것으로 먹었다. 김치는 조그만 것 두 쪽 집어 먹었다. 그리고는 따순 물 한 모금, 매실 효소 한 모금 먹고, 한참 있다가 따순 물로 알약 몇 개 먹고, 또 생강 물 한 모금 마셨다.

그런데 또 배가 좀 아프고 불룩하게 되고 맥이 빠지면서 설사가 나려 했다. 한참 있다가 결국 설사를 했다.

박 과장이 와서 약을 좀 바꿔 보겠다고 하더니 낮에는 약을 한 알 줄이고 다른 알약이 든 것을 가져왔지만 점심은 먹을 수가 없어 약도 안 먹었다. 설사한 다음에 목이 마르기에 야구르트를 데워서 마셨는데, 그것도 배를 불안하게 했다. 다시 비타민제 헤모그론인가 하는 것을 먹는데, 정우가 더 자셔도 된다고 하면서 권하기에 두 알이나 먹었는데, 이것 역시 배를 아프게 했다.

아침에 피검사 한다고 피를 뽑아 갔고, 소변검사도 한다 해서 받아 주었다.

지금은 오후 2시인데, 아직도 배가 아픈 상태다. 오늘 아침에는 정우하고 의논하기를 지금 소고기는 받아들이니, 집에서 다져 온 것은 좀 씹히고 야물어 소화에 지장이 있을 것 같으니 어디 가서 설렁탕이나 갈비탕을 사 와서 먹어 보면 어떻겠나 했는데, 차라리 고기를 아주 끊고 설탕 안 든 떡이나 좀 먹어 보면 어떨까? 그래도 설사가 난다면 무른 고기만 먹어 보고, 그래도 안 되면 약을 또 바꾸거나 끊어 보든지 해야겠다는 생각이 든다. 설사 원인이 고기에 있는지, 물(찬물)에 있는지, 약 때문인지 알 수 없기 때문이다.

지금 오후 5시가 넘었다. 1시 반부터 4시 반까지 배가 아파 끙끙 앓았다. 요구르트 먹고도 좋지는 않았구나 싶었지만, 그 헤모그론이란 것 먹고는 아주 속이 뒤틀렸다. 집에 있을 때 한 알씩 더러 먹을 때는 속이 가라앉았는데, 이제는 그것이 좋지 않다. 그리고 그것은 하루 한 알씩 먹으라고 되어 있는데 정우는 여러 개 먹어도 좋다면서 자꾸 권한다. 무엇이든지 많이 먹으면 좋아한다. 그래, 두 알이나 먹으니 그게 배 속에 들어가

난리를 일으킨 모양이다.

 정우는 1시가 지나서 책 들고 나갔으니 휴게실에 있을 것이다. 곧 들어오겠지 하고 기다렸는데 아무리 기다려도 오지 않았다. 5시 가까이 되어 겨우 좀 진정이 되었다. 그런데 아직도 정우는 소식이 없어, 마침 혈압 재러 온 간호사에게 우리 아이가 있으면 와 달라 방송을 해 달라고 부탁했다. 그리고 또 기다려도 아무 소식이 없다. 방송했으면 사람이 왔는가 해서 간호사가 와 볼 만도 한데, 이번에는 간호사도 감감무소식이다. 억지로 일어나 겨우 몸을 옮겨 간호사 호출 단추를 겨우 누를 수 있었다. 어째 이 방에는 간호사 부르는 단추가 환자가 누를 수 있도록 바로 옆에 있지 않다. 내가 오는 전화를 받을 수는 있지만, 보내는 전화는 안 된다. 바깥과 연락할 통신수단이 아주 없으니 아무리 아프고 급한 일이 있어도 꼼짝 못 하고 갇혀 있는 수밖에 없다.

 호출 단추를 간신히 눌러 간호사가 왔다. 그래서 이번에는 정우 손전화 번호를 알려서 전화를 해 달라고 부탁했더니 한참 뒤에 정우한테서 전화가 왔는데 지금 청계천에 있다고 했다. 왜 밖에 나가면 나간다고 말이나 하고 나가지 그랬나, 곧 오너라, 아까 뭐 먹을 것 얘기했는데 지금 아무것도 먹을 형편 못 되고 그동안 서너 시간 아파서 고생했다, 곧 오너라, 했더니 좀 놀라는 것 같았다. 그런 전화를 공연히 걸었구나 하고 후회도 되었다.

지금 봐서 이 병원에는 더 있는 것이 아무런 도움이 안 된다. 여기서 주사 놓고 피검사며 소변검사 따위도 하고 수혈도 했지만, 밥 못 먹고 설사하는 것 여전하고, 더구나 집에 있을 때보다 더 기력이 없어서 이제는 내 힘으로 변소에 갈 수도 없게 되었다. 그리고 나 때문에 아이들이 날마다 고생이다. 나도 불편하기만 하다. 차라리 집에 가는 것이 낫겠다는 생각이 든다. 아까 몇 시간 배가 아플 때는 그만 집에 가서 조용히 음식을 끊고 세상을 떠나는 것이 좋겠다는 생각이 들었다.

6시 20분쯤에 정우가 왔다. 얘기했던 대로 갈비탕을 사 왔다. 전기 뜸질기와 혈압을 쉽게 재는 기구도 사 왔다. 전기 뜸질기는 배에 대고 있으니 아주 후끈후끈해서 좋았다. 마침 내과 과장이 와서 오늘 경과 얘기를 했더니 약을 새로 처방해 주겠다고 했다. 그리고 혈액검사와 소변검사 결과도 좋아졌다고 했다.

정우가 사 온 갈비탕을 조금 데워서 먹었다. 그런대로 잘 넘어갔고, 먹고 난 다음에 속이 아주 편했다. 그리고 갖다 놓은 약을 먹고 지금 9시 반이 되었는데도 설사는 나오지 않을 것 같다. 정우는 가라고 해도 곧 연우가 오니 그때 간다면서 친구하고 기다리고 있다. 정우 친구가 참 좋은 사람이라 여간 반갑지 않다.

주중식 선생이 내일 찾아온다는 전화를 했다.

그런데 연우는 오지 않고 배 속이 불안했다. 이러다가 정우가 없으면 어떻게 하나 걱정되었다. 지금 곧 화장실에 가서 설사하면 될 것이지만 설사가 쉽게 나올 것 같지도 않고, 밤중에 나온다면 큰일이다. 걱정했더니 정우가 친구를 워커힐 근처까지 데려다 주고 오겠다고 하면서 나갔다. 한참 뒤에 연우가 왔고, 정우도 왔다. 벌써 12시가 됐다. 이제 정우가 밤중에 간다는 것도 큰 고역이다. 차라리 오늘 밤은 여기서 자는 게 좋지 않겠나, 내가 어찌 될는지도 모르니, 하고 말했더니 가지 않고 여기서 자겠다고 했다. 그래서 결국 정우는 휴게실에서 잔다고 나갔는데, 밤중에 무슨 일이 있으면 부르라고 손전화기를 내 머리맡에 두고 나갔다. 그런데 설사는 나오지 않았다.

2003년 7월 13일 일요일 흐림

일주일쯤 있다가 퇴원하려고 했는데, 벌써 2주일이 지났다. 그래도 퇴원할 형편이 못 된다.

바로 옆방에 내가 오기 전부터 입원한 50대가 있었는데, 며칠 전에 숨져서 영안실로 나갔다. 그는 제초제를 먹고 스스로 죽으려 했는데, 먹고 나서는 살려 달라고 만나는 사람마다 애원한다는 말이 들렸고, 밤마다 가족들의 울음소리가 끊이지 않았다. 아이들이 전하는 얘기로는 그렇게 어렵게 살고 있는 집은 아닌 것 같은데 어째서 그 제초제를 먹고 죽으려 했을까? 정우는 참 딱하다고 했다. 무너미에 제초제 먹고 죽으려고 했던 할머니를 숯을 먹여서 살렸는데, 숯 아니고는 어떤 약도 없다고 한다. 그런데 숯을 먹으라고 할 수 없단다. 벌써 병원을 믿고 온 사람들인데 들어줄 리가 없고, 또 우리도 병원에 와서 치료를 받고 있는 처지에 병원의 의사가 치료하는 것과는 다른 방법을 어떻게 말해 줄 수 있겠는가. 그렇게 날마다 울음소리가 들리더니 하루는 갑자기 조용해진 것이다.

그다음 날부터는 그 옆방이 밤새도록 떠들썩했다. 밤중에도 새벽에도 무슨 중국 무술극을 보는지 괴상한 고함 소리가 들리다가는 무슨 컴퓨터 놀이를 하기도 했는데, 밤에 잠을 안 자고 그렇게 하고 지내는 아이가 입원해 있는 모양이다. 정신병 환자임에 틀림없다.

이 병원에는 병실이 20실 가까이 되는 모양이고, 한 방에 여럿이 들어 있는 방도 있어서, 아마도 30명 가까운 입원 환자가 있는 것 같다. 제초제 음독자, 정신질환자, 나와 같은 신장 위장 환자……. 온갖 병을 가지고 와서는 의사가 처방하는 약을 먹고 주사를 맞으면서 한 가닥 희망을 걸고 있다. 나 역시 여기서 건강을 되찾아 나갈 것인지, 이대로 올 때보다 더 나쁜 상태로 나갈 것인지 알 수 없다. 아무튼 하루하루를 온 정성으로 내 몸 잘 다스려 보는 것밖에 길이 없고, 단 며칠이라도 즐겁게 살아가는 것만이 내 길일 수밖에 없다.

8시에 정우가 와서 지선이와 셋이서 아침을 같이 먹는데 매운 김치도 먹고, 식후에 차가운 파인애플도 여러 조각 먹고, 매운 편강도 여러 조각 먹었더니 곧 배가 아프더니 설사가 나왔다. 결국 설사는 찬 것이나 매운 것이나 그 밖에 자극이 심한 것 때문이란 것을 아주 분명하게 알게 되었다.

오전에 정우가 가져온 이발 기계와 가위로 이발을 했다.

낮에는 집에서 가져온 백짐을 데워서 그것만 먹었더니 속이 편했다. 이제부터 이런 아주 순한 것만 먹기로 했다.

오후에 글쓰기회 이사들 여남은 사람이 찾아왔다. 글쓰기회가 앞으로 있기로 한 자리를 용원저수지 근처에 작정해 놓았다고 해서 그 환경이며 땅과 건물을 애기해 주는 것을 들으니 그만하면 괜찮구나 싶었다. 잘됐다고 하고 마음이 놓인다고 했다. 그리고 법인 문제도 이사장을 이상석 선생으로 하기로 했다 해서 잘했다고 했다. 이제 글쓰기회와 우리 사이의 여러 가지 껄끄러운 문제도 다 지나가 버리겠다 싶어 마음이 편하게 되었다.

오후 3시~4시 40분 고호자 씨 다녀감. 3시 20분~4시 10분 김경희 사장 다녀감. 밤에는 연우가 못 오고 지선이가 또 같이 있게 되었다. 정우는 9시쯤 무너미로 갔다.

2003년 7월 15일 화요일 맑은 뒤 흐림

오늘은 어디 밖에 좀 나갔다가 오자고 해서 10시 반쯤에 나갔다. 나, 정우, 그리고 연우와 지성이.

모처럼 연우가 왔는데 늘 나 때문에 매여 있고, 지선이도 고생을 하는 터라 어디 구경이라도 시키든지 점심이라도 먹고 싶은 것을 저희들끼리 의논해서 사 먹을 수 있도록 하자고 한 것이다. 그래서 우선 인사동에 가서 길가에서 이것저것 한참 구경하다가 두 아이가 마음대로 먹고 싶은 음식점을 찾아보라고 했더니 어느 한식점에 갔다. 거기서 정식이라는 것을 먹는데, 나는 그저 아이들 둘이가 먹는 것을 보고 싶었던 것이다. 정우는 밥만 한 그릇 청했다. 그런데 반찬이 몇 가지 차례로 들어오는데, 무너미 우리 식당 것보다 훨씬 보잘것없었다. 그것이 한 상에 1만 5천 원이라 해서 놀랐다. 정우가 먹은 비빔밥은 6천 원이었다. 그래도 연우는 "미국서 늘 먹고 싶던 우리 음식을 먹고 싶었다"고 해서 그 마음 이해할 수 있었다. 나는 옆에서 눌은밥 숭늉 갖다 주는 것과 소고기 다진 것(이것만 무너미 식당에 없던 것인데, 어쨌든 죄다 오염 식품 같았다) 조금 먹었다.

거기서 나와 덕수궁에 가서 근대미술전을 보았는데, 별로 볼 것이 없었다. 올 때 길이 막혀 고생했다.

저녁에 돼지고기 갈비를 갖다 놓은 것 먹으라면서 "쇠고기는 저도 먹으면 배가 아프고 아이 엄마도 못 먹는데, 돼지고기는 괜찮아요" 해서 어디 그런가 걱정하면서도 좀 먹어 보니 우선 맛이 있고 아주 연해서 좋았다. 먹고 나서 희한하게도 속이 편했다. "인도 사람은 쇠고기 먹으면 배가 아파서 못 먹는다고 해요" 하고 정우가 또 말했다. 그런데 돼지고기보다 쇠고기가 아주 비싼데 어째서 모두 쇠고기를 먹고 싶어 할까?

우리가 밖에 나간 뒤 2시쯤에 효리원에서 문재갑 씨가 사장과 같이 다녀갔다. 난 화분을 두고 갔다.

또 웬일인지 원장과 부원장이 오늘은 5시경에 병실을 찾아와서 만나지 못하고 갔다고 간호사가 말했다. 돌아올 때가 5시 반이었다. 청계천 고가도로 철거 공사와 데모 때문에 길이 막혀 아주 지긋지긋하게 길에 갇혀 있다가 겨우 빠져 온 것이다.

저녁에 현우가 다녀갔다.

오늘 밤에는 방을 바꾸었다. 옆방이 더 조용하고 긴 의자가 편한 게 있다고 하면서 아이들이 옮기자고 했다. 정우가 가기 전에 옮겨 놓고 보니 좋았다. 그런데 이 방에는 미치광이 같은 사람이 며칠 있으면서 떠들어 우리를 괴롭히다가 갔고, 그 앞에는 한 늙은이가 농약을 마시고 죽어 나간 방이다. 그러나, 병원 방치고 사람 안 죽어 나간 방이 어디 있겠는가? 정우가 나가고 난 뒤 현우가 왔을 때, 나는 침대 방향을 돌려 누웠다. 전등불이 일기 같은 것 쓸 때 잘 보이도록 한 것이고, 우선 눕는 자리라도 방향을 내가 보기 좋도록, 더구나 머리를 벽 구석에 두지 말고 환한 곳으로 두고 싶었던 것이다.

현우와 연우도 가고 오늘 밤은 지선이가 남게 되었다.

2003년 7월 16일 수요일 흐렸다가 비

지선이가 간밤에 또 잠을 못 잤다. 모기한테 입술이 물려서

퉁퉁 붓기까지 했다. 밤중에 알고 "가서 간호사한테 모기약 좀 달라고 해라" 했더니 가서 가져와서 좀 뿜고 난 뒤 새벽에 두어 시간 잔 것 같다.

아침에 정우가 와서 아침을 같이 먹는데, 또 돼지고기를 먹고 고등어도 좀 먹었다. 그랬더니 처음에는 잘 넘어갔는데 한참 있으니 배가 더부룩했다. 역시 고기는 위장에 부담을 주는구나 싶었다. 돼지고기보다 고등어가 더 좋지 않았을까? 11시쯤에 요구르트도 좀 마시고 해서 변기에 앉으니 설사가 아니고 좀 무른 변이 나왔다. 이쯤 되면 설사 걱정을 그만해도 되는 것이다.

11시부터 2시까지 아미노산 주사를 맞았다. 그리고 정우는 오늘 충주 가서 사진 맡겨 놓은 것을 찾아야 한다고 해서 오후 3시 40분쯤에 지선이하고 나갔다. 연우가 오는 5시까지 기다리겠다는 것을 억지로 빨리 나서게 한 것이다. 밖을 보니 바로 앞 건물이 희미하게 보일 정도로 안개 같은 것이 꽉 덮여 있다. 오늘은 아침부터 이렇다. 비는 오다가 그치다가 한다는데 이런 날 먼 길을 어떻게 일에 쫓겨 빨리 가도록 해야 하나? 거기다가 정우는 도중에 제 친구를 만나는 볼일까지 있는 모양이다. 걱정이다.

오늘은 어찌해서라도 〈창비어린이〉를 좀 읽어야겠다고 해서 아침에 읽기 시작했는데, 원종찬 씨 논문을 처음 두 쪽을 겨우 읽고 그만두었다. 누워서 읽기가 힘들어서 그만 쉬고 싶기도 했지만, 원 씨 글이 뭔가 시원스럽게 읽히지 않고 잘 안 풀리는 것이 처음부터 이해할 수가 없었다. 그래서 이것은 아주 자세히 따지고 분석해 봐야겠다는 생각이 들었고, 결국 문학을 보고 아이들과 역사를 보는 눈과 태도가 나와는 아주 다른 자리에 있기 때문에 글이 이렇게 되었다 하고 생각한 것이다.

연우가 5시 반에 왔다.

원장, 부원장이 다녀갔다.

2003년 7월 19일 토요일 흐리고 가끔 비

어제저녁에 의사하고 퇴원 이야기를 나누는데, 지선이가 그 뒤에 이런 말을 했다.

"할아버지가 이제 병원 의사의 도움을 받을 필요가 없어서 퇴원하려고 한다는 말을 듣고 신정숙 씨와 누가 원장님 부인에게 그런 말을 했을 것 같기도 하니, 그런 말을 원장, 부원장님이 들었으면 좋지 않게 여길 것 같아요."

지선이 말 들으니 정말 그렇겠구나. 나도 문병 온 사람들에게 그런 말을 했던 것 같다. 그 말을 원장 부인과 가까이 지내는 신정숙 씨나 누가 무심코 또 말했을 수도 얼마든지 있다. 이거 참 말이란 것이 큰 문제구나. 같은 말이라도 이제는 집에 가서 치료할 수 있을 만큼 잘되었다고 하는 것과, 이제는 의사 도움을 안 받아도 된다는 말의 느낌은 아주 다르다. 말이란 참 하기 어렵고 이것저것 다 생각해서 조심스럽게 해야겠구나 하고 뼈

364

아프게 느꼈다. 오늘 의사 만나면 오해 없도록 말해야 되겠다.

여기 와서 지선이와 연우 같은 아이들에 대한 생각을 많이 하게 되었다. 아이들을 좀 더 잘 알게 되었다. 나보다 더 생각이 깊은 데가 있구나 하고 놀라는 경우가 많다. 지선이에게 어떤 때는 오해도 했던 것 같다. 물론 아이들도 나한테 조금은 배운 점이 있는지도 모르지만 내가 깨달은 것이 많다. 아이들과 같이 지내는 일은 이래서 참 중요하구나 싶다.

한 이틀 잠도 잘 잤다. 이제 위장은 큰 걱정 없이 정상으로 돌아가기 시작한 것이 분명하다. 오늘은 검사 결과를 듣고 곧 퇴원할 수 있도록 잘 말하고 싶다(아침 7시 20분).

비가 와서 정우가 좀 늦게 왔고, 지선이도 어제저녁에 위력(胃力)이란 것 먹고 속이 좋지 않다고 해서 아침을 늦게 먹었다. 아침을 먹으려고 상 차려 놓고 있는데 내과 과장이 왔다. 상태를 묻기에 설사도 멎고, 배도 안 아프고, 음식 맛도 돌아와서 이렇게 잘 먹는다고 했다. 그리고 다시 내주 초 퇴원하도록 해 달라고 했다. 이렇게 퇴원해야 할 사정을 두 가지 말했다. 하나는 벌써 20일 동안 농사일을 못 하고 있는 일과, 그보다 또 더 절박하게 나날이 걱정해야 하는 것이, 내가 소변보는 것은 아이들이 휠체어로 화장실에 밀어 주면 되는데, 하루 한 번씩 봐야 하는 대변은 설사든 아니든 우리 큰아이가 아니면 그 뒷수습을 아무도 할 수 없다고 했다. 그런 일이 큰아이가 집에 간 뒤 갑자기 생겨나면 아주 큰 낭패를 당하는데, 지금까지 한

번도 그런 일이 없었으니 다행이지만 앞으로 언제 어떤 일이 일어날는지 언제나 큰 걱정거리가 되었다는 것, 그래서 집에 있으면 그런 일이 풀리는데 여기서는 어찌할 수 없다고 했다. 그래서 이제 위장은 잘 치료가 된 것 같으니 신장까지 치료하는 것은 병원에서 할 수 없고 집에서 할 수 있게 지도해 달라고 했다. 그랬더니 대답이 이랬다.

"그런 문제라면 아드님이 없어도 됩니다. 제가 내과 의사고 원장님은 외과 의사입니다. 누구든지 그런 일이라면 잘합니다. 걱정하지 마시기 바랍니다. 그래서 적어도 다음 한 주라도 더 있었으면 좋겠습니다. 적어도 병원에서 걸어 나갈 수 있도록 했으면 합니다."

내가 다시 말했다.

"걸어 나가려면 한 주일로서는 어림도 없습니다. 적어도 한 달은 더 있어야 할 것입니다. 한 달도 아마 어려울 것 같아요. 그리고 선생님들이 우리 아이를 대신해서 할 수 있다고 하시는데, 그것은 제 몸 상태를 아직 잘 모르십니다. 선생님들이 하신다는 것은 상상도 안 됩니다. 우리 아이 말고는 어떤 사람도 해낼 사람이 없습니다."

결국 오늘 검사 결과 보아서 다시 의논하기로 하고 과장은 나갔다.

보내 놓고 생각하니, 정우가 자꾸 의사한테, 여기 올 때는 그래도 지팡이 짚고 걸었는데 지금은 서지도 못하니 다른 병원

같이 좀 주사도 많이 놓아서 빨리 회복되도록 하는 것이 좋지 않나, 하고 몇 번이나 말을 한 때문에 병원에서도 걸어온 사람을 서지도 못하게 해 놓고 퇴원시키는 것이 체면으로나 남 보기에 좋지 않다는 생각에서 더 있도록 하는 것이구나 싶다. 이건 정우가 말을 조심하지 않기 때문이다.

아침에는 시래기국에 든 부드러운 시래기를 좀 먹었다. 그리고 오늘부터 식전에 먹던 설사 멎게 하는 약은 안 먹는다. 그런데 어제는 대변이 아주 안 나왔다. 그래서 변비가 되었나 싶어 정우가 말해서 아락실이란 변비약을 얻어 왔다. 이걸 먹고 다섯 시간 뒤에는 변이 나온다고 했다. 그러나 그걸 안 먹고 변기에 앉았더니 대변이 좀 나왔다. 설사는 아니었다. 속이 시원했다. 이제 설사고 변비고 크게 걱정하지 않아도 되었다 싶어 여간 반갑지 않다.

11시에 정우는 타이어 갈아 끼운다고 시내에 나갔다.

점심때가 좀 지나서 정우가 잠시 나간 사이 내과 과장이 와서, 검사 결과가 나왔는데 단백이 빠져나가는 정도가 조금 더 나아지기는 했지만 아직 주사나 먹는 것으로 보충을 할 수 없을 정도로 되어 있으니 치료제를 좀 줄여도 될 수 있을 때까지 적어도 일주일만 더 참고 있어 달라고 했다. 그래서 지금 우리 아이가 없으니 의논해서 선생님 뜻대로 하는 방향으로 하고 싶으니, 월요일에 아주 결정하기로 하자고 했다. 의사들의 처지며 여러 가지 사정을 생각할 때 그렇게 하는 수밖에 없겠다 싶었다. 정우가 와서 의사 말을 전했더니 할 수 없다고 했다.

낮에는 정우가 사 온 떡, 식빵 같은 것을 조금 먹고, 시래기 건더기와 돼지고기 조금 먹었다. 그랬더니 역시 배가 조금 깐작깐작 몇 시간 이상했다. 어떤 떡이고 설탕 안 든 것이라고 하는데도 다 달았다. 역시 아무거나 먹어서는 안 되겠다.

오후 4~5시 사이 윤양미 씨가 문병 왔다. 그동안 낸 책을 또 한 권 가져왔다. 네덜란드 이야기였다. 그리고 음반을 또 가져왔다.

4시에 권정생 선생한테 전화를 걸어 소식을 전했더니 아주 반가워했다. "우리가 더 산다 해서 뭐 세상이 더 좋아지겠습니까. 그래도 뭔가 희망이 있다는 것을 보고야 죽는 것이 좋지요" 했다. 그리고 전우익 선생 소식 물었더니, "얼마 전에 충북 어디인가 녹색대학에 강연한다고 갔다고 해서 놀랐어요. 뭐, 아주 건강한 몸이야 됐겠습니까. 그래도 그렇게 가서 많은 사람들 앞에서 목소리를 들려줄 만큼 됐으니 참 뜻밖이지요. 그리고 들으니까 요즘은 온갖 음식을 잘 잡수신다고 해요. 뱀장어도 사 오라 하고 곰탕이고 뭐고 좋다는 것은 다 사 오라 해서 잡수신답니다. 수박이고 참외고 과일도 무엇이고 잘 잡수신답니다" 했다. 그렇구나. 참 희한한 일이구나 싶었다. 전 형이 전에는 채식을 하고 고기 같은 것 안 먹었고, 나같이 싫어했다. 그런데 그렇게 식성이 달라졌나? 돈이 많이 생기니 먹는 것도 그렇게 됐나. 그리고 돈이 많아지니 나 같은 사람에게는 전화 한번 하

368

지 않게 됐나 하는 생각도 든다. 정우한테 전 선생 소식을 말했더니 그런 병에 그런 음식 먹어서는 안 되는데……, 했다.

5시가 넘어 서정오 선생이 전화를 했다.

2003년 7월 22일 화요일 비

아침에 깨어나니 바깥에서 빗소리가 요란했다. 비 때문에 정우 부녀는 8시 반에야 왔다. 그동안 연우와 이런저런 이야기를 했다. 연우는 내 다리를 주물러 주면서 나를 걱정했다. 나는 내가 가지고 있는 죽음에 대한 생각과 태도를 말하고, 내가 죽으면 조금도 슬퍼하지 말라고 했다. 장례 지내는 것까지 어떻게 하라고 말해 놓았고, 나를 웃으면서 보내 달라고 했다. 그리고 "연우야, 네가 서울 같은 데서 혼자 살면서 돌아다니기보다 오히려 그곳에 있는 것이 마음이 놓인다. 부디 잘 있다가 오너라" 하기도 했다. 들으니까 그곳은 미국에서도 시골이라 참 조용한 곳인 모양이다.

2003년 7월 26일 토요일 맑음

밤새도록 배 속이 따가웠다. 위장 겉쪽이 그랬다. 어제 저녁을 안 먹고, 먹는 옆에 앉아 있다가 편강을 조금 먹었더니 그것이 탈난 것이다. 전에도 생강 먹고 그랬는데, 이번에 또 잘못했다. 겨우 손톱만큼 먹었지만 빈속에 먹은 탓이 컸다. 그 생강이 꼭 고춧가루같이 속에 들어가면 일을 일으킨다. 고추는 속에 들어가 내려가면서 온 배 속을 휘저어 놓는데, 생강은 뱃가죽 쪽에 오랫동안 있어서 따갑게 괴롭힌다.

오늘은 퇴원하는 날이다. 정우는 방을 치워 놓고 온다고 좀 늦게 9시가 지나서 왔다. 그래서 8시 전에 아침을 먹었다. 그런데 배는 그대로 편치 않았다. 정우가 오고 나서 화장실에 가서 앉으니 설사가 나왔다.

정우가 오기 전에 담당 의사가 다음 주 화요일 오라고 했다. 나는 퇴원해도 아주 퇴원했다는 생각이 없고, 늘 지도를 받고 싶다고 한 다음, 밀가루 음식은 먹지 않아야 한다고 말하는데, 그것이 검증된 것인가 하고 물었더니 검증된 것은 아니고 밀가루로 만든 빵이나 국수는 순전히 밀가루뿐 아니라 거기 여러 가지 다른 것이 들어 있거나 매운 것이 함께 들어 있어서 먹지 말라고 한다고 알고 있다고 했다.

정우가 와서 조금 있다가 곧 병원비를 치르러 나가더니 웬일인지 두어 시간이나 걸려서야 돌아왔다. 그동안 방 안을 치우면서 지선이가 초콜릿 남아 있는 것이라면서 두 개를 먹으라고 내주었다. 설탕 안 든 것이라고 연우가 사다 놓은 것이다. 그걸 먹었더니 곧 배가 부글부글 끓었다. 마치 배 속이 가마솥 물 끓듯이 끓으면서 아프기까지 했다. 이런 적은 한 번도 없었다. 아침 먹고, 약 먹은 데다가 또 그걸 먹었기 때문이기도 하지만, 어디 이렇게 배가 난리를 칠 수 있나 싶었다. 아무리 기다려도 진정이 안 되었다. 설사가 곧 나올 것 같았지만 정우는 안 오고 아픈 배를 억지로 참는 수밖에 없었다. 12시도 지나서 정우가 왔는데, 정작 화장실에 가지는 못했다. 아까 설사가 한 번 많이 나왔으니 사실은 나올 것도 없는 것이다. 그런데도 배는 부글거려서 그대로 참고 좀 누워 있기도 하고, 정우가 왜 그렇게 오래 있었는지 이야기를 들어 보았다.

누가 와서 익명으로 오늘 치러야 할 나머지 병원비 120만 원 가량을 치르고 갔다는 말이었다. 원장, 부원장이 그런 말을 하더라는 것이다. 그래서 그건 도무지 될 수 없는 말이니, 누가 그랬는지 꼭 알려 달라고 했지만 말할 수 없다고 하더라 했다. 그래서 도저히 그 돈을 받아들일 수 없으니 돌려주도록 하라고 했지만, 곤란하다고 해서 자꾸 말이 가고 오고 하느라고 늦었는데, 결국 돌려주도록 해서 병원비를 그대로 치르고 왔다는 것이다.

정우는 이름을 숨긴 사람이 어쩌면 병원 측일 수도 있다고 했다. 그리고 부산 사람들이 여럿 왔는데, 그 사람들일 수도 안 있겠나 싶다고 했다. 또 다른 여러 글쓰기회원들인지도 모른다고도 했다. 나는 병원이 이렇게 경영이 어려운 형편인데 익명으로 그렇게까지 할 수 있겠나 싶었고, 또 익명이라면 결코 여러 사람이 낸 것이 아니고 어떤 특별한 한 사람이 한 일일 것이라고 했다. 그가 누굴까. 더러 이 사람이 아닌가 짐작은 해 보지만 조금도 확신은 할 수 없었다. 아무튼 그렇게 익명으로 나를 도와주려고 한 사람이 있다는 사실에 참 놀라지 않을 수 없다. 그 사람은 내가 진정으로 이 세상에서 좋은 일을 했다는 것을 믿는 사람이요, 이 세상에서 사심없이 남을 위해 살았다고 믿는 사람이다. 그래서 자기도 나와 같이 살아가려고 한 사람일 것이다. 이런 사람을 한 사람이라도 만나게 되었다는 것은 얼마나 다행한 일인가!

그런데 정말 내가 그런 사람의 그렇듯 착한 마음을 받아들일 만한 사람인가 하고 생각해 본다. 그래서 정우가 그것을 받아들이지 않고, 돌려주도록 한 것은 잘한 일이라 생각되었다. 그것을 내가 받아들이게 되면 나는 이 세상에서 더 큰 빚을 지게 된다. 나는 지금 건강도 이렇고 해서 그런 빚을 갚고 살아갈 만한 사정이 못 된다. 아무튼 그런 사람을 이 세상에서 만나게 되었으니 내가 여간 행복한 것이 아니구나 싶어 정말 기쁘다. 정우는 "언젠가는 그 사람이 누구인지 결국 알 수 있을 겁니다" 했다.

1시가 지나서 병원에서 나왔다. 설사는 나올 것 같지 않았고, 배가 좀 불안하고 더부룩한 상태에서 차를 탔다. 지선이는 서울에 그대로 며칠 있다가 온다 했다. 지선이가 해방된 것이다.

집에 오니 방을 시원하게 치워 놓아서 참 좋았다. 새로 사다 놓은 침대에 누워 있으니 아주 편했다. 유리창도 활짝 열어 놓았다. 침대 옆에 컴퓨터 놓는 책상 갖다 놓고, 거기 전축 올려

놓았다. 그리고 그 옆에는 그때그때 글을 써야 하는 원고지나 자료 한 가지만을 놓아두었다. 정우는 내가 침대에 누워 있거나 앉아 있어도 전화를 하고 불을 켜거나 끌 수 있도록 하는 따위 몇 가지를 한참 했다. 그리고 방을 정리하고 치우느라고 저녁때까지 걸렸다.

아, 이제 내 집 내 방에 왔다. 병원 침대에 누워 있지 않다는 것이 얼마나 행복한가.

서울서 오면서 오늘은 하늘이 뿌옇고 구름도 많지만, 그래도 하늘에 파란색이 보이고 볕이 났네 했더니, 정우가 "지난 한 달 동안 이렇게 볕이 난 날은 오늘이 처음입니다" 했다.

날짜를 세어 보니, 지난 6월 30일 입원해서 오늘이 7월 26일 이니까, 꼭 27일 만에 퇴원했다.

7월 한 달 동안 해가 겨우 하루 비쳤으니, 이래도 사람이 살아갈 수 있을까?

2003년 8월 14일 목요일 맑음

오전에 아미노산 주사를 맞고, 오후에 병원에 다녀왔다. 3시에 나서 다녀오니 7시가 지났다.

병원에 가서, 충주에서 시티(CT) 검사했던 사진과 검사한 원장 소견 적은 것도 내주었더니 담당 의사가 사진을 한참 보고는 원장님과 의논해 보겠다면서 나갔다. 우리는 문 앞에 나가

기다렸다. 원장실에서 나온 담당 의사가 지금 원장님이 안 계시다면서 화요일에 오면 그때 원장님과 의논한 것을 말하겠다고 했다. 그리고 나를 휠체어에 타고 있는 채 좀 기다리라 하고는 정우만 들어오라고 했다. 그때 내 느낌이 이상했다. 나한테 말하기 어려운 일이 있구나 싶었다. 그렇다면 어떤 더 큰 병이 발견된 것이 틀림없다. 조금 뒤 들어가니 담당 의사가 내장 여기저기 무슨 혹 같은 것이 많이 생겨나 있는데, 이것이 무엇인지 알 수 없다고 했다. 이것을 더 확실히 알아보려고 하면 큰 병원에 가서 여러 가지 검사를 해야 하는데, 연세가 많은 분이 그런 검사를 견디기 어려울 것이라 했다. 나는 "그런 검사받을 생각 조금도 없습니다"고 했다. 그리고 지난번 피검사, 소변검사 한 것을 적어 주면서, 이제는 단백질도 거의 안 나오고 핏속에 단백질도 그만하면 정상이고, 콜레스테롤도 110정도로 되어 있다고 했다. 모든 것이 정상인데 뜻밖에 다른 데가 잘못되었다고 했다. 콜레스테롤 치료제를 빼고서 약을 처방받고 소변, 혈액 따위 검사 결과 적은 것을 받아서 나왔다.

그런데 나와서 문간에까지 와서 정우가 갑자기 나를 붙잡고 펑펑 울었다.

"아버진 암이래요."

"그래? 짐작했다. 울지 마라. 조금도 슬퍼하지 마라. 내가 살 만큼 살았고, 이제 올 것이 왔을 뿐이다. 나는 조금도 편안한 마음이 흔들리지 않는다. 부디 생각을 바꿔라."

이래서 7시에 돌아오니 차 안에서 그렇게 무더워 견디기 어려워했는데, 시원한 방에 들어오니 정신이 돌아왔다. 그래서 정우한테 몇 가지 말해 두었다. 앞으로 몇 달을 더 버틸지 모르지만 화요일 오라 하니 그때 의사 소견 듣고 거기 맞추어 신변 정리를 하겠는데, 대강 그 정리 내용을 말해 주었다. 그리고 앞으로는 사람들을 일체 안 만나기로 하고, 출판사와 약속한 모든 일을 중단하고, 가장 급한 일부터 하기로 했다. 이상석 선생한테 연락해서 방학 중에 글쓰기회 이사회를 열어 달라고 하겠다 했다. 내가 여러 사람 앞에서 말을 할 기력이 있을 때 하고 싶은 말을 마지막으로 해야 되겠는데, 그때는 너와 지선이 엄마도 같이 앉아 들을 수 있게 했으면 좋겠다고 했다.

방을 옮기는 일은 어떻게 하나? 두세 달밖에 남지 않았다면 이대로 여기서 지낼 것이고, 연말까지 버틸 수 있으면 며칠이라도 거기 가서 좋은 공기 마시고 싶다고 했다. 정우가 "빨리 방 일을 해서 거기 가시도록 하겠습니다. 아버지, 그렇게 빨리 몸이 탈 나지는 않을 겁니다. 너무 걱정해서 서두르지 마세요" 했다.

암이란 말은 아무한테도 말하지 말고 우리 둘만 알고 있자고 약속했다. 의사한테도 절대로 남에게 말하지 말라고 부탁하겠다 하고 정우가 말했다. 내 마음이 이렇게 편안한 것에 나도 놀랐다. 정말 이제 조용히, 기쁘게 저승을 가게 되었다.

정우가 11시에 아이 엄마와 함께 왔다. 아이 어미한테는 아무래도 알려야 되겠다 싶어 암이라고 했다는 것이다. 지선이 엄마는 암일 리가 없다고도 했다. 아버님이 암에 걸릴 리가 없다는 것이다. 나는 그동안 신장 치료한다고 안 먹던 고기를 여러 해 동안 자주 먹었으니 그 고기 해독을 입은 것이 분명하다고 했다.

아까 저녁 먹고 나서 부산 이상석 선생한테, 방학 중에 될 수 있는 대로 이사들 모이는 기회를 만들어 준다면 내가 기력이 있어 말을 할 수 있을 때 글쓰기 얘기와 정우 얘기를 다 하겠다고 했더니, 그동안에 벌써 연락이 되어 모두 의논을 했던 모양이다. 내일 오후에 여기 오기로 했다고 해서 놀랐다. 그렇게 모두 나를 걱정해 주는구나!

정우 내외가 침대에 부드런 담요를 하나 깔아 주었고, 발 목욕을 하고 정우 내외를 보낸 다음 침대에 누우니 머리맡 창문이 환했다. 달빛이구나! 어제 아침에 정우가 달빛 얘기를 한 것이 생각났다.

"간밤에는 달이 하도 밝아 별이 겨우 두세 개밖에 안 보였어요. 달이 밝으면 별이 안 보이지요."

환한 달빛을 받고 누웠으니 참 기분이 좋았다.

2003년 8월 16일 토요일 흐리고, 몇 차례 가는 빗방울이 뿌렸다고 함

하루하루 기력이 쇠잔해 간다. 이제 할 일을 아주 급한 것부

터 서둘러야겠다. 새벽에 누워서 내 장례식 절차며 장지를 생각하고, 부고와 인사장을 썼다. 그래서 아침 먹고 아미노산 주사를 맞는 동안 정우한테 의논을 했다. 장지는 의성 뉘실 선산이 어떤가 했더니, 정우는 이곳 고든박골이 좋을 것 같은데, 해서 그렇게 하라고 했다. 주 선생이나 대구 몇 분들, 그리고 아동문학 하는 사람들이 회관을 쓰면서 가끔 올 터이고 그래서 내가 묻힌 표적이라도 있으면 뭔가 마음으로 이어지는 것이 있겠구나 싶었다. 그래서 생각지도 않은 시비까지도 조그마한 것을 세우는 것까지 좋겠다고 했다. 그 시비에 새길 시는 '새와 산'이다. 정우도 그 시가 좋다고 했다. 그리고 여기서 장례 지내면 어쩔 수 없이 마을 사람들의 도움을 받아야 하고, 노광훈 씨도 알게 될 텐데, 그렇게 되면 글쓰기회원들이 알고 많이 올 것이고, 어린이문협이나 도서연구회 사람들, 출판사 사람들 다 오게 되니 어떻게 하나? 정우는 어쩔 수 없지요, 하면서 조위금도 받지 않는다고 미리 알린다 했다. 그럼 그 많은 사람들 어떻게 접대하겠나, 그런 거창한 장례식은 아주 싫다, 그렇게 되면 오고 싶지 않은 사람도 체면상 온다, 그렇게는 해서 안 된다, 아무튼 미리 외부에는 알리지 말고 마을 사람과 아주 가까운 친척들에게만 알려라, 했다. 장례 지낸 뒤에 그것을 신문 같은 데 알리면 된다고 했다. 그리고 모든 것을 주중식 선생하고 의논해서 하는 것이 좋겠다고 했다.

대강 얘기 마치고 나니 정우가 또 눈물을 흘리면서 "아버지,

그런 일 너무 걱정 마세요. 제가 알아서 잘하겠습니다" 해서,
"애야, 부디 눈물 흘리지 마라. 내가 즐겁게 세상을 떠나는데
부디 웃으면서 보내라" 했다.

점심때가 되어 신정숙이 와서, 간밤에 글쓰기회 이사들이 의
논한 것을 대강 말해 주었다. 그것은 앞으로 글쓰기회가 어디
가서 어떻게 해 나가는가 하는 것이었는데, 그중에 이상석 선
생 생각이 가장 좋은 듯했고, 부산의 데레사 선생도 좋은 말을
했던 것 같았다. 신정숙 씨는 25일인가, 그때부터 며칠 동안이
라도 나한테 와서 좀 도와주겠다고 해서 그래 달라고 했다.

오후에는 침대에서 방바닥에 내려와 의자에 비스듬히 눕다
시피 해서 몇 가지 아침에 적어 놓았던 것을 옮겨 쓰고, 일기도
적고, 해금 소리도 듣고 했다. 오늘은 노광훈 씨가 보낸 우리
밀 가루로 끓인 밀수제비를 먹었다.

2003년 8월 17일 일요일

정우가 내 걱정을 해서 아침 일찍 왔다. 며칠 전부터 누워서
몸을 움직이거나 앉아서도 잘못 움직이면 어지럽다. 뭔가 자
꾸 몸이 무너지는 것 같다. 그래서도 걱정된 모양이다.

아침에 우리는 웃으면서 장례 문제를 좀 더 얘기할 수 있었
다. 정우는 흙집 앞밭이 좋다고 했다. 나는 거기가 물기가 많지
않겠나 했더니 그렇지 않다고 했다. 그리고 나는 골짜기 위쪽

지금 과실나무 심어 놓은 저쪽에 묏자리가 좋다는 거기가 좋겠다고 했다. 그러나 정우가 잘 생각해서 하라고 했다. 무덤은 거기로 하고, 시비만 따로 흙집 앞밭에 세울 수도 있겠다.

예식은 아무래도 철환네 형제자매들, 영복이도 올 테니 기독교식이 되겠는데, 그렇게 되면 정우 고모님이 기도나 무슨 말씀을 하실 것인데, 부디 모인 사람들한테 예수 믿고 천당 가도록 하라는 전도하는 말은 하지 말아 달라고 부탁하라고 했다. 그 자리는 전도하는 자리가 아니니까 분위기가 나빠질 것이고, 그래서는 정말 전도도 안 된다고 말씀드리라고 했다.

사회는 주 선생이 하면 좋겠지.

아침에 밀수제비를 먹고, 그 밖에 또 몇 가지 먹고 있으니 또 배가 사르르 아팠다. 한 시간 뒤 약을 먹고 나서 한참 있다가 변기에 앉았지만 변이 안 나왔다. 그런데 정우가 나간 뒤 11시쯤 되어 갑자기 물똥이 나와 팬티가 젖었다. 정우를 불러 다시 변기에 앉아 있어도 대변은 안 나왔다. 정우가 와 보더니 조금 나왔다고 했다. 팬티와 바지를 갈아입었다.

오후에 누워 있는데, 5시쯤 되어 정우가 다래를 몇 개 따 왔다. 보니 아주 굵었다. 상준이 방 앞에 심어 둔 것이라 한다. 옛날에는 늦가을에 서리가 와서야 이렇게 달리고, 그것도 산의 것은 아주 작았는데, 집 안에 좋은 땅에 심어 두어서 그렇겠지, 이렇게 굵게 된 것은. 그런데 8월 중순에 벌써 이렇게 열매가 맺어서 익게 된 것은 기후가 아주 달라진 때문이겠다. 정우가 한 사흘 지나면 달게 되어서 먹을 수 있을 것이라 했다. 정우가 가고 난 다음에 시 한 편 쓰고 곧 저녁을 먹고 나서 약을 먹으니 변이 나오려고 했다. 변기에 앉으니 비로소 묽은 똥이 많이 나왔다. 발 목욕을 하고 자리에 누우니 8시 반이었다. 오늘은 아주 일찍 마쳤다.

2003년 8월 19일 화요일 흐리고 이따금 비가 옴

나는 지금 하루하루가 또 다른 한평생으로 살아간다. 오늘도 또 한평생을 살았으니 그것을 대강이나마 적는다.

새벽에 일어나 시 몇 편을 썼다. 10시에 나서서 빗길을 가니 12시 40분에 녹색병원에 닿았다. 곧 담당 의사 내과 과장실에 들어갔다. 나를 보자 담당 의사는 손을 잡고, 그것을 암이라고 단정했는데 너무 경솔했어요. 그게 췌장 자리인데 어쩌면 췌장이 그렇게 나타났는지도 모르고, 또 그것을 확실히 알아보려면 조직 검사를 해 봐야 하는데……, 여기까지 얘기하는 말을 듣고 내가 가로막았다.

"선생님, 더 얘기하실 필요가 없습니다. 저는 그때 밖에서 기다리면서 다 짐작했어요. 사실은 암이든 아니든 아무 상관없어요. 암이란 말 듣고 내 마음은 조금도 동요하지 않고 아주 평온했어요. 하루하루 쇠잔해져서 이제는 다시 일어날 수 없겠다 싶어 얼마 전부터 죽을 준비 조금씩 하고 있어요. 살 만큼 살았고, 이 세상의 모든 인연과 헛된 욕망 다 버리고 또 다른 저세상으로 가는 것 참 즐거워요. 입에 발라 놓고 하는 말이 아니라 진정이래요. 내가 죽을 때는 조금도 슬퍼 말고, 모두 웃으면서 흙에 묻어라, 그날은 기쁘게 잔치를 해라고 해요. 그리 아시고 나 같은 사람 뭐 이제는 죽을 사람인데 돌볼 것 없다고 생각하시면 몰라도 끝까지 봐주세요. 참으로 선생님은 마지막으로 나를 도와주신 가장 고마운 분이었습니다. 다만 암이라면 혹시 거기가 많이 아파서 고통스럽지는 않겠나 좀 염려됩니다."

이랬더니 부디 일주일에 한 번씩만 와 달라면서 약은 전과 같이 먹도록 처방해 주었다. 그런데 내과 담당 의사실에 들어가기 전에 그 문 앞에서 기다리는 동안 외과 담당인 원장이 우리를 보고 몇 번이나 지나가면서 인사도 안 했다. 전에는 보면 아주 다정하게 말해 주었는데 참 이상했다. 이제 너 같은 사람은 죽을 사람이고 우리 병원에서는 별 볼일 없는 사람이란 태도로밖에 안 보여서 참 섭섭했다. 세상에 사람이란 이런 것인가. 의사란 이런 냉혈 동물인가? 기가 막혔다. 병원에서 나오는데 정우 친구한테서 전화가 와서, 과천 아파트 살 사람이 오늘 계약하자고 하겠다면서 그 소유자를 확인하고 싶다고 한다 했다. 그래서 과천 복덕방으로 갔다. 그런데 사는 사람이 내 이름을 보더니 아동문학가 이오덕 선생 아닙니까, 했고, 평소에 내 책을 많이 읽고 존경한다면서, 자기 남편은 소설가고 자기도 신춘문예 나와서 글을 쓴다고 했다. 그러니까 알아보고 뭐고 할 것 없었다. 친정이 충주인데, 가끔 우리 가게 앞을 지나기도 하는 것 같았다. 계약을 하고 계약금까지 받고 왔다. 집에 오니 4시 15분.

당장 녹색병원 원장한테 전화를 걸었다. 어디 그럴 수 있는가, 이제 나 같은 사람 거들떠볼 필요가 없는 사람이라고 하는 것 같은데, 그렇다면 가지 않겠어요, 그래도 두 분 선생님은 어느 병원보다, 의사보다 나를 도와주셨는데, 그래서 고맙게 생각했는데, 어찌 그럴 수 있나요, 했더니, "참 그때 제가 정신없었어요. 제가 세 가지 일을 하고 있지요. 정신없이 왔다 갔다 하다 보니 그렇게 됐어요" 했다. 아무래도 변명이었다.

오늘 과천 아파트 일은 아주 잘 풀렸다.

아직도 오늘 하루 내 인생은 많이 남았다.

집에 와서 누워서 음악을 듣고, 하루 일을 대강 적고, 정우하고 저녁을 먹으면서 오늘 이야기를 하고, 발 목욕을 하면서 앞으로 서둘러야 할 일을 의논했다. 내 삶의 한평생, 오늘 하루를 끝낸 것이다.

2003년 8월 20일 수요일 맑았다가 저녁때 소낙비 많이 쏟아짐

10~1시 사이 아미노산 주사를 맞고, 오후 3~5시 사이에 충주에 갔다가 왔다. 가는 길에 면사무소에 들어가 인감증명을

떼었다. 인감증명 때문에 나갔던 것이다. 정우 주면서 이전하
도록 했다. 충주 약방에서는 소화제와 만약에 경우를 대비해
서 진통제와 아편을 구해 왔다.

다 와서 소낙비가 마구 쏟아졌다. 그래서 목수들이 지붕을 덮
는 일을 하다가 그만 못 하고 돌아갔다고 한다. 오늘 날씨 예보
에 오전에 비가 오고 오후에 맑다고 하더니, 반대로 온종일 맑
다가 저녁때 소낙비가 엄청나게 왔다.

간밤에 겨우 두 시간 자고, 낮에도 못 자고, 너무나 지쳤다.

저녁에 현우가 왔다. 내가 돌아갈 날이 머지않았는데, 즐겁게
떠나니 웃으면서 보내 달라고 했다. 무덤 자리도 말해 두었다.

2003년 8월 21일 목요일 흐리고 몇 차례 가는 비

간밤에는 현우가 옆에서 누웠다가 자주 일어나 도와주어서
그렇게 힘들지 않게 날을 샜다.

오전에 정우가 아파트 등기 권리증을 여기저기 찾았지만 안
나왔다.

저녁에 누님이 오셔서 오랫동안 나를 붙잡고 눈물을 흘리시
면서 기도하셨다. 하도 언제까지나 그래서 정우하고 일으켜서
그만하시라고 했다. 나는 "누님, 죄송합니다. 저는 아주 기쁜
마음으로 즐겁게 갑니다. 먼저 가게 되어 참 죄송하지만 즐겁
게 가니 조금도 슬퍼 마세요. 장례, 장지도 다 정해 놓았고, 저

를 땅에 묻는 날은 모두 즐겁게 찬송가나 부르면서 웃어 주세요. 즐거운 잔치판이 되도록 해 주세요. 이 세상 온갖 얽매인 사슬에서 다 풀려나 즐거운 저세상으로 가는 것 얼마나 좋습니까" 했다.

현우는 누님이 오자마자 서울로 갔고, 곧 또 노광훈 씨가 와서, 음성 가는 길 편에 음식점 하던 집을 빌렸는데 내일 이사를 한다고 해서 잘됐다고 했다.

2003년 8월 22일 금요일 흐림

간밤에는 꼬리뼈, 등뼈가 아파서 밤중에 가게에서 자는 정우를 세 번이나 깨워서 오게 하였다. 현우 있던 날은 곁에 자면서 도와주었는데, 뭐 어찌할 수 없이 아프고 따가워서 견딜 수가 없었다. 그리고 아침 6시에 또 오게 하였다. 사람이 죽기 전에는 가족들과 정을 떼게 한다더니 이런 것인가 하는 생각도 들었다.

그런데 정우가 아침을 가져오지 않았다. 보통은 7시에 먹는데, 7시 반, 8시가 다 되어도 안 왔다. 이번에는 허기가 났다. 탈진 상태가 되어 있는 데다가 허기가 났으니 아주 기진맥진, 이마와 얼굴에 땀이 났다. 무슨 사고가 났나? 겨우 가게에 알리니 조금 뒤에 간다고 했지만 그 시간이 그렇게 길었다. 누님이 옆방에서 일어나 나를 보고 손을 잡고 어찌할 바를 몰랐다.

8시가 지나서 정우가 왔지만 곧 일어나 앉을 수가 없었다. 이 동안 누님은 걸레로 방을 닦았다.

한참 누워서 진정을 하고 나서 겨우 정우가 일받아 앉혔지만 몸을 가누지 못해 침대에 놓는 밥상 같은 것에 엎드려 있다가 우선 포도당가루를 털어 넣고 된장국물로 넘겼다. 또 한참 뒤 떡국물을 몇 번 넘겼다. 다시 또 조금 있다가 그대로 그 밥상 같은 받침대에 엎드려 떡국 물렁한 것을 몇 숟갈 먹고 나니 그제야 정신이 돌아왔다. 정우는 이런 나를 보더니 그만 밥을 안 먹었다. 아무리 먹으라고 해도 끝내 안 먹었다.

11시 40분에서 1시까지 알부민 주사를 맞았다. 누님이 가게에 가서 오시지 않아 정우한테 물었더니, 자꾸 걱정할까 봐 가게에 계시라고 했어요, 했다. 가게에서 성경 베껴 쓰신다고 한다. 너희들이 나한테 대구 가라 해도 안 간다, 동생이 저런데 어떻게 떠날 수 있나, 하셨다면서 잘됐다고 했다. 그리고 누님이 가졌던 사진첩도 그대로 대구 갖다 놓으면 상윤이고 상윤이댁이고 언젠가는 다 내버릴 것이니 여기 우리가 보관해 두는 것이 좋겠다고 누님과 정우가 의논했다고 한다.

낮에 정우한테, 무덤 푯돌에 새길 글과 시비에 새길 글을 적어서 설명하고, 주 선생하고 의논해서 내가 쓴 안을 참고하라고 했다.

오후에는 누워서 조용히 쉬었다. 흐린 날이었지만 비가 안 와서 매미들이 앞 숲에서 온통 야단법석으로 울었다. 온갖 매미들이 울었다. 그 매미 울음이 내 귀에는 어떤 서양 고전음악보다도 즐겁게 들렸다.

참, 낮에 주사 맞는 동안 정우가 한 재미있는 말이 있다.

"아버지, 이런 말 들어 봤어요? 우리 마을에 농사꾼 노인이 있는데, 한번은 저한테 '우리 얼기설기밭 좀 갈아 주겠나?' 하잖아요. 참 재미있는 밭 이름이지요."

그래서 얼기설기밭이라니 어떤 밭인가 물어봤더니, 산골짝 돌서드름(돌이 많은 곳)에 여기저기 흩어져 있는 밭이라고 했다는 것이다. 그래서 그곳에 가서 트랙터로 여기저기 다니면서 대강 갈아 주고 왔다고 한다. "얼기설기밭" 참 처음 듣는 재미있는 밭 이름이구나 싶었다.

저녁에 누님이 오셨기에, 누님, 아침에 놀랐지요, 이런 일은 좀처럼 없었어요. 이제 괜찮아요, 했다. 누님은 나를 붙잡고 또 한참 기도해 주셨다. 정우는 발 목욕해 주고 11시 반이 지나서 가게에 갔다.

● 2003년 8월 23일까지 일기를 썼고, 8월 25일 아침 6시 50분쯤에 돌아가셨다.

이오덕이 걸어온 길

1925년	11월 14일, 경북 청송군 현서면 덕계리(구석들) 574번지에서 독실한 기독교인 아버지 이규하와 어머니 정작선 사이에서 3녀 1남 가운데 막내로 태어났다.
1933년 8세	4월 1일, 화목공립심상소학교에 들어갔다. 어려서부터 대한예수교장로회 화목교회에 다니며 주일학교에서 '고향의 봄', '반달', '집 보는 아이의 노래' 같은 동요를 배우고, 유년 주일학교에서 동화를 들었다.
1935년 10세	소학교 3학년 때 담임선생님이 읽어 준 빅토르 위고의 《장발장(레미제라블)》에 감동받았다. 어린 시절 염소를 뜯기며 《15소년 표류기》, 《암굴왕(몽테크리스토 백작)》 같은 책을 어두워질 때까지 읽었다.
1939년 14세	3월 8일, 화목소학교를 졸업했다.
1941년 16세	4월 8일, 경북 영덕군 영덕공립농업실수학교에 들어갔다.
1943년 18세	3월 25일, 영덕공립농업실수학교를 졸업했다. 성적이 뛰어나 군청 직원으로 특채되었다. 군청 직원 일을 하면서 학교에서 뛰어노는 아이들을 보고 교사가 천직이라는 생각이 들어서 교사가 되기로 결심하고 독학했다.
1944년 19세	2월 11일, 구제 3종 교원 시험에 합격했다. 4월 7일부터 1945년 12월 30일까지 경북 청송군 부동면 부동공립국민학교에서 훈도를 했다.

388

교사가 되고 보니 생각했던 것과 달리 일제
식민지 교육에 시달렸다.
강위생과 혼인했다.

1945년 20세	12월 31일부터 1947년 7월 30일까지 경북 청송군 화목공립국민학교에서 가르쳤다.
1946년 21세	화목교회에서 주일학교 교사도 했다. 8월 6일, 맏아들 정우가 태어났다.
1947년 22세	7월 31일부터 1948년 6월 30일까지 경북 청 송군 수락공립국민학교에서 가르쳤다.
1948년 23세	7월 15일부터 1951년 8월 30일까지 부산 남 부민공립국민학교에서 가르쳤다.
1949년 24세	8월 1일, 국민학교 2급 정교사 자격증을 받 았다.
1951년 26세	8월 31일부터 1952년 3월 31일까지 부산 동 신국민학교에서 가르쳤다. 4학년을 맡았을 때 처음으로 시를 가르쳤다.
1952년 27세	11월 27일부터 1957년 5월 30일까지 경남 함안군 군북중학교에서 국어와 여러 과목을 가르쳤다. 학생들 글을 모아 문집과 교지를 만들었다.
1954년 29세	1월, 한국아동문학가협회를 만드는 데 함께 했다. 이때 처음 이원수와 만났다.
1955년 30세	이원수가 펴내던 〈소년 세계〉에 동시 '진달 래'를 발표하며 아동문학가로 첫발을 내딛 었다.

1957년 32세	5월 1일, 군북중학교 교감이 되었는데 한 달 만에 사표를 냈다. 6월 20일부터 1959년 3월 30일까지 경북 상주군 청리면 공검국민학교에서 가르쳤다. 이때부터 농촌 어린이에게 글짓기를 중심에 두고 가르치며 학급 문집을 두 권 펴냈다.	〈새교육〉에 '1학년의 시 지도'를 발표했다.
1959년 34세	국민학교 1급 정교사 자격증을 받았다. 3월 31일부터 1961년 10월 9일까지 경북 상주군 상주국민학교에서 가르쳤다. 상주교육연구소에서 출판 보급 일도 맡았다. 강위생과 이혼했다.	
1961년 36세	10월 10일부터 1964년 9월 30일까지 경북 상주군 청리국민학교에서 가르쳤다. 2학년부터 4학년까지 같은 아이들을 담임하면서 삶을 가꾸는 글쓰기 교육을 연구하고 실천했다. 어린이 미술교육에 관심을 가지고 그림을 가르쳤다. 어린이 잡지와 〈새교실〉을 비롯한 교육 잡지에 글을 실었다.	주마다 한 장으로 된 문집 〈흙의 어린이〉를 펴냈다. 프린트판 어린이 시 모음 〈봄이 오면〉과 〈푸른 나무〉를 펴냈다.
1963년 38세	8월, 경북아동문예연구협회를 만드는 데 함께했다.	
1964년 39세	1월, 국민학교 교감 자격증을 받았다. 10월 1일부터 1967년 2월 28일까지 경북 상주군 이안서부국민학교에서 교감으로 지냈다.	2학년 어린이 시 모음 〈유리창〉을 펴냈다.
1965년 40세	교육을 제대로 할 수 없고, 교감 업무도 마음에 들지 않아 교육청에 교사 강등 청원서를 냈다. 〈새교실〉에 처음으로 우리 말 관련 글, '우리 말에 대하여'를 썼다.	《글짓기 교육-이론과 실제》를 펴냈다.

1966년 41세		동시집 《별들의 합창》을 펴냈다.
1967년 42세	3월 1일부터 1968년 2월 28일까지 경북 경주군 경주국민학교에서 가르쳤다. 한국문인협회 회원이 되었다. 이인자와 재혼했다.	
1968년 43세	3월 1일부터 1971년 2월 28일까지 경북 안동군 임동 동부국민학교 대곡분교에서 가르쳤다. 둘째 아들 현우가 태어났다.	1970년까지 학교 글쓰기 신문 〈산마을〉을 주마다 펴냈다. 전교생들 시를 모아 〈햇빛과 바람과 땅〉을 펴냈다.
1969년 44세		동시집 《탱자나무 울타리》를 펴냈다.
1971년 46세	3월 1일부터 31일까지, 대구시 비산국민학교에서 가르쳤다. 도시 학교에서 지내는 것보다 교감으로라도 산골 학교에 가는 게 좋겠다고 생각해서 교감 발령을 신청했다. 4월 1일부터 1973년 2월 28일까지 경북 문경군 김룡국민학교에서 교감으로 지냈다. 〈동아일보〉 신춘문예에 동화 〈꿩〉과 〈한국일보〉 신춘문예에 수필 〈포플러〉가 당선되었다. 한국아동문학가협회(회장 이원수)를 만드는 데 함께했다. 한국문인협회 안동지부를 만드는 데 함께했다.	
1972년 47세	교감 자격증을 받았다. 교지 〈김룡문화〉(2호까지)를 펴냈다. 경북수필동인회에 함께했다. 딸 연우가 태어났다.	

1973년 48세	1월 18일, 〈조선일보〉 신춘문예 당선작 〈무명저고리와 엄마〉를 쓴 작가 권정생을 찾아가 만났다. 3월 1일부터 1976년 2월 28일까지 경북 봉화군 삼동국민학교에서 교장으로 지냈다. 한국아동문학가협회 이사가 되었다.	《아동시론》을 펴냈다.
1974년 49세		동시집 《까만 새》를 펴냈다.
1975년 50세	7월 20일, 한국아동문학가협회에서 펴낸 《동시, 그 시론과 문제성》에 실은 '표절 동시론'에서 송명호가 모방작을 썼다고 했다. 그 일로 송명호가 명예훼손으로 고소했다. 이 사건은 〈조선일보〉, 〈한국일보〉에 보도되고, 9월 20일에 회장 이원수가 해명서를 신문에 내고, 이오덕이 사과하여 마무리되었다. 12월 5일, 여름방학 때 염무웅한테 월북 작가 오장환이 번역한 《에세느 시집》과 이용악 시집을 빌려 주었는데, 그것을 복사해 신경림과 백낙청한테 돌린 것이 걸려서 12월 2일 중앙정보부에 끌려가서 이틀 동안 조사받고 나왔다.	
1976년 51세	3월 1일부터 1979년 2월 28일까지 안동군 길산국민학교에서 교장으로 지냈다. 어린이문학 평론 '부정의 동시'로 한국아동문학가협회에서 주는 제2회 한국아동문학상을 받았다. 창작과비평사에서 펴내는 〈창비아동문고〉 기획 및 선정 위원으로 일했다. 자유실천문인협회(지금의 한국작가회의)에 함께했다. 환경보호연구회에 함께했다. 경북아동문예연구협회 부회장을 지냈다.	

1977년 52세		아동문학평론집 《시정신 과 유희정신》과 교육 수필 집《이 아이들을 어찌할 것 인가》를 펴냈다.
1978년 53세		교육 수필집 《삶과 믿음의 교실》과 어린이 시 모음 《일하는 아이들》을 펴냈다.
1979년 54세	3월 1일부터 1982년 2월 28일까지 안동군 대성국민학교에서 교장으로 지냈다. 1985년 8월까지 경북글짓기교육연구회 회 장을 지냈다. 마리스타수도회 안동실기교육원 교육 협의 에 함께했다. 안동 장자연구모임에 함께했다.	학교 문집 〈칠기 덩굴〉과 학교 신문 〈대성〉을 펴냈다. 어린이 시 모음 《우리도 크면 농부가 되겠지》를 펴 냈다. 동시집 《꽃 속에 묻힌 집》 을 엮었다.
1980년 55세	한국문인협회 안동지부 지부장과 어린이도 서연구회 지도위원, 한국아동문학가협회 부 회장을 맡았다.	
1981년 56세	10월 16일, 처음으로 '글짓기'라는 말을 '글 쓰기'로 바꿔 쓰기로 했다. 안동 마리스타수도회에서 만난 사람들과 함 께 아동문학연구회와 성서연구회를 만들어 공부했다. 지체부자유아동복지회를 만드는 데 함께하 고 이사가 되었다.	동시집 《개구리 울던 마 을》을 펴냈다.
1982년 57세	3월 1일부터 1986년 2월 28일까지 경북 성 주군 대서국민학교에서 교장으로 지냈다. 합동기획출판사에서 어린이책 기획위원으 로 일했다.	동화집 《황소 아저씨》를 엮었다.
1983년	8월 20일, 국민학교 교사 46명과 한국글쓰	어린이에게 보내는 편지

58세	기교육연구회를 만들고 대표를 맡았다. 도서출판 인간사 어린이책 기획위원으로 일했다.	《울면서 하는 숙제》와 수필집 《거꾸로 사는 재미》를 펴냈다. 동화집 《까마귀 아저씨》를 엮었다.
1984년 59세	〈이원수 아동문학 전집〉을 기획하고 편집했다. 경북아동문학연구회를 만들었다.	아동문학 평론집 《어린이를 지키는 문학》, 어린이 시 모음 《참꽃 피는 마을》, 어린이 글 모음 《우리 반 순덕이》, 《이사 가던 날》, 《나도 쓸모 있을걸》, 《웃음이 터지는 교실》, 글쓰기 교육 이론서 《삶을 가꾸는 글쓰기 교육》을 펴냈다. 수필집 《산 넘고 물 건너》를 엮었다. 일본 어린이 시 지도 책 《어린이 시 지도》를 번역했다. 어린이문학 부정기간행물 〈살아 있는 아동문학〉을 만들었다.
1985년 60세	7~8월, 《민중교육》 사건과 '창작과 표현의 자유에 대한 문학인 401인 선언'에 참가한 것으로 경찰서 정보계에서 감시당하고, 교육청 학교 사무 감사를 받았다. 11월, 가까운 이들이 안동에서 이오덕 회갑 모임을 마련했는데 교육청에서 가지 못하게 막았다. 12월 16일, 명예퇴직을 신청하는 서류를 냈다. 12월 26일, 문공부 산하 도서잡지주간신문 윤리위원회에서 이오덕이 쓴 모든 책을 판매 금지시켰다.	동화집 《구구단과 까치밥》을 엮었다. 어린이문학 부정기간행물 〈지붕 없는 가게〉를 만들었다.

어린이를 지키는 문학인 모임을 만들었다.
햇빛출판사에서 어린이책을 기획했다.

1986년 61세	1월 11일, 《개구리 울던 마을》, 《꽃 속에 묻힌 집》 같은 책들을 도서잡지주간신문윤리위원회에서 불건전 아동 도서로 분류했다. 2월 28일, 42년 동안 몸담았던 학교에서 떠났다. 3월, 경기도 과천시 주공아파트 1단지 206호로 이사했다. 한국글쓰기교육연구회 대표로 연임되었다. 민주교육실천협의회를 만드는 데 함께하고, 공동대표를 맡았다. 《어린이와 책》과 이호철 학급 문집, 신현복 일기 《저 하늘에도 슬픔이》를 기획했다.	수필집 《이 땅에 살아갈 아이들 위해》와 글쓰기 지도서 《글쓰기, 이 좋은 공부》를 펴내고, 교육 수필집 《우리 언제쯤 참선생 노릇 한번 해 볼까》를 엮었다. 어린이 글 모음 《봉지 넣는 아이들》(대서초등학교 180명 모두가 쓴 글)과 《산으로 가는 고양이》를 엮었다. 어린이문학 부정기간행물 〈겨레와 어린이〉와 〈우리 모두 손잡고〉를 만들었다. 중고생 백일장 작품집 〈성주의 가을〉을 펴냈다.
1987년 62세	전국초등민주교육협의회를 만드는 데 함께하고, 자문위원을 맡았다. 학급 문집 《꿈이 있는 교실》(유인성), 《들꽃》(주중식), 《해 뜨는 교실》(백영현)을 기획했다.	교육 수필집 《삶, 문학, 교육》, 동화집 《종달새 우는 아침》, 동시집 《언젠가 한번은》을 펴냈다.
1988년 63세	4월, 제3회 단재상을 받았다. 한겨레신문 창간 발기인회 공동 부위원장과 창간위원을 맡았다. 공해반대시민운동협의회 이사, 탁아소연합회 이사장, 공해추방운동연합 지도위원을 맡았다. 일하는 사람들의 글쓰기가 중요하다 여겨 1, 7, 8, 9회 전태일문학상 심사위원을 맡았다.	어린이 글쓰기 지도서 《어린이는 모두 시인이다》를 펴냈다. 《어린이를 하늘처럼 섬기는 교실》을 엮었다.
1989년 64세	아동문학인들과 함께 한국어린이문학협의회를 만들고, 회장을 맡았다.	《우리 글 바로 쓰기》와 《이오덕 교육일기》(1, 2)를 펴

전교조탄압저지와 참교육실현을 위한 범국 민 공동대책위원회 고문을 맡았다. 〈노동문학〉 자문위원과 〈농민〉 지도위원, 사 월혁명기념사업회 지도위원을 맡았다. 어린이문화를 걱정하는 모임을 만들려고 했으나 뜻을 이루지 못했다.

냈다. 교육 수필집 《탁류 속을 가는 선생님들》을 엮었다.

1990년 65세	민족문학작가협의회(지금의 한국작가회의) 고문을 하면서 아동문학분과위원회를 꾸렸다. 한겨레신문 주최 겨레의노래 선정위원을 맡았다.	교육 수필집 《참교육으로 가는 길》을 펴냈다.
1991년 66세	한국글쓰기교육연구회 회장, 한겨레신문 창간위원장단 전형위원회 부회장, 과천시민의 모임 공동대표, 월간 〈우리교육〉 편집 자문 위원을 맡았다. 한글학회가 주는 국어운동공로상을 받았다.	민족문학작가회의 회원들 이 쓴 동시집 《통일은 참 쉽다》와 《남북 어린이가 함께 보는 창작 동화》(1~5) 를 엮고, 어린이 글 모음 《우리 집 토끼》를 펴냈다.
1992년 67세	유치원 교사 박문희가 아이들 말을 들어 주고 기록한 마주이야기와 그 교육 과정을 책으로 펴내기 위해 애썼다.	1992년에 펴낸 《우리 말 바로 쓰기》를 다시 고쳐서 《우리 글 바로 쓰기》(1, 2) 를 펴냈다. 《우리 문장 쓰기》도 펴냈다.
1993년 68세	우리 말 살리는 모임을 만들고 공동대표를 맡고 회보 〈우리 말 우리 글〉을 펴냈다. 경기도 과천에 우리 말 연구소를 열었다. 초원봉사회 고문과 국민학교 이름 고치는 모임에서 운영위원을 맡았다.	《글쓰기 어떻게 가르칠까》 와 어린이 글쓰기 지도서 《신나는 글쓰기》, 《우리 모두 시를 써요》, 《와아, 쓸 거리도 많네》, 《이렇게 써 보아요》, 《어린이 시 이 야기 열두 마당》, 동화집 《버찌가 익을 무렵》을 펴 냈다.

1994년 69세	7월 1일부터 1996년 6월 30일까지 문광부 국어심의회 국어순화분과위원회 위원을 맡았다. 과천시민참여 모임 공동대표와 전국교직원 노동조합 자문위원을 맡았다.	어린이를 위한 우리 말 바로 쓰기 지도서《이오덕 글 이야기》를 펴냈다.
1995년 70세	어린이와 청소년의 권리 지키기 연대회의 공동대표를 맡았다.	글쓰기 교육 이론서《무엇을 어떻게 쓸까》를 펴냈다.
1996년 71세	남북어린이어깨동무 자문위원을 맡았다. 동국대학교 만해 백일장 심사위원을 맡았다.	《우리 말 바로쓰기 3》과 노동자 글쓰기 안내서《일하는 사람들의 글쓰기》와 교육 수필집《어린이를 살리는 글쓰기》를 펴냈다.
1997년 72세	어린이도서연구회 이사와 공정선거민주개혁국민위원회 창립대회 준비위원회 고문을 맡았다. 마주이야기교육연구소를 만드는 데 도움을 주었다.	어린이를 위한 우리 말 바로 쓰기 책《우리 말로 살려 놓은 민주주의》를 펴냈다.
1998년 73세	교육부에서 펴낸 학생인권선언문을 다듬었다. 김구 주석 서거 50주년 추모공연 준비위원, 한글학회 한글전용추진위원회 위원, 민족화해협력범국민협의회 고문을 맡았다.	청리초등학교에서 가르친 어린이 시 모음《허수아비도 깍꿀로 덕새를 넘고》를 엮었다.
1999년 74세	충북 충주시 신니면 광월리 710번지 무너미 마을로 이사 갔다. 어린이도서연구회 자문위원, 한국글쓰기연구회 이사장, 국가보안법반대 국민연대 고문을 맡았다.	
2000년 75세	책을 손수 펴내고 싶어 아리랑나라 출판사를 만들었다.	

새국민정치연구회 고문, 생명사랑실천모임
대표를 맡았다.

2001년 76세		아동문학 평론집 《권태웅 동요 이야기-농사꾼 아이 들의 노래》를 펴냈다. 일본 초·중·고등학교 학 생 시를 번역해 《한 사람 의 목숨》으로 엮었다.
2002년 77세	오늘의 정국을 우려하는 지식인 선언에 함께 했다.	아동문학 비평집 《어린이 책 이야기》와 문학과 교육 수필집 《문학의 길 교육의 길》, 수필집 《나무처럼 산 처럼》을 펴냈다.
2003년 78세	8월 25일 새벽 6시 50분쯤에 돌아가시고, 8월 27일 11시에 충북 충주시 무너미 마을 고든 박골에 묻혔다.	

이오덕 일기 5 나는 땅이 될 것이다

1판 1쇄 발행 2013년 6월 24일 | 1판 4쇄 발행 2019년 4월 11일

지은이 이오덕
펴낸이 조재은 | 펴낸곳 (주)양철북 | 등록 제25100-2002-380호(2001년 11월 21일)
책임편집 이송희 이혜숙 | 책임디자인 오필민 디자인 | 편집 박선주 김명옥
디자인 육수정 | 마케팅 조희정 | 관리 정영주
주소 서울시 마포구 양화로8길 17-9 | 전화 02-335-6407 | 팩스 0505-335-6408
ISBN 978-89-6372-090-6 04810 | 값 14,000원

카페 cafe.daum.net/tindrum 블로그 blog.naver.com/tin_drum
페이스북 facebook.com/tindrum2001